ÉMILE CARDON & A. NOIROT

GUIDE

DU VISITEUR

A

L'EXPOSITION PERMANENTE

DE

L'ALGÉRIE ET DES COLONIES

PARIS
E. CAUSIN, LIBRAIRE-ÉDITEUR
110, RUE DE RICHELIEU

M DCCC LX.

GUIDE DU VISITEUR

À

L'EXPOSITION PERMANENTE

DE

L'ALGÉRIE ET DES COLONIES

SOUS PRESSE :

Histoire agricole, commerciale et industrielle des Produits coloniaux, par Emile Cardon et A. Noirot. 1 vol. in-8°, avec cartes.

OUVRAGES DE M. EMILE CARDON :

De l'Agriculture en Algérie. 1 vol. in-18.	1 fr. »»
Les Chemins de fer de l'Algérie. In-8°.	1 fr. »»
Etude sur l'Agriculture et la Colonisation de l'Algérie (1re partie). 1 volume in-18 de 320 pages.	1 fr. 50
Annuaire de la France agricole, in-8° de 500 pages.	4 fr. »»

SOUS PRESSE :

Etude sur l'Agriculture et la Colonisation de l'Algérie (2e partie). In-18.

Manuel d'Agriculture pratique algérienne. 1 vol. in-8°

Scènes de la Vie arabe. 1 vol. grand in-18.

Scènes de la Vie kabyle. 1 vol. grand in-18.

OUVRAGES DE M. A. NOIROT :

L'Algérie agricole, commerciale et industrielle, revue mensuelle de l'Algérie et des Colonies. En vente : vol. I et II. — Prix : 7 fr. le volume.

SOUS PRESSE :

Étude sur la Culture de la Vigne en Algérie. 1 vol. in-8°.

Paris. — Typ. H. Carion, rue Bonaparte, 64.

GUIDE

DU VISITEUR

A

L'EXPOSITION PERMANENTE

DE

L'ALGÉRIE ET DES COLONIES

PAR

ÉMILE CARDON & A. NOIROT

PARIS
LIBRAIRIE INTERNATIONALE
110, RUE DE RICHELIEU.

M DCCC LX.

Dans nos longues visites à l'Exposition permanente de l'Algérie et des colonies, nous avons entendu souvent, — soit par des étrangers, soit même par des compatriotes arrêtés devant les vitrines, — manifester un regret ; celui de n'avoir pas à leur disposition un guide raisonné, qui les renseignât sur les différentes productions exposées.

Pour répondre à ce désir, — nous dirons même à ce besoin, — nous avons sollicité l'autorisation de l'administration de l'Exposition, et nous nous sommes adressé à deux écrivains, connus par des études spéciales sur l'Algérie et les Colonies, pour offrir au public le livre que nous publions aujourd'hui.

L'autorisation sollicitée nous a été non-seulement accordée, mais des documents précieux ont été mis à notre disposition, et sont venus compléter ceux que MM. Emile Cardon et A. Noirot, avaient déjà recueillis pour un ouvrage sur l'Exposition permanente, conçu dans un ordre d'idées plus élevé et destiné aux hommes d'étude, aux agriculteurs, aux commerçants et aux industriels; ouvrage dont les premières feuilles sont sous presse, et qui comprendra l'*histoire agricole, commerciale et industrielle des produits coloniaux*.

Le guide que nous faisons paraître aujourd'hui, n'est qu'une revue rapide de l'Exposition permanente, écrite plus particulièrement pour le visiteur curieux; c'est une revue à vol d'oiseau, si nous pouvons nous exprimer ainsi, un tableau pittoresque des richesses coloniales. C'est, en même temps, un catalogue raisonné des productions diverses, que l'Algérie et les Colonies offrent à l'agriculture, au commerce et à l'industrie.

La division adoptée par MM. Emile Cardon et A. Noirot,

est simple et méthodique, c'est celle adoptée par le conservateur de l'Exposition permanente, M. Aubry Lecomte, et qui fait l'admiration de tous les visiteurs.

Enfin, nous avons cru devoir faire précéder ce travail de l'arrêté ministériel, portant organisation de l'Exposition et nomination de la Commission supérieure d'administration, présidée par un des hommes les plus dévoués à l'Algérie, M. Lestiboudois, Conseiller d'Etat, et composée d'administrateurs, de colons ou d'écrivains, dont les sympathies sont acquises depuis longtemps à nos possessions coloniales.

Le guide à l'Exposition permanente, nous paraît donc appelé à remplir une lacune, et à être, pour les visiteurs, d'une utilité pratique; quant aux questions, qui ne sont qu'effleurées, que le lecteur veuille se rappeler que ce guide n'est, en quelque sorte, que la préface du livre que vont faire paraître prochainement MM. Emile Cardon et A. Noirot.

E. Causin.

ARRÊTÉ DU MINISTRE

Relatif à l'exposition permanente de l'Algérie et des Colonies.

Du 30 Décembre 1859.

AU NOM DE L'EMPEREUR.

Le Ministre secrétaire d'Etat au département de l'Algérie et des Colonies :

Vu l'arrêté du Ministre de la Marine en date du 23 oct. 1855;

Vu l'arrêté du Ministre de l'Algérie et des Colonies en date du 2 décembre 1858;

Vu les décisions ministérielles des 23 juin et 2 juillet 1859;

Sur le rapport du Conseiller d'Etat chargé de la Direction de l'Administration coloniale et des services financiers de l'Algérie et des Colonies;

ARRÊTE :

ART. 1er. L'Exposition permanente de l'Algérie et des Colonies est placée dans les attributions du Directeur de l'Administration coloniale et des services financiers de l'Algérie et des Colonies.

ART. 2. Un Conservateur dirige l'Administration de cet établissement.

ART. 3. Une Commission, dont les membres sont nommés par le Ministre, exerce sa surveillance sur toutes les parties du service.

ART. 4. Un Comité d'exposition est établi dans les chefs-lieux des trois provinces de l'Algérie et dans chacune des Colonies. Ces Comités formés, autant que possible, de membres des Chambres d'Agriculture et de Commerce, donnent leur avis sur toutes les questions qui se rattachent au succès de l'Exposition, et correspondent avec le Comité central de Paris.

ART. 5. Le Conservateur est chargé de la comptabilité financière et matérielle; il effectue les recettes et les dépenses, surveille les collections, le mobilier, les archives et le laboratoire, classe les produits, prépare les catalogues et la correspondance, dirige le personnel et prend enfin toutes les mesures d'ordre et de détail nécessaires à la marche du service intérieur.

Art. 6. Les recettes de l'Exposition se composent :

1° Des subventions accordées sur le budget de l'Etat et qui sont administrées de la manière prescrite par les règlements sur la comptabilité publique ;

2° Des subventions accordées par les Conseils généraux de l'Algérie et des Colonies ;

3° Du produit des ventes et cessions à divers.

Les sommes provenant de ces deux dernières catégories sont déposées à la Caisse des dépôts et consignations, qui les tient disponibles aux conditions fixées pour les dépôts des établissements publics, et qui acquitte les dépenses de l'Exposition sur les ordonnances qui lui sont adressées.

Art. 7. Les dépenses se composent :

1° De la solde, des indemnités, gratifications et allocations diverses au profit du personnel de l'établissement;

2° Du montant des achats du matériel ou d'objets de collection, des travaux, expériences, frais de transport, de douane, d'octroi et autres frais accessoires.

Art. 8. Les recettes et les dépenses concernant les fonds du budget de l'Etat sont arrêtées suivant les formes ordinaires.

Les recettes et les dépenses concernant les fonds déposés à la Caisse des dépôts et consignations sont arrêtées au 31 janvier; passé cette époque, toutes les opérations des exercices antérieurs sont rattachées à l'exercice en cours.

Art. 9. Les recettes et les dépenses sont reconnues et liquidées par le Conservateur, ordonnancées par le Directeur de l'Administration coloniale et visées par le contrôle.

Les ordonnances de payement adressées sur la Caisse des dépôts et consignations sont payables dans les dix jours de leur date, sur la quittance des parties y dénommées, donnée au bas des lettres d'avis signées et délivrées par le Conservateur.

Art. 10. Pour faciliter l'acquittement des menues dépenses, il est fait au Conservateur une avance de cinq cents francs, qui ne peut être renouvelée qu'après justification de l'emploi de la plus grande partie des derniers fonds avancés.

Art. 11. La Commission de surveillance est composée de neuf membres, y compris le Président.

Le Conservateur assiste aux délibérations avec voix consultative.

Un Secrétaire désigné par le Ministre est Adjoint à la Commission.

Les fonctions des Membres et du Secrétaire sont gratuites.

Art. 12. La Commission choisit dans son sein un Vice-Président dont la nomination est soumise à l'approbation du Ministre; elle ne peut délibérer que lorsque quatre Membres, au moins, sont présents.

Les délibérations sont prises à la majorité des voix, et le procès-verbal de chaque séance est transcrit sur un registre spécial.

Art. 13. La Commission reçoit communication de tous les faits et documents relatifs à l'Exposition permanente, aux Expositions dans les Colonies et les concours régionaux de France; elle donne son avis sur toutes les dispositions à prendre en vue de provoquer la prospérité coloniale, signale au Ministre les progrès réalisés dans la culture et l'industrie, lui rend compte des expériences intéressant le commerce, et appelle son attention sur les encouragements et les récompenses à décerner; elle contrôle, en outre, toutes les opérations concernant le service intérieur, autorise la vente des objets qui risquent de s'avarier et détermine les formes de cette vente.

Art. 14. La Commission examine, chaque année, les budgets de l'Exposition, ainsi que les comptes administratifs qui sont soumis, par le Directeur de l'Administration coloniale et des services financiers, à l'approbation du Ministre; enfin elle adresse annuellement au Ministre un compte-rendu qui est communiqué aux Préfets, aux Commandants des territoires militaires en Algérie et aux Gouverneurs des établisements d'outre-mer.

Art. 15. Toutes dispositions contraires au présent arrêté sont rapportées.

Paris, le 30 décembre 1859.

Signé Cte P. DE CHASSELOUP-LAUBAT.

La Commission est composée de

MM. **Lestiboudois** ❋, Conseiller d'Etat, *Président*.

Baron de Roujoux ❋, Conseiller d'Etat, chargé de la Direction de l'Administration coloniale et des services financiers de l'Algérie et des Colonies

Zœpffel ❋, Directeur de l'Administration de l'Algérie.

Monny de Mornay ❋, Chef de la Division d'Agriculture, Délégué du Ministère de l'Agriculture, du Commerce et des Travaux publics.

MM. **Rougelot** ❋, Administrateur des douanes, Délégué du Ministère des Finances.

Comte **de Bouillé** ❋, Délégué de la Guadeloupe au Comité consultatif des Colonies.

Imhaus ❋, délégué de la Réunion au Comité consultatif des Colonies.

Du Pré de Saint-Maur ❋, président du Conseil général de la province d'Oran.

Jules Duval, Membre du Conseil général de la province d'Oran.

Aubry-Lecomte ❋, Sous-Commissaire de Marine, Conservateur de l'Exposition permauente.

L. Yvan, attaché au Ministère de l'Algérie et des Colonies, *Secrétaire*.

COMITÉS LOCAUX DE L'ALGÉRIE.

PROVINCE D'ALGER.

MM. **Bernis**, (O ❋), vétérinaire principal.

Chazel, propriétaire à l'Oued-Khemis.

Hardy, (❋), directeur de la pépinière centrale d'Alger.

Vatonne, ingénieur des mines.

De Weyer, (❋), propriétaire à Blidah, membre du Conseil général de la province.

Ahmed-Bou-Kandouras, (❋), assesseur à la Cour impériale d'Alger, membre du Conseil général de la province.

Lauras, (❋), pharmacien-major de 1re classe.

Loche, (❋), directeur de l'Exposition permanente et du musée d'histoire naturelle d'Alger.

Haïm, négociant.

PROVINCE D'ORAN.

MM. **Gaussen**, président de la Chambre de commerce d'Oran, membre du Conseil général de la province.

Cauquil, (❋), propriétaire à Oran.

MM. **De Jupeaux**, propriétaire à Valmy.
Dupuy, propriétaire à Therga, membre du Conseil général de la province.
Lescure, propriétaire à Relizane.
Henschell, secrétaire de la Chambre de commerce d'Oran.
Liepman, membre de la Chambre de commerce d'Oran.
Karoubi-Messaoud, membre de la chambre de commerce d'Oran.
Pignel, inspecteur de colonisation à Oran.

PROVINCE DE CONSTANTINE.

MM. **Vital**, (❋), medecin principal, vice-président du conseil général de la province.
Barnoin, président de la Chambre de commerce de Constantine.
Litchlin, (❋), inspecteur, chef de service des eaux et forêts.
Noevers,
Meurs, (❋), architecte en chef des bâtiments civils.
De Lannoy, (❋), ingénieur en chef des ponts et chaussées.
Joffre, maire du Kroubs, secrétaire du conseil général.

COMITÉ DE LA GUADELOUPE

Président des deux Sections réunies,

M. le Comte de CHAZELLES, (❋).

SECTION DE LA BASSE-TERRE.

MM. **Saint-Paire**, (O ❋), médecin, *Président*.
Negré, membre du conseil général, *vice-Président*.
Moufflet, chirurgien de la marine.
Girardias, pharmacien de la marine.
Capitaine, chimiste.
Royer, vétérinaire.
Defresnay, négociant, vice-président de la Chambre de commerce.
Cabre, négociant, secrétaire-trésorier de la Chambre de commerce.
Brunerie, négociant, membre de la Chambre de commerce.
Daver, pharmacien.
Michaux, Commissaire de marine.
Daucourt, habitant.
Lanrezac, négociant, membre du conseil général.

SECTION DE LA POINTE-A-PITRE.

MM. Le comte **De Chazelles** ✳, *Président.*
Lherminier, docteur-médecin, *vice-Président.*
Sargenton (Félix), secrétaire de la marine.
Bouscaren (Léo), habitant.
Desbonnes (Isci), docteur-médecin, maire du Moule.
Granger (Louis), habitant.
Guesde, pharmacien.
Lauriol, négociant.
Picard, négociant, membre du conseil général.
De Poyen, habitant.
De Richemont, conducteur des ponts et chaussées à la Baie-Mahemt.

SÉNÉGAL

MM. **De Saint-Louis,** maire.
Chaumet, négociant.
Jay, d°
Casèle, capitaine du génie.
Barthelemy-Benoit, chirurgien de marine de 1re classe.
Hérand, pharmacien de 1re classe.
Correz, pharmacien civil.

GUYANE

MM. **Chapuis,** (✳), médecin en chef de la marine.
Virgile, docteur-médecin, propriétaire.
Laflèche, capitaine du génie.
Masson, enseigne de vaisseau.
Mango, sous-inspecteur des douanes.
Vauquelin, agent général des cultures.
Virgile (Adreste), aide-commissaire.
Voisins, géreur de l'habitation Baduel.
Bataille, négociant.
Pouget, d°
Mittre, pharmacien.
Bonneville, sous-commissaire de 1re classe, chef du bureau de l'agriculture et du commerce à la direction de l'intérieur.

HISTORIQUE DE L'EXPOSITION

Considérations générales.

Le jour où, pour la première fois, nous avons visité les salles de l'Exposition permanente des produits de l'Algérie, — il y a de cela plusieurs années déjà, — nous disions à la personne qui nous accompagnait :

— Enfin, comme ce docteur de l'Église à la table de saint Louis, au plus fort de la guerre des anciens et des modernes, l'Administration peut s'écrier : « Je tiens un argument sans « réplique contre les Manichéens! *Conclusum est contra* « *Manichæos!* »

Cette exposition n'est-elle pas un argument sans réplique devant lequel ne pourront résister aucun de ceux qui doutent encore des richesses et des ressources de notre merveilleuse colonie africaine, que tout le monde nous envie, et dont, pour la plupart, nous semblons faire si peu de cas.

En effet, si les longues disputes qui, pendant vingt ans, ont arrêté l'essor de l'Algérie n'ont d'autres causes que l'ignorance, — *causa laboris ignorantia*, comme disait saint Grégoire de Nazianze, — une simple visite à cette Exposition doit faire jaillir une grande et vive clarté, qui éclairera cette question si vivement discutée de la conservation et de la colonisation de nos possessions du nord de l'Afrique.

L'agglomération synoptique des produits de l'Algérie est une idée des plus fécondes et des plus heureuses pour l'avenir de cette Colonie, elle généralise la connaissance des richesses que renferme ce pays ; elle facilite l'étude de ses ressources, et constate le développement et les progrés de l'Agriculture, de l'Industrie et du Commerce.

Jamais siècle n'a été plus riche en découvertes et en inventions que le dix-neuvième siècle : le temps et l'espace ont disparu devant les chemins de fer et les bateaux à vapeur; les télégraphes électriques luttent de vitesse avec la pensée, et les machines sont venues décupler, centupler les forces humaines; les communications internationales se sont multipliées; l'émulation a partout exercé une influence salutaire; d'un pôle à l'autre il y a échange de produits et d'idées, et les civilisations les plus avancées ont éclairé et instruit les nations restées dans l'ignorance. « Les Expositions universelles, dit S. A. I. le prince Napoléon dans son remarquable rapport sur l'Exposition de 1855, font partie de ce vaste progrès économique auquel appartiennent les voies ferrées, les télégraphes électriques, la navigation à vapeur, les percements d'isthmes, tous les grands travaux publics, et qui doit amener un accroissement de bien-être moral, c'est-à-dire plus de liberté, en même temps qu'une augmentation de bien-être matériel, c'est-à-dire plus d'aisance au profit du plus grand nombre. »

La conquête, la conservation de l'Algérie, et en dernier lieu la création d'une Exposition permanente des produits coloniaux, sont autant de faits appartenant au même ordre d'idées. Qu'on nous permette quelques mots en forme de revue rétrospective; ils nous suffiront pour rendre clairement notre pensée et démontrer que tous les progrès qui se sont accomplis depuis soixante ans, se tiennent et forment les anneaux d'une même chaîne.

La conquête de l'Algérie n'est point un fait isolé, et ce n'est pas seulement le sentiment de l'orgueil national outragé qui a armé et conduit nos soldats sous les murs de la Casbah! Ce n'est pas dans le simple but de venger l'insulte faite au nom français qu'après avoir détrôné Hussein-Dey, le Gouvernement s'est décidé à occuper les Etats de la Régence. L'expédition d'Alger était avant tout la croisade de la civilisation contre la barbarie, qui devait détruire la piraterie et affranchir l'Europe des honteux tributs que lui imposait un misérable et obscur chef de bandits. Au moment où cette expédition eut lieu, la conquête était un fait prévu, arrêté, nous dirions presque un fait accompli.

En 1807, au traité de Tilsitt, Napoléon en avait conçu le projet, et les luttes incessantes qu'il eut à soutenir sur le continent empêchèrent seules qu'il donnât suite à ce projet, glorieux souvenir des campagnes d'Egypte.

Au Congrès de Vienne cette question avait été discutée, et l'expédition de lord Exmouth, en 1816, avait été un premier pas pour arriver à une solution vivement désirée en Angleterre, et qui était de faire d'Alger un des pivots de la domination anglaise dans la Méditerranée.

Malgré le traité avantageux obtenu par lord Exmouth, après le bombardement d'Alger, malgré le rappel de cet amiral, les partisans de l'occupation, — et c'était la portion la plus influente du cabinet britannique, — n'avaient pas perdu tout espoir, et les journaux de l'époque contiennent de curieux documents sur les avantages de la possession de l'*État d'Alger, qui deviendrait un des plus brillants apanages de la couronne britannique.*

William Shaler qui, comme consul général des États-Unis, fut chargé du traité de paix à conclure avec le Dey d'Alger, publia en 1826, à Boston, une *Esquisse de la Régence d'Alger*, dans laquelle nous trouvons ce passage :

« J'ai peine à concevoir que les grandes puissances maritimes de l'Europe soient allées, au prix de sacrifices immenses d'hommes et d'argent, établir des colonies aux dernières limites du monde, tandis qu'une poignée de misérables pirates conservait, sous leurs yeux, la jouissance paisible de la plus belle portion du globe. »

On le voit, la question était jugée : au Congrès de Vienne, l'Europe avait condamné la Régence d'Alger, et cette contrée désormais appartenait à qui viendrait s'y établir et affranchir les États civilisés des honteux traités que leur imposait une poignée de pirates barbares. C'est à la France qu'échut cette glorieuse mission, et le triomphe de son armée fut salué en Europe par d'unanimes applaudissements, par de justes actions de grâce et de reconnaissance.

Entreprise malgré l'Angleterre, l'Angleterre seule vit avec peine cette prise de possession qui lui enlevait un espoir qu'elle conservait encore, et elle s'opposa de toutes ses forces à une occupation dont elle comprenait les avantages pour son commerce et pour l'agrandissement et l'affermissement de sa puissance.

Longtemps discutée, combattue par les uns, défendue par les autres, la conservation de l'Algérie fut acceptée cependant à une époque où l'on ne voyait clairement que les charges que cette occupation faisait peser sur la Métropole, sans se rendre bien compte des bénéfices qu'on pourrait en retirer.

L'Europe profitait de la conquête, mais les esprits les plus éminents entrevoyaient seuls le parti qu'on pouvait retirer de cette colonie, les avantages qu'on pouvait en recueillir. Le temps a donné raison aux partisans de l'occupation, et pour tous aujourd'hui la possession de l'Algérie, c'est le territoire de la France doublé, c'est la consolidation de sa puissance dans la Méditerranée, c'est l'augmentation, et le développement de sa marine, c'est la solution du problème de la vie à bon marché, c'est un champ ouvert à toutes les intelligences et à tous les capitaux, c'est la transformation du prolétariat, c'est l'invasion de la civilisation contre la barbarie, c'est l'agrandissement du commerce, c'est l'affranchissement pour l'industrie française, du tribut qu'elle paye à l'étranger pour la plus grande partie des matières premières, c'est, en un mot, pour la France, la satisfaction de ses plus grands intérêts, l'accroissement de sa richesse et de sa puissance en même temps qu'un titre de plus à la reconnaissance du Monde entier.

Cependant, pendant vingt ans, malgré les écrits nombreux des hommes compétents, malgré les enquêtes, malgré les explorations scientifiques, malgré les publications officielles, l'Etranger appréciait mieux que la masse du pays l'importance de la conquête d'Alger, et plus d'un national qualifiait cette glorieuse possession de legs funeste de la Restauration. La France ignorait le trésor qu'elle possédait et pour croire il lui fallait non pas des récits, non pas des écrits et des livres, mais des produits qu'elle pût toucher du doigt.

L'Exposition universelle de Londres fut le signal d'une ère nouvelle, et le Monde entier qui se pressait dans les salles du *Cristal-Palace* put admirer les richesses de l'Algérie. C'est après cette Exposition qu'une collection des produits de l'Algérie fut réunie dans une maison particulière de la rue de Bourgogne, sous l'habile direction de M. Bouvy, et que le public fut admis à visiter des échantillons, réunis primitivement dans une dépendance du Ministère de la Guerre, pour l'instruction des employés et de quelques visiteurs privilégiés.

Bien incomplète cependant, cette Exposition fut une révélation, et elle acquit bientôt, dans le public admis à la visiter, une popularité qui devait rejaillir sur l'Algérie, en permettant d'apprécier, sans sortir de Paris, l'importance et la variété des ressources qu'elle renferme.

Bien des vides existaient encore; mais des dons particuliers, des envois faits par l'Administration algérienne vinrent combler les lacunes, et le local devint insuffisant; la Colonie, du reste, ne demeurait pas inactive, et, chaque jour, de nouveaux produits venaient attester de ses progrès agricoles et industriels. C'est alors que, dans sa sollicitude pour les intérêts de l'Algérie, M. le Ministre de la Guerre, fit disposer, rue de Grenelle-Saint-Germain, dans l'hôtel Sesmaisons, un local convenable pour contenir un véritable musée de l'Algérie, ouvert à tous ceux qui voudraient étudier les ressources du pays, suivre son développement, les progrès de son agriculture et de son industrie. De tous les moyens dont on pouvait disposer pour populariser l'Algérie, c'était le plus simple et le meilleur de généraliser la connaissance des ressources qu'elle peut offrir aux capitalistes et aux travailleurs; en effet, une simple visite à l'Exposition fait passer sous les yeux du promeneur la collection la plus complète et la plus variée de matières appartenant aux trois règnes animal, végétal et minéral; à l'état brut d'abord, puis ayant subi toutes les transformations dont elles sont susceptibles; ainsi, pour la soie, depuis le cocon jusqu'aux merveilleux tissus sortant des fabriques de Lyon; ainsi, pour le fer, depuis le minerai jusqu'à la coutellerie la plus soignée.

Dans une agglomération synoptique de produits aussi importante, aussi étendue, aussi variée que celle d'un pays qui renferme les productions du Nord aussi bien que celles des tropiques, un classement méthodique était nécessaire, indispensable, et avant l'étude que nous voulons faire de cette exposition, peut-être est-il utile de rappeler dans quel ordre les échantillons de toutes ces richesses ont été classés.

Le local destiné à l'Exposition permanente des produits de l'Algérie, placé rue de Grenelle-Saint-Germain, n'avait qu'un défaut, c'était d'être éloigné du centre de Paris et en dehors des promenades fréquentées par le public; aussi cette exhibition n'atteignait qu'en partie son but; les hommes d'étude, les personnes qui désiraient partir en Algérie pour coloniser, la fréquentaient assidûement, mais les masses reculaient devant une excursion aussi éloignée.

De son côté, vers la même époque, le Ministère de la Marine avait ouvert une Exposition permanente des Colonies; mais située rue de Rivoli, à deux pas des Tuileries et de la place de la Concorde, cette Exposition, au contraire, recevait de nombreux visiteurs; aussi, au moment de la création d'un Ministère spécial, lorsque les deux Administrations de l'Algérie et des Colonies furent placées dans une même main, la réunion des deux Expositions fut décidée et le Palais de l'Industrie fut choisi pour les recevoir.

L'emplacement est heureux, car depuis les embellissements dont ils ont été l'objet, les Champs-Élysées sont devenus le but favori des promeneurs et l'endroit le plus fréquenté par les nombreux étrangers qui visitent la Capitale.

L'Exposition permanente a considérablement gagné à ce déplacement; au lieu de quelques rares visiteurs, gens d'étude pour la plupart, aujourd'hui nous voyons une foule nombreuse se presser autour des vitrines où est classée avec un ordre méthodique admirable, une immense variété de produits divers.

L'Exposition permanente a été installée au premier étage du Palais de l'Industrie, dans la galerie Sud, dont elle occupe sept travées. L'entrée principale fait face aux jardins tracés, il y a un an, entre le Cours-la-Reine et le Palais.

Deux larges escaliers conduisent aux galeries, dont nous donnerons plus loin la description.

Aussitôt entré dans le vestibule, on est arrêté à droite par une très-belle collection de plantes vivantes provenant de la Pépinière centrale d'Alger et par une fontaine de style oriental, en marbre extrait de carrières situées près de Blidah.

Au pied de l'escalier de droite, sont placées d'abord, des charrues, c'est-à-dire l'instrument qui, par toute la terre, a été le premier agent de la civilisation; ensuite viennent des fontes aciéreuses provenant des mines et hauts-fourneaux de l'Alelick, fontes que les ingénieurs, les constructeurs et les fabricants considèrent comme égales au moins à celles de Dannemora, qui donnent les meilleurs aciers connus.

Au-dessus de ces fontes, un véritable trophée de faulx, de limes et d'outils montrent qu'elles sont employées déjà par l'industrie.

En suivant, nous trouvons des roues de voitures confectionnées avec l'acacia Lebbeck, le natte, le jacquier et le bois noir de la Réunion, puis des tapis et couvertures en laine fabriquées par les Arabes de la province de Constantine, un *tiougou*, tapis maure, en peaux d'agneaux morts-nés, de fabrique sénégalienne; puis encore des laves de la Réunion et provenant de la dernière éruption volcanique.

Sur le premier palier, deux dressoirs supportent, en guise d'attributs, des échantillons de nos productions coloniales. Le premier portant l'indication de la Guyane contient des graines oléagineuses de toutes sortes, des épices, des cacaos, des cafés, des gommes, des sucres, de la canelle, une sorte de gutta-percha (ou sève de balata), des rhums et tafias, etc.; le second porte celle de la Réunion et renferme, outre les produits sus-nommés, des fécules de manioc, de chayotte, des eaux-de-vie, des curaçao, des échantillons d'eaux thermales, etc. Ces deux trophées de l'agriculture des Colonies sont séparés par un magnifique faisceau de bambous gigantesques s'élevant jusqu'au faîte du Palais. Deux tables de marbre gris des carrières de Lmekata (près Bône), complètent la décoration de ce palier.

La rampe de l'escalier est ornée de magnifiques amphores en onyx translucide et bronze doré.

Après avoir admiré ce précieux marbre algérien qui, fouillé, ciselé, transformé en mille objets divers par les artistes parisiens, fait l'ornement des salons et des boudoirs, redescendons un moment pour remonter par l'escalier de gauche.

Au pied de cet escalier, dans une caisse immense se trouve d'abord un magnifique latanier, un des plus gracieux palmiers coloniaux et dont l'industrie tire un excellent parti; puis des plateaux de bois importés de la Guyane française par M. Riolet jeune (petite rue Saint-Pierre-Amelot, 24, à Paris. Ces bois, qui ont valu à M. Riolet une médaille d'or au dernier concours, sont l'angélique ou teck de la Guyane, le cédras, le violet, le wacapou, le grignon-acajou, le violet rubané, le Saint-Martin et l'ébène verte.

Sur les premières marches, nous retrouvons comme sur l'escalier de droite, des fontes de l'Alelick, des roues d'acacia Lebbeck, jacquier, natte et bois noir, des tapis de laines et de peaux d'agneaux, des minerais de cuivre de la province d'Oran, des fûts et chapiteaux de colonnes en basalte de la Réunion.

Sur le palier, les dressoirs contiennent des échantillons des produits de la Martinique et de la Guadeloupe, c'est-à-dire des sucres, des cafés, des cacaos, de la vanille, des épices, des conserves d'ananas, des graines oléagineuses, des eaux thermales, des fécules, des tabacs, des tafias et des rhums, des cotons, etc. Un faisceau de bambous les sépare et des marbres de teintes différentes, provenant de l'Oued-el-Aneb, près Bône, les entourent.

Des vases en onyx ornent la rampe qui conduit à un vaste palier sur lequel s'ouvrent les galeries de l'Exposition.

Au milieu de ce palier, une vasque en onyx, supportée par un pied de bronze, contient quelques plantes algériennes. En face de l'entrée des galeries on peut encore admirer des colonnes et des cheminées en onyx et en marbre gris de Lmekata, surmontées d'une magnifique peau d'autruche.

Enfin, de chaque côté de la porte d'entrée, les bustes de

l'Empereur et de l'Impératrice sont posés et encadrés de gerbes de blé, une des productions les plus importantes de l'Algérie.

En entrant dans la galerie, le visiteur est arrêté par deux guerriers immobiles dans leurs niches placées à droite et à gauche. L'un, celui de gauche est un habitant du Gabon, un Pahouin en costume de guerre, tenant d'une main trois javelots, de l'autre une épée et un bouclier. Celui de droite est un chef Roucouyenne, habitant de la Guyane, dont le costume, composé d'algues et de lianes, avec coiffure et ceinture en plumes teintes en jaune et rouge, est d'un aspect bizarre et original. A leurs pieds sont placées d'un côté une statuette du dieu Siva, le Cupidon indien, et de l'autre une statuette de Bouddha. Ces deux statuettes ont été trouvée dans les fouilles effectuées dans la mosquée de Rangoon (Indes Occidentales). De chaque côté sont disposés des groupes de cannes à sucre provenant de Mayotte et de la Réunion.

Entre les deux portes, au dessous du drapeau brodé par les Maures d'Alger et offert par la population indigène à S. M. l'Empereur au moment de la guerre de Crimée, se trouvent des antiquités découvertes dans des tombeaux caraïbes au Moule (Guadeloupe).

En face de la porte d'entrée, au dessus d'une vitrine mauresque, sont placés un chef arabe, enveloppé de son burnous, la tête entourée d'un haick lié par une corde en poil de chameau, puis une mauresque en tenue de ville, c'est-à-dire le visage à demi-caché par le haik qui laisse voir à moitié son élégant costume de soie et de mousseline.

Au milieu de la galerie, entouré d'une balustrade aux vives couleurs, un salon mauresque fait l'admiration de tous les visiteurs.

Une description superficielle de l'ensemble de l'Exposition nous obligerait à signaler des objets que nous retrouverons plus loin en examinant en détail les diverses productions algériennes et coloniales ; nous nous arrêtons ici.

Cependant qu'on nous permette avant de terminer, d'indiquer la marche que nous avons suivie dans les chapitres qui suivent.

La première partie est consacrée à l'Algérie.

La seconde aux Colonies.

Chacune de ces grandes divisions est elle-même subdivisée en quatre séries ; savoir : 1° Végétaux et produits végétaux. 2° Minéraux ; 3° Animaux et produits animaux ; 4° Industries Indigènes et Ethnographie.

Enfin ces séries sont subdivisées elles-mêmes en sections dans lesquelles viennent se grouper toutes les productions naturelles ou industrielles de nos possessions algériennes et coloniales.

L'ordre que nous avons suivi est celui qui a été adopté par M. Aubry Lecomte, conservateur de l'Exposition permanente, qui, déjà, avait organisé avec autant d'art que de bon goût, l'Exposition permanente des Colonies.

C'est à lui aussi que s'adressent les éloges unanimes de la presse pour les dispositions architecturales, l'ornementation artistique de l'Exposition et par-dessus tout l'admirable méthode qui a présidé au classement d'une collection aussi nombreuse que variée.

Quant à nous, nous sommes heureux que son nom se présente dès les premières pages, car nous lui devons un juste tribut de notre reconnaissance ; c'est aux bienveillantes communications qu'il a bien voulu nous faire que nous avons pu mener jusqu'au bout l'œuvre que nous avions entreprise. Si notre guide a quelque mérite, c'est à M. Aubry Lecomte qu'il le doit.

Nous serions ingrats si nous oubliions M. L. Yvan, secrétaire de la Commission de l'Exposition, qui de son côté, a bien voulu nous aider de ses conseils et mettre à notre disposition les notes qu'il a recueillies pendant son long séjour chez les Arabes dont peu de personnes connaissent mieux que lui et la langue et les mœurs.

Enfin, et pour rendre justice à tous, nous devons ajouter que c'est sur les dessins de M. Trouvé, peintre paysagiste, qu'ont été composés les panoplies et faisceaux d'armes et d'objets ethnographiques qui font l'ornement de l'Exposition.

ALGÉRIE

PREMIÈRE SÉRIE

VÉGÉTAUX ET PRODUITS VÉGÉTAUX

Ire SECTION

Bois, Liéges, etc.

A une époque peu éloignée, quand on parlait des forêts de l'Algérie on n'obtenait qu'un sourire de doute, si, toutefois, celui qui écoutait ne levait pas les épaules. L'Exposition universelle fut une révélation et aucune puissance, aucune colonie, ne put lutter avec la riche collection des produits forestiers de l'Algérie.

L'histoire cependant, venait à l'appui des assertions de ceux qui avançaient que la nouvelle colonie pourrait offrir à la métropole des ressources en bois exotiques, de construction et de chauffage, et la décharger d'un tribut qu'elle paie à l'étranger et qui s'élève chaque année à près de 80 millions de francs.

Était-ce donc un rêve de poëte, lorsque Lucain disait dans sa *Pharsale*:

Tantum Maurusia genti
Robora divitiæ, quarum non noverat usum ;
Sed citri contenta comis vivebat, et umbra.
In nemus ignotum nostræ venere secures ,
Extremoque epulas mensasque petivimus orbe.

Comme à l'époque de Lucain, « les forêts ne sont-elles plus les richesses du Maure qui n'en connaît point la valeur, et vit satisfait à l'ombre du feuillage de ses citres ; et nos haches ne doivent-elles pas pénétrer dans ces bois inconnus, pour fournir nos tables et nos mets? » En offrant à l'Exposition un splendide échantillon des forêts de l'Algérie, une magnifique table de cèdre qui se trouve placée près des vitrines renfermant les liéges, M. le maréchal Vaillant aurait pu y faire graver ces deux vers de Martial :

> Accipe felices, atlantica munera, sylvas :
> Aurea qui dederit dona, minora dabit.

« Des forêts de l'Atlas reçois les dons précieux : des présents d'or ne vaudraient pas autant. »

C'était de l'Afrique que Rome tirait ces tables de citre dont parle Pline dans le livre XIII de son *Histoire naturelle*, et dont quelques-unes se sont payées jusqu'à 1,400,000 sesterces (près de 300,000 francs), ce qui équivalait à la valeur d'un vaste domaine, Cicéron en avait une, et malgré son peu de fortune, il l'avait payée 1,000,000 de sesterces : mais c'était un des éléments du luxe chez les Romains ; et la manie des tables, poussée jusqu'à l'extravagance, était reprochée aux hommes par les femmes, quand ceux-ci les blâmaient pour leurs bijoux et leurs perles précieuses.

Ce bois, qui atteignait des prix aussi fabuleux, n'était autre que le thuya, dont l'Exposition possède d'admirables échantillons offrant une variété immense de veines, d'ondulations, de ramifications se détachant en lumière sur un fond obscur, ou en bruns dessins sur un fond clair et brillant ; mais ce qui le rend précieux, c'est moins encore la richesse de ses couleurs et de ses veines, que son incorruptibilité ; qualité qu'il partage avec le bois de cèdre, et qui a fait confondre pendant longtemps les deux bois. En effet, dans les traductions des auteurs latins, plus d'une fois on a pris le citre (*citrus*), pour le cèdre (*cedrus*), sans tenir compte de la différence que Pline fait des deux arbres (1), et de la description que Théophraste fait du thuya, qu'Homère avait déjà cité dans son *Odyssée* :

> Πῦρ μὲν ἐπ' ἐσχαρόφιν μέγα καίετο, τηλόθι δ' ὀδμὴ,
> Κέδρου δ' εὐκεάτοιο θύου τ' ἀνὰ νῆσον ὀδώδει
> Δαιομένων.

« Un grand feu brûlait au foyer ; l'odeur du cèdre qui se fend facilement et du thuya qui se consumaient se répandait au loin dans toute l'île. »

(1) *Cedri* tantum et *citri* suorum fructuum in sacris fumo convolutum nidorem noverant, etc. — Pline, *Hist. nat.*, lib. XIII.

L'industrie parisienne s'est déjà emparée du thuya et l'ébénisterie, qui depuis vingt ans a fait de si immenses progrès, a ajouté ce produit de notre Colonie à sa collection de bois précieux. Le visiteur peut l'admirer sous les formes les plus variées, mêlé au bois de rose, au palissandre, à la marqueterie, aux incrustations de cuivre, de nacre et d'écaille, en jetant un regard sur les meubles qui entourent la vitrine et les tables où sont placés les bois algériens.

Mais le cèdre qui ne croît que dans trois régions, le Liban, les monts Himalaya et l'Algérie, mais le thuya ne sont pas les seules essences qui peuplent les forêts algériennes. On rencontre presque toutes les variété du Nord unies aux productions intertropicales; les chênes y abondent; ce sont d'abord le chêne vert qui constitue l'essence principale des broussailles, le chêne zéen, très dur, très lourd et propre surtout aux constructions navales; le chêne à glands doux qui en outre de son bois, fournit un fruit doux qui sert à la nourriture des hommes et des bestiaux; le chêne liège, l'un des plus communs et des plus utiles, et dont l'exploitation doit constituer un jour un revenu immense à la Colonie.

Du reste, presque toutes les grandes familles naturelles fournissent des sujets aux forêts algériennes : Dans les *Cupressinées*, on trouve le cyprès, le genevrier, le thuya; dans la famille des *abiétinées*, le cèdre, le pin et le pin maritime; dans celle des *bétulacées*, l'aulne; dans celle des *cupulifères*, huit variétés de chênes et le châtaigner; dans celle des *ulmacées*, l'orme; dans celle des *morées*, le mûrier blanc et le figuier; dans les *platanées*, le platane d'Orient; dans les *salicinées*, le peuplier blanc, le saule et le saule pleureur. Le laurier-d'Apollon dans la famille des *laurinées*, et le palmier-dattier, la richesse des tribus nomades du Sahara, dans celle des *palmées*. Dans la famille des *oléacées*, le frêne; dans celle des *apocynées* le laurier-rose; les *érycacées*, fournissent la bruyère arborescente; les *cactées*, l'opuntia ou cactus-raquette et le cactus nopal sur lequel on élève le cochenille; la famille des *tamariscinées* donne le tamaris; celle des *auriantiacées* les orangers, les citronniers, les limonniers et les variétés qui produisent les cédrats, les pamplemousses, les poncires; la famille des *acérinées*, offre l'érable, celle des *ilicinées* le houx; les *rhamnées*, le jujubier et le nerprun; les *euphorbiacées*, le ricin; les *juglandées*, le noyer; les *jasminées*, l'olivier; les *anacardiés*, le sumac qui fournit un produit précieux aux corroyeurs, et le lentusque dont les baies produisent de l'huile;

les *myrtacées* donnent le myrte ; les *pomacées*, le sorbier ; les *amygdalées*, le cerisier ; et les *papillonacées*, le cytise.

Et tous ces arbres divers n'existent pas seulement en Algérie à l'état d'échantillons, ils peuplent des cantonnement forestiers importants, dont le total, pour les provinces d'Alger, d'Oran et de Constantine, s'élève à plus de 1,250,000 hectares. N'est-ce pas là une ressource précieuse qui mérite d'être examinée avec attention?

Les bois exposés sur deux tables et dans une vitrine peuvent se classer suivant leur utilité et leur emploi dans les arts et l'industrie: d'abord comme bois propres aux constructions navales, on trouve le chêne zéen, le chêne liége, le chêne vert, le frêne et l'orme. Les chênes, le châtaigner et les pins, fournissent des bois de charpente et d'équarissage. Les bois de menuiserie et bois de sciage sont les chênes, le châtaigner, l'orme, le cèdre, les pins, le peuplier blanc, le platane, l'aulne, le frêne, l'amandier et le houx; comme bois de tour on recontre le noyer, le myrte et le frêne.. Les bois d'ébénisterie et de tabletterie sont nombreux : ce sont le thuya, l'olivier, le citronnier, le cèdre, le frêne, le jujubier, l'orme, le palmier-dattier, la bruyère arborescente, le lentisque, le myrte, l'arbousier et le laurier rose; le chêne et l'olivier offrent comme bois de sculpture les plus précieuses qualités; enfin tous les bois que nous avons cités, mais surtout le chêne, l'orme, le frêne, le châtaigner, l'aulne, l'érable, etc., constituent des bois à charbon et bois de chauffage.

Nous nous étendons sur cette richesse du territoire africain, parce que le bois est la matière ouvrable de la majeure partie des professions, et qu'il entre pour quelque chose dans toutes les fabrications ; aussi la consommation est-elle considérable, et, dans l'emploi presque général qui en est fait, la France est obligée d'en tirer de l'étranger, chaque année pour une somme dont l'importance varie de 75 à 85 millions.

A coté des bois, nous trouvons les différents produits provenant des forêts algériennes, ce sont d'abord les liéges, dont la consommation en France s'est tellement accrue, que le quintal a monté en cinquante ans de 10 à 80 fr., et dont l'importation s'élève à plus de 3 millions de francs par an ; le sumac, que les corroyeurs emploient pour la préparation et la teinture des cuirs dits marocains, et les écorces, douées de propriétés tannantes, dont l'importation pour les deux objets dépasse 5 millions de kilogrammes et une valeur de un million de francs ; enfin, l'olivier, destiné à l'ébénisterie, dont nous retrouverons plus loin le fruit à l'état de conserve, ainsi que l'huile qu'on en extrait.

Après les bois, vient naturellement se placer l'ébénisterie.

L'industrie proprement dite ne prend qu'une place secondaire dans l'ébénisterie française; l'art, au contraire, se montre dans chaque détail; nos meubles relèvent tout à la fois du dessin et de la sculpture, et exigent une composition préalable. L'ébénisterie a une histoire qui remonte à plusieurs siècles, elle a des maîtres qui ont laissé des noms glorieux, elle a des modèles qu'on consulte encore avec fruit, une tradition qui n'est certes pas à dédaigner. L'ébénisterie a marché avec les beaux-arts, avec la peinture, avec la sculpture, et atteint comme elle une hauteur qui n'est pas dépassée. Sous l'influence des maîtres italiens, l'ébénisterie a produit tous les chefs-d'œuvre qui font l'ornement de nos musées, et donnent un idée du génie des artistes de la Renaissance; tout le monde admire encore ces bahuts, ces crédences, ces chaires, ces armoires, prodiges de patience et d'habileté de main.

A cette époque, la plus brillante de l'histoire des arts, c'est la sculpture qui l'emporte dans l'art de travailler le bois, d'en varier les façons suivant les goûts, les habitudes ou les mœurs des classes qui doivent en faire usage; mais chaque époque a ses goûts. Avec Louis XIV, l'ébénisterie se transforme, les sculptures disparaissent, les formes sont plus sévères, tout vise à la majesté; le chêne, qui suffisait aux sculpteurs, devient insuffisant; il faut des métaux, de l'ivoire, de l'écaille, des bois de toutes les sortes, depuis les espèces indigènes jusqu'aux variétés exotiques, et Boule pousse l'art d'incruster les meubles à une supériorité incomparable.

Sous Louis XV, on passe d'un excès à un excès contraire; l'art retrouve sa liberté, ses caprices et même ses licences; des formes un peu roides et prétentieuses on arrive tout d'un coup aux dessins maniérés, tourmentés, le style du grand siècle dégénère en marivaudage, en ébénisterie aussi bien qu'en littérature.

Le mouvement s'arrête sous Louis XVI. L'art se retrempe et s'épure, il y a sobriété d'ornement; la délicatesse du goût s'allie à la richesse de l'exécution, et cette époque est une des plus belles de l'histoire de l'ébénisterie.

La nuit vient ensuite, nuit complète, et ce n'est pas nous qui chercherons à allumer un flambeau pour l'éclairer; tout ce qui s'est produit pendant quarante ans en fait d'ébénisterie mérite d'être à tout jamais enseveli dans l'oubli. Dans toutes les mauvaises caricatures de l'antique, l'art n'a rien à voir; mais heureusement nous sommes délivrés du grec et du romain, voire même de l'acajou! — Depuis vingt ans l'ébénisterie est entrée dans une voie nouvelle; l'étude du dessin a épuré le goût, on a demandé des modèles aux maîtres oubliés, on est revenu aux ornements, aux sculptures sur bois, l'ornementation a fait de nouveaux progrès; aux matières déjà connues et déjà employées, on en a ajouté de nouvelles: aux bois venus des régions tropicales et des colonies américaines, ont succédé les bois empruntés aux richesses forestières de l'Algérie; le thuya a détrôné le palissandre, et des artistes l'ont marié avec beaucoup de succès au cèdre, à l'olivier, au houx, au palmier, au genevrier, au pistachier, etc.

L'Exposition permanente renferme de magnifiques échantillons d'ébénisterie, où la richesse des matières premières le dispute au fini du travail, à la pureté du dessin, au bon goût qui a présidé dans le choix et l'agencement des bois. Nous citerons d'abord un meuble de salon, en thuya, avec incrustations en cuivre, genre Boule, d'un beau style, d'une élégance de dessin, d'une délicatesse de travail qui font l'admiration de tous les visiteurs et est l'œuvre de M. Hoefer, 205, rue Saint-Antoine; puis un bureau de dame, en thuya, avec incrustations, qui lutterait facilement avec ces meubles élégants du dernier siècle, qui ont fait à juste titre la réputation de Riesner; il sort des ateliers du même fabricant.

Déjà, à l'Exposition universelle, on avait admiré parmi les spécialités, les objets en bois d'Algérie sortis des ateliers de M. Maréchal, (24, rue des Gravilliers) et une médaille avait été la récompense des efforts qu'il avait tentés pour populariser les produits des forêts de notre Colonie; nous le retrouvons à l'Exposition permanente avec une collection très complète et très belle de caves à liqueurs, nécessaires, huiliers, ménagères, bouts de table en thuya, en olivier, en bois de tous genres, tournés, sculptés, incrustés, découpés; tous ces objets attirent l'attention non-seulement par l'élégance de leur forme, la beauté du travail, mais encore par une modicité de prix qui doit les rendre populaires quand ils seront mieux connus.

Nous citerons de même MM. Jouby et Guibert, 10, rue de Thorigny, qui ont employé, avec beaucoup de succès, les bois d'Algérie pour la confection d'ouvrages de bon goût; nous n'oublierons pas non plus la tabletterie sortant des ateliers de

M. Mercier, rue des Gravilliers, 24 ; ses tabatières en palmier, bois debout, en olivier, en lentisque, en racine de myrte et de bruyère arborescente, méritent une mention spéciale.

Nous parlerons enfin de la collection choisie de cannes et ombrelles (palmier ou myrte) exposée à côté des bois, dans une petite vitrine séparée, par M. Rougé, fabricant, 41, rue de Grenelle-Saint-Honoré.

La collection des produits manufacturés tirés des matières premières algériennes est riche, mais encore que d'abstentions ! Si tous ceux qui emploient des bois algériens étaient représentés, la salle serait trop étroite pour renfermer toutes les richesses, l'écrin serait trop petit pour contenir toutes les perles précieuses de la couronne algérienne. Parmi ces abstentions il en est de très-regrettables ; d'abord plusieurs maisons de premier ordre qui avaient été remarquées à l'Exposition universelle n'ont rien envoyé à l'Exposition permanente, et c'est un tort, car elles avaient, à cette époque, fait de louables efforts pour faire ressortir les qualités et les avantages des bois algériens.

Nous signalerons, dans ce nombre, M. Henri Hertz, et, pour nous, il est d'autant plus coupable que son témoignage était venu confirmer un fait qui déjà avait été avancé, c'est que le thuya possède une qualité toute particulière de sonorité que n'ont pas, au même degré, les autres bois ; nous allons le citer lui-même : « Les expériences que j'ai faites sur le bois de thuya d'Algérie, en l'employant à la construction des pianos, ont donné les résultats les plus satisfaisants, et je suis heureux de le constater ici. Ce bois, employé comme placage, est très-riche par la beauté de ses reflets, lorsqu'il est convenablement verni. J'ai cru remarquer, de plus, que les caisses plaquées en thuya donnaient à l'instrument une certaine sonorité.

« Pour appuyer mon opinion, je dois citer un fait qui s'est produit dans le concours des instruments de musique de l'Exposition universelle. Il faut donc savoir que, dans la séance du 15 août 1855, les membres du jury international ont déclaré, *à l'unanimité*, que les pianos de tout genre de la maison H. Hertz méritaient la plus haute récompense ; mais un piano à cordes obliques en bois de thuya d'Algérie a été trouvé tellement supérieur à tous les autres, que le jury l'a déclaré *premier hors ligne !* Bien que ce succès extraordinaire ne puisse être attribué uniquement à l'enveloppe du piano, je persiste cependant à dire que le bois de thuya contribue à donner de la sonorité aux instruments. Si mon opinion, basée sur l'expérience, peut contribuer à la propagation du bois de thuya dans l'industrie, je verrai avec plaisir qu'elle soit divulguée. »

N'avions-nous pas raison de blâmer l'abstention de M. Hertz; le moyen de propager le bois de thuya et de prouver qu'il contribue à la sonorité des instruments, ne serait-il pas d'envoyer un piano à l'Exposition permanente?

Du reste, cette puissance de sonorité a été constatée à plusieurs reprises, et un violon en thuya, fabriqué par M. Barbet, d'Alger, attire l'attention des artistes, qui en font le plus grand cas.

STATISTIQUE. — COMMERCE.

Malgré ses immenses forêts, qui ne peuvent être exploitées faute de moyens de communication, l'Algérie a importé, savoir :

1857. — Bois à construire de toutes sortes...........	1,813,538 fr.
1858. — — —	1,657,969

Elle a exporté :

	1857		1858
Bois communs......................	142,219 fr.	—	209,401 fr.
Bois exotiques......................	12,208	—	3,553
Liéges........................	» »	—	137,664

BESOINS DE LA FRANCE.

La France importe, en moyenne, chaque année, valeur :

Bois communs, charbon, liége, etc....................	65 millions.
Bois exotiques....................................	8 millions.

EXPOSANTS.

Burtin à Tiaret. — Liéges.

Calderon à Alger, 22, rue Mahon. — Liége ouvré.

Doulouze, à Constantine. — Liéges.

Vve Dubouchage (La Calle). — Collection des liéges.

Hoefer, rue Saint-Antoine, 205. — Meubles en thuya et bois algériens.

Jouby et Guibert, rue de Thorigny, 10. — Nécessaires en thuya.

Lecoq et Berthon à Bône (Edough). — Collection de liéges.

Maréchal, rue des Gravilliers, 24. — Nécessaires, caves à liqueurs, etc., en thuya et bois algériens.

Mercier, rue des Gravilliers, 24. — Tabletterie en bois algériens.

Minot, à Tiaret. — Liéges.

A. de Montebello. — Liéges.

Pépinière centrale d'Alger. — Essences forestières et bois exotiques.

Portes fils, à Alger. — Liéges.

Service des forêts (Province d'Alger). — Essences forestières. — Bois d'ébénisterie.

Service des forêts (Province d'Oran). — Bois d'ébénisterie, thuya, olivier, etc.

Service des forêts (Province de Constantine). — Essences forestières. — Collection de liéges.

IIe SECTION

Textiles autres que le coton et la soie.

La France possède environ 180 filatures de lin, employant 476,000 broches et consommant annuellement 40 millions de kilogrammes de filasse. Dans cette immense consommation, la culture française entre au plus pour un tiers, et, pour équilibrer la production avec la consommation, c'est 50,000 hectares qu'il faudrait cultiver de plus en lins chaque année. L'Angleterre, qui possède 1,200,000 broches, travaille depuis quinze ans à propager la culture linière en Irlande, et, malgré ses efforts, est encore obligée de recourir à l'étranger pour satisfaire à ses importants besoins. C'est la Russie qui vient en aide à la France et à l'Angleterre pour combler ce déficit, et notre colonie d'Algérie peut trouver dans la culture et le commerce du lin une source abondante de richesses. Les échantillons de lin déposés à l'Exposition permanente peuvent supporter la comparaison avec ceux de Riga et de Russie qui, on le sait, se distinguent par la longueur de leur tige, le petit nombre de leurs branches latérales et surtout la finesse et l'abondance de leur tissu. Dans un de ses rapports, le jury international à l'Exposition universelle a donné un témoignage concluant à cette production, en disant que trois échantillons de lin d'Algérie ont été jugés égaux aux plus beaux types des lins de Courtray. Cette opinion avait déjà été émise par les plus habiles filateurs du Nord, qui avaient soumis à des expériences industrielles les échantillons envoyés par M. le Ministre de la Guerre ; malheureusement les préparations de rouissage avaient été mauvaises ; et MM. Barrois frères, de Lille, en rendant compte des essais qu'ils avaient faits, exprimaient leurs regrets en ces termes : « Il était « très important d'expérimenter et de connaître le parti que « l'on peut tirer des produits de la culture du lin en Algérie, « car cette culture est une ressource réservée à l'avenir de « notre si intéressante Colonie. Nous en avons été empêchés. « C'est pour cela que, lorsque l'émigration aura peuplé l'Al- « gérie de cultivateurs, il sera utile d'arriver avec des métho- « des de fabrication parfaites, afin de ne laisser au colon au- « cun travail industriel, car autrement cette culture serait

« compromise et abandonnée par ceux qui auraient eu le cou-
« rage de l'entreprendre. »

Des espérances et des regrets, c'est ce que nous trouvons exprimé toutes les fois que nous abordons une nouvelle production; cependant il suffit d'une plante pour faire la fortune d'une colonie, et l'Algérie en possède dix, vingt; mais les bras manquent pour exploiter toutes les richesses qu'elle renferme, ou, pour le dire avec plus de vérité, le capital en faisant défaut à l'Algérie, ne permet pas d'employer les bras d'une manière convenable; la preuve en est qu'aucun grand propriétaire n'a jamais manqué de bras; au contraire, il a toujours été obligé de refuser les travailleurs qui se présentaient en foule sachant qu'il pouvait payer. C'est une vérité exprimée bien souvent; c'est une question discutée depuis longtemps, mais dont la solution nous semble prochaine par la création des chemins de fer, qui « donneront un nouvel essor au grand mouvement colonisateur qui pousse l'Algérie vers ses destinées futures! » Et en effet, comme nous le disait dernièrement encore M. Du Pré de Saint-Maur, faute de voies de communication, le lin est presque entièrement jeté au fumier, la graine en est seule employée. Des routes, des routes, et toujours des routes! Tout le secret de la colonisation algérienne est là.

La vitrine réservée aux plantes textiles contient une collection aussi complète et aussi variée que possible, la liste s'en trouvera naturellement détaillée en même temps que les noms des exposants qui figurent à la suite de ce chapitre.

Aussi nous contenterons-nous de mentionner plus spécialement les industriels qui ont cherché à faciliter et à améliorer les procédés de rouissage employés jusqu'à ce jour.

Nous devrons citer naturellement MM. Scrive frères, Barrois frères, L. Terwangne, de Lille, dont les échantillons de lins rouis, filés et tissés sont d'une grande beauté.

Nous appellerons également l'attention sur les lins préparés par les procédés nouveaux de M. Lefébure, à Bruxelles, et qui lui ont valu au dernier concours agricole une mention très-honorable. Ces procédés paraissent destinés à opérer une grande révolution dans les méthodes suivies jusqu'à ce jour, et en tous cas permettent dès aujourd'hui de tirer parti des lins algériens, dont le rouissage ne peut avoir lieu sur place et que M. Lefébure s'offre à traiter dans les meilleures conditions pour les cultivateurs.

Notre opinion s'appuie du reste sur celle de M. Alcan, professeur de rouissage et de filature au Conservatoire des arts et métiers. Ce praticien a rendu un compte des plus favorables sur les avantages du procédé de M. Lefébure, au point de vue de la salubrité de ce rouissage et de ses avantages sous le rapport industriel, par une application sûre et régulière donnant une désagrégation complète des fibres du lin, du chanvre, etc. Ajoutons que par ses procédés, M. Lefébure obtient un rendement de 15 à 20 0/0 de la matière employée, ce qui lui permet d'offrir au producteur linier un prix d'achat supérieur à celui établi jusqu'à ce jour.

Outre les lins en tige et les lins teillés, l'Exposition permanente renferme des échantillons de chanvre ordinaire, de chanvre géant de la Chine, de *corchorus textilis* ou jute des Anglais, d'*abutilon indicum* ou mauve textile, d'*urtica nivea* ou ortie blanche, de *chinagrass* ou ortie de Chine, d'agaves de différentes espèces, etc., provenant des cultures expérimentales de la pépinière d'Alger, et qui méritent de fixer l'attention du public.

L'Algérie possède des plantes fournissant des fibres textiles qui croissent spontanément et couvrent des espaces considérables. Parmi elles nous citerons le palmier nain, l'alfa et le diss. Longtemps, le palmier nain a fait le désespoir des colons forcés de défricher, mais aujourd'hui on est parvenu à utiliser la feuille dans l'industrie, et cette plante, qui passait pour ingrate et stérile, peut devenir une source féconde de bénéfices. Traitée convenablement, la feuille fournit un filament qui, teint en noir, vrillé et frisé, donne un *crin végétal* employé concurremment avec le crin animal dans la confection d'ouvrages de bourrelerie et de tapisserie. Le crin végétal possède sur le crin animal deux avantages : celui d'être à l'abri de la destruction des vers, et celui de coûter 75 0/0 moins cher, avantages qui doivent lui assurer un grand avenir.

Mais là n'est pas l'avenir du palmier nain, de l'alfa et du diss : ces plantes sont destinées à rendre un service plus grand encore en fournissant une excellente pâte à papier. Les essais qui ont été faits ont donné les plus heureux résultats, et l'on peut voir des papiers pleins de force et de ténacité et résistant vigoureusement aux efforts que l'on fait pour les déchirer. Une grande usine a été établie à l'Arba, près d'Alger, et nous nous rappelons avoir vu un des plus anciens défenseurs des intérêts de l'Algérie, le journal *l'Akhbar*, imprimé sur du papier africain provenant des palmiers nains, de l'alfa et du diss.

Le service de l'Exposition s'occupe en ce moment de nouer des relations entre l'Algérie et la France pour résoudre la grande question des pâtes à papier. L'excellence des pâtes de diss, d'alfa et de palmier est connue depuis longtemps ; il ne reste plus qu'à régler le mode le plus avantageux de transport et les conditions d'achat.

Cette industrie aurait du prendre un développement plus considérable, mais elle a été arrêtée dans son essor par la loi douanière qui régissait l'Algérie et qui tend à disparaître pour faire place à une assimilation commerciale pleine et entière. A ce sujet, un économiste distingué, M. Michel Chevalier, écrivait il y a quelques années :

« L'homme industrieux transporté d'Europe en Algérie, qui possède quelques capitaux et qui aperçoit auprès de lui des ressources naturelles, est exposé à se trouver dans la même situation que Sancho Pancha érigé en gouverneur de l'île Barataria, lorsque, en présence d'une table chargée de plats succulents, il est arrêté sans cesse par la baguette du docteur qui lui interdit de toucher aux délices étalées devant son appétit. Il a récolté des céréales : pour diminuer les frais de transport, il voudrait les convertir par la mouture en farine ou en semoule : voici alors le tarif de la douane qui lui barre le chemin.

» Les plaines de l'Algérie présentent sans culture une plante excellente pour faire un papier de première qualité, c'est l'alfa ou sparte ; l'importation en est permise si elle est à l'état brut, c'est-à-dire en tiges, dont il faut faire des bottes semblables à celle du fourrage, et que par leur volume excessif il faut renoncer à porter à quelque distance ou à charger sur des navires. Du moment que par la macération et le battage l'alfa a éprouvé une forte diminution de poids, une plus forte en volume, et qu'on en a fait une pâte transportable, il est prohibé en France, et nos fabriques de papier, qui en tireraient le meilleur parti, sont forcées de s'en passer. L'Afrique est couverte, et infestée d'un arbuste qui y pullule avec une sorte de fureur et qui faisait jusqu'à ces derniers temps le désespoir de nos colons, le palmier nain. Après s'être longtemps exhalé en plaintes amères contre cette végétation envahissante, on a constaté que les différentes parties qui la composent pouvaient être utilisées. On en fait un crin végétal, on la convertit en pâte à papier. Dans cet état elle enrichit à la fois l'Algérie et la Métropole ; malheureusement, dès qu'on y a touché pour la transformer, l'entrée de la

France lui est fermée par les droits et par la prohibition. »

Grâce à la loi de 1851, qui a démontré qu'en ouvrant à certaines productions de l'Algérie telles que les blés, les laines, les huiles, les frontières de la Métropole, on n'a nullement compromis l'existence de nos grandes industries, il est évident que ces sévérités douanières doivent disparaître. « Le moment est venu, comme le disait M. Michel Chevalier, de déclarer que la France est ouverte sans droits à toutes les productions de l'Algérie, quelles qu'elles soient. Tant que le législateur n'en aura pas décidé ainsi, les hommes industrieux se sentiront peu portés pour l'Algérie. Français et étrangers porteront ailleurs leurs connaissances, leur activité et leurs capitaux ! »

Du reste le jour est arrivé où l'industrie algérienne peut commencer à se développer : la plus grande partie des entraves douanières qui s'opposaient à son développement n'existe plus. Des mesures récentes prises par le Ministère de l'Algérie ont modifié sensiblement le régime douanier qui régissait la Colonie ; tous ses produits naturels et une grande partie de ses produits industriels peuvent pénétrer en France ; il reste peu de choses à faire pour arriver à une assimilation commerciale entière, à une annexion complète. Le moment approche, nous en sommes certains, où ce dernier pas sera franchi.

Nous terminerons ce chapitre par la nomenclature des plantes textiles cultivées par les colons ou la Pépinière centrale, et qui figurent dans la vitrine de l'Exposition : ce sont :

Le lin (*linum usitatissimum*), le chanvre (*cannabis*), le diss (*arundo festucoïdes*), le palmier nain (*chamærops humilis*), l'alfa, qui comprend plusieurs plantes de la famille des graminées, entr'autres : le *lygeum spartum*, les *stipa tenacissima, — gigantea, — barbata*, etc., le bananier, (*musa paradisiaca*), l'abaca (*musa textilis*). Les agaves *americana, fœtida, ferox, yuccæfolia*, des *yucca*, dont le plus répandu est le *yucca aloïfolia*, l'ortie blanche (*urtica nivea*), le corète textile (*corchorus textilis*), la mauve textile (*abutilon indicum*), le *phormium tenax*, la massette d'eau (*typha latifolia*), etc.

L'industrie française commence à se servir des matières premières appartenant à cette section, et dans une vitrine on peut voir des tissus d'une finesse et d'une beauté remarquables provenant des lins algériens, ainsi que des cordages et objets divers fabriqués avec les chanvres, les fibres d'aloés, de palmier, etc.

COMMERCE. — STATISTIQUE.

Les exportations de l'Algérie ont été :	1857		1858
Feuilles de palmier nain.	24,046 fr.	—	1,748 fr.
Crin végétal	763,053	—	667,143

BESOINS DE LA FRANCE.

La France importe en moyenne, pour une valeur de :

Chanvre	3 millions.
Lin	30 millions.

EXPOSANTS.

ANGELO NAVARRO. Lin. — AVERSENG et Cie à Toulouse. Crin de palmier nain, collection de plantes textiles. — BARROIS frères à Lille. Lin filé et tissé.

BERTHELOT à Drariah. Palmier en laine, filasse, crin. — BESSERVE à Oran. Lin. — BONHOMME à l'usine de Bellon-sur-l'Huine (Orne). Papier de palmier nain. — BONNEAU et DROUET, 2, rue Labruyère. China grass, désagrégé et blanchi.

CARTAIS à Saint-Cloud. Lin. — CHAUSSADIS à Alger. — CHIRAT à Constantine. Lin. — COSTERISAN à Sidi-Ali. Lin. — COUCHOUX à Alger. Abutilon indicum, tapis, cordes, filés de plantes textiles, pâtes à papier, papier de plantes textiles.

DEHAN et CROZET à Oran. Alfa, palmier nain. — DEYME à Alger. — DUKERGEY et Cie à Sidi-bel-Abbès. Collection de crin et cordes en palmier nain.

FERME MODÈLE D'ARBAL. Lin. — FIRMIN DIDOT. Papier de diss. — FOLEY à Alger. Palmier nain, toile en palmier nain. — FOUCAULT à Birmandreis. Collection de pâte, filasses et fibres de sorglio en laine.

GAILLET à Marengo. Lin. — GERMAIN et LOISEAU. Palmier nain. — GIRARD à Tounin. Lin. — GOBY, à Blidah. Chanvre et chanvre géant, lin de Riga. — GODEFROY à Maromme, près Rouen et Rouen. China grass, désagrégé et blanchi. — GRAILLAT à Mostaganem. Lin. — GRIMA à Philippeville. Lin. — GUAZAGNAIRE. Lin. — GUIGNARD, des Ouled-Mimoun. Lin.

HALOCHE à El-Biar. Mauve textile. — HÉRICART DE THURY à Saint-Denis-du-Sig. Lin. — HUBERT FONTANELLA à Gastonville. Lin.

JASSERAND à Philippeville. Lin. — JAUSSERAUD. Lin. — JOLY FRÈRES à Alger. Brosses en palmier nain.

LAFOND à Gastonville. Lin, sorgho balai. — LAFON DE CARDAVAL. Diss, papier de diss. — LALLEMAND à Aïn-Tedeless. Lin. — LAPERLIER à Mustapha supérieur. Chanvre géant, chanvre. — LAROCHE à Angoulême. Papier de palmier nain. — LEFEBURE à Bruxelles. Lins rouis à divers états. — L. TERWANGNE à Lille. Lins rouis à divers états.

MÉDAN et DUFOUR à Constantine. Lin. — MEROUX à Rouen, rue Lemire, faubourg Saint-Sever. China grass ou ortie de Chine. — MESSAGER ABIT et Cie à Troyes. Tapis d'alfa, crin d'alfa. — MOHAMED BEN ZAGDIA. — MORÉAL (DE) à Alger. Diss, drinn, brosse en drinn. — MORIN à El-Biar. Lin. — MOUROT (veuve) à Tounin. Lin.

PÉPINIÈRE CENTRALE. Phormium tenax, chanvres, chanvres, chanvre géant, corchorus textiles, mauve textile, mûrier à papier, lin, yucca, sansevière de Guinée, ortie blanche, abutilon indicum, etc. — PÉPINIÈRE DE BONE. Yucca. — PÉPINIÈRE DE MOSTAGANEM. Lin. — PÉPINIÈRE DE TLEMCEN. Lin, sorgho balai. — PIERRE à Bled-Touaria. Lin. — PORINET à Tixeraïn. Palmier nain. — POUPAN, à Philippeville. Lin. — PRAVET et Cie. Pâte à papier d'alfa, papier de bananier.

RIFFARD, à Alger. Papier et pâte à papier fait avec l'alfa, Papier de diss, etc. — ROMAIN à Alger. Palmier nain. — ROQUE. Papier, filasse de bananier, papier d'aloès.

SCRIVE frères à Lille. Lin filé et tissé. — SOEUR URSULE JACOBOT. Lin. — SOZET à Kléber. Lin.
TESTUT à Alger. Palmier nain, sorgho sucré, sorgho balai. — TOCHE à Bône. Palmier nain. — TRIBU DES HANNENCHAS. Alfa.
VINCENT VITAL à El-Hadjar. Lin.

IIIe SECTION

Cotons, tissus et filés de coton.

On dirait vraiment que l'Algérie ne veut demeurer étrangère à aucune industrie ; elle avait déjà les bois, les céréales, les métaux, les marbres, les huiles, les vins, les laines, les soies, les fils, les tabacs, et bien d'autres matières toutes aussi fécondes ; mais toutes ces richesses ne lui suffisent pas encore : elle a voulu avoir le coton, et elle s'y prend de manière à ne pas en avoir le démenti.

L'introduction de cette production en Algérie est un témoignage de ce que peut la volonté sûrement dirigée ; les résultats obtenus ont dépassé toutes les prévisions, et à l'Exposition on peut admirer plus de vingt variétés de cotons, toutes remarquables par la beauté et l'excellence de la matière ; mais parmi lesquelles se distinguent particulièrement les espèces Géorgie longue soie et Louisiane, ou courte soie qui, par l'éclat, la finesse et la force du filament, ne le cèdent en rien aux produits similaires des pays exotiques. Et cependant une culture industrielle comme celle du coton ne s'improvise point, quelle que soit d'ailleurs l'aptitude du sol et du climat. Il a fallu soixante-dix ans aux États-Unis pour atteindre le but où ils sont arrivés aujourd'hui ; il a fallu à Mehemet-Ali, avec sa puissante et ferme volonté vingt ans pour asseoir la culture en Égypte et la rendre réellement productive. Or l'Algérie, qui depuis huit ans seulement s'occupe de la culture du coton, a continuellement suivi sa marche progressive et dépassé la limite des résultats obtenus par les autres puissances à leur début. Les États-Unis, après trois ans d'essais, avaient exporté 129 balles ; tandis que cette exportation, en Algérie, avait dépassé 600 balles après la troisième campagne.

C'est là sans doute, un beau résultat puisqu'il témoigne de la possibilité de produire en Algérie une matière précieuse, que nous consommons en très-grande quantité et dont nous sommes entièrement tributaires de l'étranger ; mais de ces essais à une production régulière, importante, de nature à entrer en concurrence sur les marchés français et étrangers avec les produits similaires de l'Amérique, des Indes, de l'Égypte, il faut encore bien des efforts. Les résultats obtenus sont immenses, si l'on tient compte des moyens d'action dont dispose l'Algérie ; ils sont bien peu de chose si l'on considère les besoins de la France ; la question des cotons a été résolue sous le côté expérimental, c'est-à-dire qu'il en est sorti, comme disait le rapport du jury pour le prix de l'Empereur en 1856, « une méthode sûre, rationnelle, propre à assurer le succès des cultures ; » la production algérienne peut opposer à la production américaine la qualité des produits et le rendement ; mais il reste une troisième question à résoudre, c'est l'importance de la production.

Deux raisons s'opposent à ce que cette production prenne tout le développement dont elle est susceptible : le manque de bras est un premier obstacle, ainsi que le manque de capitaux pour établir de grandes exploitations.

L'Empereur, dans sa sage prévoyance, ainsi que l'Administration, ont tenu compte des difficultés que cette entreprise pouvait rencontrer à ses débuts et, par des primes et des achats de récolte, ont pris toutes les mesures susceptibles d'assurer le succès. Le jury international, après avoir applaudi aux mesures prises par l'État, s'exprimait ainsi : « Il n'appartient pas au jury d'indiquer au Gouvernement français la marche qu'il doit suivre, mais il peut dire, avec certitude, que l'Europe manufacturière le remercie des efforts qu'il a tentés, et qu'elle regardera comme un grand service rendu à l'humanité et à la civilisation, la propagation en Algérie de la culture du coton sur une échelle incessamment agrandie. Si ses vœux sont pris en considération, l'Exposition universelle de Paris laissera un beau souvenir dans les esprits, un vif sentiment de gratitude dans les cœurs du jury. »

Nous avons en France un grand défaut, c'est pour toutes les questions de commerce ou d'industrie, de vouloir nous adresser au Gouvernement.

C'est à lui qu'on s'adresse pour toutes les mesures ; c'est de lui qu'on réclame toutes initiatives. C'est un mal ! Ses moyens d'action sont restreints, il peut encourager, mais faire, ou faire faire lui-même, c'est demander l'impossible. En matière de colonisation, de cultures industrielles, c'est à l'industrie privée à prendre l'initiative ! L'Etat a, dans la question qui nous occupe, grandement accompli sa tache, c'est aux particuliers aujourd'hui à augmenter et multiplier les moyens d'action dont l'Algérie peut disposer. C'est aux capitaux a se diriger vers cette terre féconde, qui promet aux entreprises, sagement conduites, les plus solides résultats; c'est aux bras inoccupés qui vont en Amérique, en Australie, en Californie, chercher des récoltes problématiques, à venir demander à l'Algérie, un travail sûr, abondant, largement rétribué ! C'est à l'esprit spéculatif qui, depuis vingt ans a doté la France des chemins de fer et porté si haut son industrie, de diriger tous ses efforts pour détourner l'émigration européenne vers l'Algérie et mettre en œuvre les trésors que renferme notre Colonie.

Cette question de la production des cotons en Algérie a une importance très grande : l'Amérique du nord récolte environ 500 millions de kilogrammes de coton, c'est-à-dire les quatre cinquièmes de la production totale; l'Angleterre consomme à elle seule 300 millions de kilogrammes qui alimentent 18 millions de broches; les Etats-Unis, 110 millions de kilogrammes pour 5,500,000 broches; la France, 72 millions de kilogrammes pour 4 millions de broches; l'Autriche, la Russie, le Zollverein, l'Espagne, la Belgique, etc., viennent après. Il y a trente ans, l'industrie des cotons en Amérique était nulle ou presque nulle; elle n'a pris d'importance que depuis cette époque et est arrivée à occuper le deuxième rang; la production restant la même, l'industrie américaine prenant des proportions considérables, il est permis de prévoir le jour où l'exportation des matières premières sera réduite, tandis que l'exportation des produits manufacturés s'augmentera et viendra faire une concurrence fâcheuse à l'industrie européenne. La production algérienne peut nous permettre d'envisager ce jour sans crainte et sans danger, mais il faut pour cela s'occuper de développer les cultures.

C'est le côté de la question sur lequel il importe aujourd'hui de s'arrêter, les autres sont résolues. La qualité des cotons algériens n'a-t-elle pas été constatée par l'honorable M. William Elliot, commissaire américain de la Caroline du sud à l'Exposition, planteur et exposant de coton longue soie, en reconnaissant que les cotons longue soie de l'Algérie équivalaient aux plus belles espèces similaires de la Caroline et de la Géorgie, c'est-à-dire aux plus beaux cotons du Monde? A ce témoignage, nous pouvons ajouter celui de la chambre de commerce de Liverpool, dont le délégué, après essais et examen approfondis, déclara que les cotons algériens ne laissaient rien à désirer sous le rapport de toutes les qualités essentielles du produit.

Le problème de la culture ainsi résolu, quand sera-t-il donné à l'Algérie d'apporter un appoint important aux manufactures de France et d'Europe? — C'est là une question plus difficile à résoudre, et qui demande avant tout des bras et des capitaux; mais il ne faut pas désespérer de la réussite. Nous sommes convaincus que lorsque l'Algérie sera appréciée comme elle le mérite, les capitaux inactifs se dirigeront en abondance de son côté!

A la mise en œuvre, les cotons algériens ont donné les plus beaux résultats, comme on peut voir à côté des cotons en laines. Les premières fabriques de France et d'Angletérre ont expérimenté la matière, et leur témoignage ne permet aucun doute à cet égard. Elles ont envoyé des cotons filés simples et retors, écrus, blanchis ou teints d'une finesse extrême, d'une grande beauté, en suivant l'échelle des numéros employés dans toutes les industries. A côté des cotons filés figurent les tissus de toute sorte, blancs, écrus ou imprimés; mousselines, linons, nansouks, organdis, jaconas, madapolams, gazes, tulles, broderies, dentelles, étoffes de nouveautés, nankin, bonneterie, provenant des fabriques d'Alsace, de Normandie, de Tarare, de Saint-Quentin, de Calais, de Paris, de Manchester. Du reste, les prix qu'atteignent les cotons algériens sur la place du Havre, où se fait habituellement la vente, démontrent aisément combien ils sont recherchés par les manufacturiers. Mais dans l'industrie des cotons, comme dans quelques autres industries, si nous voulions établir une comparaison avec les puissances étrangères, nous serions forcés de reconnaître que nous sommes inférieurs pour les produits économiques, et que nous ne reprenons notre supériorité et ne luttons avec avantage que dans les articles où l'art joue un rôle. La mission de l'Algérie est de venir en aide à nos fabricants et de leur donner des forces pour atteindre la limite extrême du rabais, dont l'Angleterre semble vouloir conserver le privilége.

COMMERCE. — STATISTIQUE.

L'Algérie a exporté, valeur :

	1857		1858
Cotons en laine........................	105,689 fr.	—	156,957 fr.

BESOINS DE LA FRANCE.

La France importe annuellement en moyenne, pour l'alimentation de ses 4 million de broches, une valeur de 125 à 130 millions de cotons en laines.

EXPOSANTS.

Adam et Sohn au Tlélat. Coton Géorgie. — Adam au Tlélat. (Collection). Variétés de cotons. — Ali Ben Mohammed, Caïd de Guelma. Coton Géorgie longue soie. — Arviset, J.-B. à Orléansville. Variétés de cotons. — Audureau à Bône, ids

Barre au Fondouck. Variétés de cotons. — Barrois, Boutor-Morris à Lille. Tulle et dentelle en coton d'Algérie. — Bedu frères et Ledoux-Bedu à Saint-Quentin. Jaconas, nansouk, mousseline, cottelignes, jours anglais, — Bégué à Bône. Variétés de cotons. — Bleur à Saint-Denis-du-Sig, id. — Belle à Cherchell, id. — Benès (Marie) à Philippeville, id. — Berton à Oran, id. — Bibili à Saint-Denis-du-Sig, id. — Bou Abra bou Nouar, Caïd des Beni Fouzeir à Tlemçen, id. — Boutor Morris à Lille. Devant d'autel, tulle filé Barrois, cols de femme tissés en tulle broché. — Bourlet à Clary près Saint-Quentin. Brillanté écru, devants de chemises. — Boutaric à Orléansville. Variétés de cotons. — Boyer à Montpensier, id. — Brest et Jourdan à......, id. — Bresson aîné. Coton d'Algérie à broder. — Briffa à Saint-Antoine. Variétés de cotons.

Caczanowski et Thierry à Boufarick. Variétés de cotons. — Cartais à Saint-Cloud, id. — Chuffart à Birmandreïs, id. — Colaine à Gastonville, id. — Cordier et Maisons à la Rassauta, id. — Costérisan à Sidi-Ali, id.

Dedies à El-Hadjar. Variétés de cotons. — Delamarre de Boutteville à Rouen. Gazes, filés et brillantés. — Delbart-Mallet, de Lille. Mousselines en longue soie d'Algérie (pour les filés) et Jeannisson, de Tarare (pour le tissage). — Denier à Mustapha. Variétés de cotons. — Desmoulins à Sourk-el-Mitou, id. — Desroussy à Douéra, id. — Dollfus et Cie à Mulhouse. Organdi, jaconas, fils et filés divers en cotons d'Algérie. — Dubois et Garbé à Oran. Variétés de cotons. — Dubourg à Bône, id. — Dollfus Mieg et Cie à Mulhouse. Fils et filés en cotons d'Algérie. — Du Pré de Saint-Maur à Arbal. Variétés de coton. — Du Pré de Saint-Maur et Héricart de Thury à Arbal. Coton Géorgie longue soie. — Du Pré de Saint-Maur et Masquelier fils à Saint-Denis-du-Sig. Coton Géorgie, Louisiane. — Durey à Brionne. Filés, nankins filés. — Duzer à Hippone, près Bône. Variétés de cotons.

Edmond Cox, filateur à La Louvières-lèz-Lille. Coton filé algérien, machine à égrener le coton longue soie, filés de plusieurs numéros, dentelles noires et dentelles blanches, application de Bruxelles, fantaisie de Calais, cotons à divers états de fabrication. — Epinal à Birkadem. Variétés de cotons.

Ferré à Saint-Denis du Sig. Coton Géorgie. — Fleury aux Mines de Tenès. Variétés de cotons. — Franqueville (baron de) au Khémis, id. — Frédéric à Montpensier, id. — Fritz Kœchlin à Mulhouse. Filés de coton. — Frutie, à Chéragas. Variétés de cotons.

Gardelle à Saint-Denis-du-Sig. Variétés de cotons. — Gardner et Burlet à Manchester. Filés. — Garrigue à Philippeville. Variétés de cotons. — Gauraux à Birkadem, id. — Gaussens à Oran, id. — Graciet à Birkadem, id. — Girardot à Bouffarick, id. — Grancié à Bône. id. — Graillat à Mostaganem, id. — Gravier et Caillol à Blidah, id. — Grima à Philippeville, id. — Goby à Blidah. Coton Géorgie longue soie. — Gosselin à Saint-Cloud. Variétés de cotons. — Guyonnet à Assi-bou-Nif, id.

Haloche à El-Biar. Variétés de cotons. — Herelle à Oran, id. — Herzog (Antoine) au Logelbach, près Colmar. Fils divers en coton d'Algérie, gaze et filés. — Hotiz à Saint-Leu. Variétés de cotons.

Jacob à Coléah. Variétés de cotons. — Jardin d'acclimatation de Bisk'ra, id. — Joyot à Bousfer, id. — Juan Esturgot à Arzew, id. — Julien à Saint-Denis-du-Sig, id.

Keller à Misserghin. Variétés de cotons. — Kril (Christian) à Bouffarick, id.

La Compagnie Méridionale à Saint-Denis-du-Sig. Variétés de cotons. — Lacroix à Rovigo, id. — Lallemand à Aïn-Tédeless, id. — Lambert à Philippeville, id. — L'Arbi ben Khemis, Cheik de Meghoua (cercle de Soukarras), id. — Lattre (de), capitaine au village des militaires libérés, id. — Leclère (Gustave) à Saint-Etienne (Loire). Étoffes pour gilet, fils de M. Cox (apprêt de M. Leclerc), rubans-velours et rubans-satin, tramé coton (Cox et Leclère). — Le Cordier à Aboukir. Variétés de cotons. — Levant-Vatin à Montbrehain, près Saint-Quentin. Mousseline fabriquée avec des cotons d'Algérie, Percale écrue.

Maljean à Bône. Variétés de cotons. — Manuel del Castillo, id. — Marchal à Bouzaréah, id. — Mardochée à la Sénia, id. — Martin et Desnoé à Sidi-Ferruch, id. — Masquelier et Du Pré Saint-Maur à Saint-Denis-du-Sig, id. — Masquelier à Saint-Denis-du-Sig, id. — Mauriès à Relizane, id. — Mazères à Dely-Ibrahim, id. — Mernau à Kerguentah, id. — Mertens (baron de) à Boukandoura, id. — Michel à Castiglione, id. — Miquel à Bou-Ismaël, id. — Morelli à l'Haouch-Farghen, id. — Morin à El-Biar, id. — Moureau à Batna, id.

Noé à Saint-Denis-du-Sig. Variétés de coton. — Nondedeu à Saint-Denis-du-Sig, id.

Officiers (les) de Lalla-Marghia. Variétés de cotons. — Oger à Damremont, id. — Oliva à Arzew, id. —Olivier à Philippeville, id. — Orphelinat de Misserghin, id.

Paysant à Benthale. Variétés de cotons. — Pelissier, à Kaddous, id. — Pépinière centrale d'Alger, id. — Pépinière de Bône, id. — Pénière de Mascara, id. Pépinière de Mostaganem, id. — Pépinière de Misserghin, id. — Pépinière de Tlemcen, id. — Perrot et Bergeras à Oued-El-Halleg, id. — Poincinet à Castiglione, id. — Portelli à Philippeville, id. — Prévost à Mustapha, id. — Préfecture (la) d'Oran, id.

Reverchon à Birkadem, Variétés de cotons. — Rosey et Loppin à Ouled-Fayet, id. — Rouchousse à Saint-Denis-du-Sig, id. — Royer à la Sénia, id. — Ruffat à Birkadem, id.

Salah ben Ali, Cheik des Deira (cercle de Soukarras). Variétés de cotons. — Salon à Birkadem, id. — Sautereau à Mustapha, id. — Savona à Bône, id. Scherer à Aïn-Beïda, id. — Schlumberger Stenier et Cie à Mulhouse. Filés de coton. — Sibourg à Saint-Denis-du-Sig. Variétés de cotons. — Société industrielle de Mulhouse. Filés divers en cotons d'Algérie.

Union agricole du Sig. — Variétés de cotons.

Verlinque à Aïn-Tedeless. Variétés de cotons. — Vinckel à Mostaganem. Coton Géorgie longue soie.

Wolff (Compas) à Bône. Variétés de cotons.

**** Bas et chaussettes fabriqués avec les cotons d'Algérie.

IVe SECTION

Matières oléagineuses et savonneuses.

Le climat de l'Algérie est éminemment propre à la production des sucs végétaux, et l'olivier, *olea omnium arborum prima* de Columelle s'y rencontre partout en abondance. Il n'est pas un pli de terrain, un côteau, une vallée, où l'on ne trouve un olivier : c'est l'arbre qui a le plus résisté à toutes les causes de destruction qui ont pesé sur les richesses forestières de l'Algérie.

A lui seul, l'olivier pourrait devenir la richesse de la Colonie.

Cultivé dans le midi de la France seulement, l'olivier n'échappe pas toujours à la rigueur des hivers, aussi sa culture tend-elle à se restreindre plutôt qu'à s'augmenter ; la consommation est obligée chaque année d'en tirer des pays mieux favorisés pour des sommes importantes (20 à 30 millions par an); les huiles de l'Algérie ont donc en France un débouché presque illimité, puisqu'en dehors de la consommation des huiles d'olive, l'alimentation, la fabrication des savons, le graissage des draps, une foule d'industries diverses emploient encore, à défaut de mieux, des huiles secondaires provenant de graines oléagineuses.

Dans l'antiquité, le commerce des huiles constituait déjà une des sources de la richesse des peuples berbères. On raconte qu'au moment de la grande invasion musulmane conduite par Abd-Allah-Ben-Saïd (647), un chef arabe surpris de voir chez les Kabyles déjà rançonnés et pillés par ses bandes, des monceaux d'argent monnayé, demanda à l'un des paysans berbères d'où venaient tant de richesses. Le paysan marcha jusqu'à ce qu'il eût trouvé une olive. — « C'est, dit-il, avec ce fruit que nous nous procurons de l'argent ; les Grecs n'ont pas d'olives chez eux, et ils viennent nous apporter de l'argent en échange de notre huile. »

Jusqu'à ce jour, la Kabylie a fourni la majeure partie des huiles d'olives consommées en Algérie ou exportées en France, mais les échantillons exposés renferment des produits provenant des trois provinces ; les procédés indigènes donnent une huile qui laisse à désirer : mais obtenue par les procédés européens, au moyen d'instruments perfectionnés, l'huile d'Algérie est égale aux huiles de première qualité que l'on tire du Midi, et ne peut nullement craindre la concurrence avec les produits qui ont fait la réputation d'Aix. Comme pureté, comme saveur, les huiles de la fabrication européenne, vierge, surfine, fine, peuvent être placées à côté des mêmes sortes de n'importe quelle provenance, il est certain qu'elles obtiendront la préférence. A ce propos, il est bon de savoir qu'un grand nombre de négociants de la Provence viennent acheter à Dellys et à Djidjelly l'huile fabriquée par les Indigènes; transportée dans les usines de la Provence, cette huile est épurée de nouveau et vendue comme huile d'Aix.

A côté des huiles d'olive, nous trouvons placées les huiles secondaires provenant de graines oléagineuses, ainsi que des échantillons de graines qui les produisent :

Telles sont la cameline, le coton, le lentisque, le lin, la madia-sativa, la moutarde, la navette, l'œillette ou pavot, le sésame, le tournesol, le ricin, l'arachide, qui, si l'on s'adonnait à sa culture, viendrait aussi bien qu'au Sénégal, *etc.*

Plusieurs de ces huiles sont l'objet d'une consommation assez importante pour les arts et l'industrie, et il s'en importe en France pour des sommes importantes; des essais ont été faits, et plusieurs graines oléagineuses ont admirablement réussi en Algérie; l'arachide, le lin, le colza, le sésame ont donné d'excellents produits, rémunérant très-bien les soins des cultivateurs; ces huiles secondaires sont l'objet d'une importation en France qui s'élève, année commune, de 25 à 30 millions; c'est encore là un débouché offert à l'agriculture et au commerce algériens.

Parmi les graines oléagineuses, il en est une qui mérite une mention spéciale, c'est le ricin dont on extrait une huile renommée pour ses propriétés purgatives. Le ricin vient admirablement en Algérie, où il se reproduit spontanément et prend des proportions inconnues en France. Sa graine abondante donne une huile de qualité supérieure. La Chambre de commerce d'Alger a fait des efforts intelligents pour propager cette culture, mais ses efforts n'ont pas encore été couronnés d'un entier succès. Il est très-regrettable que les colons négligent certaines cultures dont les résultats ne sont point douteux, pour porter leur attention sur d'autres plantes non encore complétement acclimatées et qui, au lieu de bénéfices ne leur donnent que trop souvent des pertes.

Les huiles fines ou grasses produites en Algérie, soit comme objet de spéculation sérieuse, soit comme simples échantillons se classent ainsi :

L'huile d'olive, les huiles d'amande, d'arachide, de cameline, de chènevis, de colza, de coton, de lin, de madia-sativa, de lentisque, de moutarde, de navette, de noisette, de noix, d'œillette, de radis, de ricin, de tournesol, etc.

Un arbuste de la famille des conifères, *l'Ephedra fragilis* (*Azcram* des Arabes), produit un suc dont les femmes indigènes se servent pour savonner et blanchir les vêtements; enfin, à la Pépinière centrale, on a acclimaté le *sapindus saponaria*, savonnier de l'Amérique méridionale.

Nous devons également parler du lenstique *(pistachia lentiscus)*, très-abondant en Algérie où il forme d'épais buissons, et dont l'huile bonne à brûler parait être très-propre à certains travaux de peinture (mastic, etc.), comme à la confection du savon.

COMMERCE. — STATISTIQUE.

L'Algérie a exporté, savoir :

	1857		1858
Huile d'olive	87,800 fr.	—	3,950,997 fr.

BESOINS DE LA FRANCE.

La France importe en moyenne, valeur :

Huiles d'olives	25 à 30 millions.
Graines oléagineuses	25 à 30 millions.

EXPOSANTS.

Pépinière centrale d'Alger. — Collection d'huile d'olive ou provenant de diverses graines oléagineuses.

Balard à Medeah. Olives et amandes.

Borde à Philippeville. Huile d'olive et huile de lentisque.

Le colonel Boissonnet à El-Biar. Huile d'olive.

Facio à Tlemcen. Huile d'olive.

Garro à Alger. Huile d'olive.

Goby à Berbessa. Ricin.

Maffre à Bougie. Huile d'olive.

Mercurin à Cheragas. Huile d'olive.

Michel à Alger. Huile d'olive.

Sablin à Alger. Huile d'olive.

V° SECTION

Matières tinctoriales et tannantes.

La plupart des matières tinctoriales nécessaires à l'industrie que la France tire de l'étranger, l'Algérie peut les lui fournir : la cochenille, la garance, le safran, le carthame, le henné, le tournesol, la gaude, le pastel, le sumac, l'orseille peuvent un jour constituer à la Colonie une source abondante d'exportation, car la France demande à l'étranger pour plus de 25 millions de matières colorantes chaque année.

Parmi ces productions, la cochenille et la garance doivent tout d'abord marcher en première ligne.

La cochenille algérienne est recherchée dans le commerce, qui lui donne la première place parmi les zaccatiles et la seconde parmi les grises, c'est-à-dire qu'un seul type des Canaries est supérieur aux cochenilles grises d'Algérie; aussi serait-il à désirer de voir la culture du nopal et l'élève de la cochenille s'étendre dans nos possessions du nord de l'Afrique, où elle pourrait contrebalancer la production espagnole; malheureusement, par suite de quelques essais infructueux, cette culture a été en partie abandonnée en Algérie.

La garance mérite une place plus importante encore; les autorités les plus compétentes et les plus notoires ont fait ressortir les qualités essentielles de ce produit, qui peut rivaliser avec les garances les plus renommées d'Avignon et de Chypre. Du reste, la garance que les Arabes appellent *fouah* croît spontanément en Algérie, et sa culture peut présenter de grands avantages aux agriculteurs, soit comme résultat, soit comme culture d'assolement, préparant admirablement la terre pour d'autres rendements. « Depuis longtemps, dit un professeur distingué d'agriculture, M. Moll, les habiles cultivateurs du midi de la France savent par expérience que les récoltes résistent d'autant mieux à la sécheresse comme à la surabondance d'humidité, que le sol qui les porte a été plus profondément remué. C'est ce que la culture de la garance a démontré aux plus incrédules dans le Midi, car aucune récolte ne résiste mieux à la sécheresse que celle qui suit cette plante, dont l'arrachage exige des défoncements de 0 m. 50, 0 m. 60, 0 m. 70 c. de profondeur. »

Quand cette culture ne devrait être considérée que comme culture améliorante, elle ne saurait être trop recommandée aux colons à qui, pendant l'été, elle peut en outre donner un fourrage excellent et abondant.

Malheureusement pour la garance, c'est une plante qui occupe la terre trois années avant de donner des produits, et bien peu de colons disposent d'assez de capitaux pour faire des avances qui ne doivent pas rentrer dans l'année. Cette culture, si intéressante et si lucrative qu'elle soit, ne prendra guère d'importance réelle que lorsque la colonisation sera plus avancée.

Le henné, matière colorante de la feuille du *Lawsonia inermis*, sert aux femmes indigènes à se teindre les cheveux, les sourcils, les ongles, la paume des mains et la plante des pieds; les Arabes s'en servent pour teindre les crins, la laine et le cuir en jaune orangé; la couleur est solide. Mais là n'est pas son importance; mélangée à un sel de fer elle donne une teinture noire bien supérieure, d'après l'avis des teinturiers, au cachou et au bois jaune employé jusqu'à ce jour. Dans la teinture de la soie, on a obtenu des produits magnifiques qui doivent faire rechercher le henné qui croît naturellement en Algérie et pourra faire une concurrence avantageuse au cachou des Indes; les Arabes s'en servent aussi comme médicament.

Les matières tinctoriales qui figurent à l'Exposition permanente, en outre de la garance, de la cochenille et du henné, dont nous venons de parler, sont : le kermès qui vit sur une espèce particulière de chêne *(quercus coccifer)*, le carthame ou safran bâtard *(carthamus tinctorius)*, l'indigo provenant soit de diverses espèces d'indigotiers cultivés dans les pépinières, soit de l'*eupatorium tinctorium*, soit enfin des *polygonum tinctorium;* la noix de Galle si commune sur les chênes verts qui croissent abondamment en Algérie; la gaude *(reseda luteola)*; le safran *(crocus sativus)*; les lichens tinctoriaux ou orseille du commerce; le tournesol *(croton tinctorium)*, le sumac *(rhus)* qui sert pour la préparation et la teinture des cuirs; la buglosse dont on extrait l'*orcanette*, etc.

Quant aux matières tannantes, nous trouvons le sumac qui sert aussi comme teinture; les écorces de chênes, communes en Algérie; enfin, l'oignon de Scille qui croît naturellement et partout en Algérie et qui fournit une excellente matière tannante. C'est du reste, une découverte récemment faite et qui déjà a reçu son application dans l'industrie; des cuirs préparés d'une manière remarquable par l'oignon de Scille figurent à l'Exposition et ils ont valu une médaille d'or à M. Coopman de Constantine au Concours général de 1860. Cette matière tannante est surtout appliquable dans les cas où l'on veut un tannage rapide, 40 à 45 jours suffisent.

COMMERCE. — STATISTIQUE.

L'Algérie a exporté, valeur :	1857		1858
Teintures et tannins....................	167;158 fr.	—	149,795 fr.
Teintures préparées......................	28,752	—	36,826
Garance moulue ou en racine...........	245	—	9,114

BESOINS DE LA FRANCE.

La France importe en moyenne :

Carthame, garance, noix de Galle, lichens, pour 4 à 5 millions de francs.
Indigo, de 15 à 18 millions.
Matières tannantes, 1 million environ.
Cochenille, 3 à 4 millions.

EXPOSANTS.

Boyer à Mustapha. Cochenille.
Chirat à Constantine. Garance.
Costérisan, à Sidi-Ali. Sumac.
Du Pré de Saint-Maur à Arbal. Garance.
Jardin d'acclimatation de Biskara. Henné, indigo argenté, carthame.
Limbery, à Constantine. Indigo.
Maklouf-Khalfoun à Oran. Kermès, orseille, noix de Galle.
Pépinière centrale d'Alger. Cochenille grise et zaccatille, indigo ancl, indigo argenté, eupatorium, safran, etc.
Scherer, à Aïn-Beïda. Garance, racine.
Simounet, à Alger. Cochenille.

VIe SECTION

Baumes. — Gommes. — Résines.

Les matières de cette section qui figurent à l'Exposition ne sont pas jusqu'à présent l'objet d'une spéculation sérieuse, ce sont de simples échantillons, provenant soit de la Pépinière centrale, soit de l'intérieur de nos possessions algériennes. Les indigènes recueillent ou fabriquent quelques-uns des produits qui nous occupent, comme, par exemple, le goudron, et des gommes ou résines connues dans le pays sous les noms de Mesteba, Aourouar, Bekrour et Alk; cette dernière est extraite du térébinthe, très-commun en Algérie (1).

La Pépinière centrale de son côté a exposé du caoutchouc provenant de *ficus elastica*, acclimatés et poussant vigoureusement; du camphre produit par le *laurus camphora*; du mastic provenant du pistachier lentisque; de la sandaraque découlant du *thuya articulata*; du reste, parmi les arbres résineux qui croissent vigoureusement et peuplent les forêts algériennes, on trouve, le térébinthe, le cèdre, le genévrier, le pin d'Alep, le thuya, le lentisque dont on extrait le goudron, le mastic, la sandaraque, la térébenthine, etc. Nul doute qu'un jour le commerce qui importe en France, pour deux millions environ de substances résineuses, n'aille les demander à l'Algérie.

COMMERCE. — STATISTIQUE.

Rien ne figure sur les tableaux de douanes de l'Algérie.

BESOINS DE LA FRANCE.

En substances résineuses, la France importe en moyenne de 2 millions de francs.

EXPOSANTS.

CHAUSSADIS, à Alger, Colophane, goudrons et autres produits résineux.
LES HANNENCHAS (province de Constantine), Goudron et résine.

VIIe SECTION

Matières médicinales.

Parmi les matières médicinales, la plus importante jusqu'à ce jour c'est l'opium. Le pavot qui le fournit (*papaver somniferum de* LINNÉE) végète très bien en Algérie et le suc qui en découle est comparable par ses qualités narcotiques, sudorifiques, stupéfiantes et cordiaques, et par sa richesse en morphine, à l'opium du Levant et de l'Inde, d'après l'analyse qui

(1) « L'extraction du goudron est une spécialité pour certaines tribus, telles que les *Guet'arnia* (les goudronniers, Prov. d'Oran) qui lui doivent leur nom. » (MAC-CARTHY, *Géographie de l'Algérie.*)

en a été faite par une commission nommée par l'Académie impériale de médecine et composée de MM. Chevalier, Grisolle et Bouchardat. Le rapport lu à l'Académie dans la séance du 30 mai 1854, concluait ainsi : « Il est à désirer que la culture du pavot somnifère, pour extraire l'opium s'étende, en Algérie, non-seulement sous le point de vue d'affranchir notre pays d'un tribut payé à l'étranger, mais encore sous celui plus important d'obtenir un produit se rapprochant de l'identité. »

La Pépinière centrale cultive, comme essai d'acclimatation, quelques végétaux en usage en médecine, entre autres le *cassia fistula* qui produit la casse purgative; le *laurus camphora* dont on extrait le camphre; le quinquina; l'*acacia nilotica*, d'où découle la gomme arabique; et la salsepareille d'Amérique *(smilax officinalis)*.

Une espèce de salsepareille *(smilax mauritanica)* est l'objet d'un commerce assez important de la part des indigènes.

L'Algérie produit encore : la pyrèthre *(anthemis pyrethrum)*, la lavande, les mauves, la moutarde, la rhubarbe, la saponaire, la rue, le lin, etc., etc., etc.

Enfin, et pour ne rien oublier, nous citerons les aurantiacés, citronnier ou oranger, dont les racines, les fleurs ou les feuilles ont un usage dans la thérapeutique.

Quelques essais ont été faits pour acclimater l'arbre à thé ; les résultats jusqu'à ce jour ne sont pas concluants, cependant des feuilles que nous avons vues figurer aux Expositions précédentes donnaient à espérer que le problème de l'acclimatation de cet arbre allait être résolu, et il est vivement à regretter que M. Lieutaud, qui poursuit toujours ses études sur cette question, n'ait pas envoyé de nouveaux échantillons à l'Exposition permanente.

Une collection de produits pharmaceutiques avait été envoyée d'Alger à l'Exposition universelle de 1855, par un docteur indigène, Mohamed ben Chaoua; ils se sont détériorés à l'Exposition permanente de l'Algérie de la rue de Grenelle ; du reste ils présentaient surtout un intérêt ethnographique tout en permettant d'apprécier la médecine arabe et les médicaments dont les indigènes font usage dans leurs maladies. 370 flacons renfermaient des échantillons de remèdes simples ou composés, en usage et expérimentés depuis un temps immémorial parmi les Arabes, dont les ancêtres, les Avicennes et les Averrhoës furent du XIe au XIIIe siècle, les chefs illustres de la science médicale. Quant à l'intérêt commercial que pourrait avoir une collection de ce genre, il serait à peu près nulle.

COMMERCE. — STATISTIQUE.

L'Algérie a exporté en matières végétales d'espèces médicinales, savoir :

1857. — Valeur	112,331	fr.
1858. — Id	115,289	

BESOINS DE LA FRANCE.

La France importe en moyenne pour 4 millions de plantes médicinales, dans lesquels n'entrent pas la graine de lin, dont une partie sert à extraire de l'huile, mais dont une autre est employée en médecine.

EXPOSANTS.

BAUCHET à Bougie. Opium.
CHAMBRE DE COMMERCE DE CONSTATINE. — Racines de pyrèthre. — CHÉROT à Bou-Ismaël. (Province d'Alger). Opium. — Nicotine.
FRÉDÉRIC à Montpensier. Opium.
JARDIN D'ACCLIMATATION DE BISERA. — Pavot somnifère, moutarde, cassis, coriandre, séné.
LES OULED-DHIAS. (Province de Constantine). Piment en gousse. — LES BENI-OURNED. Racines de pyrèthre.
MOHAMED-SGHIR-HAKEM à Biskra. Piment en gousse. — Piment en poudre. —
MERCURIN à Chéragas. Ecorces d'oranges. — MERCIER à Aumale. Têtes de pavots.
PÉPINIÈRE CENTRALE D'ALGER. — Collection de plantes médicinales.
ROZERON à Crescia. Racines à rhubarbe.
SI-MOHAMED-BEN-ABBAS à Batna. Thé indigène. — SI-BOU-DIERF à Batna. Thé de l'Aurès.
TRIPIER à Constantine. *Dpias-bou-Nefa*. Thapsia garganeca.
UNION DU SIG. Anis.

VIIIe SECTION

Céréales. — Fourrages. — Légumes.

De tous les produits que la nature ou l'agriculture algériennes offrent comme ressource à l'industrie française, le moins contesté est le blé. En effet, la renommée de l'Agérie, pour sa fertilité en grains, remonte à l'antiquité, et elle n'a rien perdu de son aptitude spéciale ; aussi l'examen que l'on peut faire des échantillons rassemblés tant dans les vitrines que sur les tables, a une importance autre que celui des produits des autres sections. Ici, ce n'est plus l'étude des ressources qu'on peut trouver, c'est le relevé des résultats obtenus; ce n'est plus l'avenir, c'est le présent et le passé !

A l'époque où les avantages que l'on peut retirer de l'Algérie étaient mis en doute, les détracteurs de notre Colonie disaient : « Que l'Algérie ne produit-elle et ne nous donne-t-elle des preuves de sa fécondité, alors nous aurons foi en elle ! »

Ses défenseurs répondaient : « Ouvrez à l'Algérie vos marchés sans restriction et sans limite, et vous aurez bientôt les preuves de ce que vous demandez ; car la condition essentielle et vitale de la production, c'est la certitude d'écouler le produit. »

En effet la loi douanière qui régissait alors la Colonie créait une triple impossibilité à sa production.

Ses produits avaient à lutter à l'intérieur contre la concurrence que leur faisaient les produits étrangers apportés librement.

Ses produits ne pouvaient être exportés à l'étranger, où ils étaient considérés comme produits français et frappés de droits de douane.

Enfin les produits algériens, quand ils se présentaient en France, étaient considérés comme produits étrangers, c'est-à-dire repoussés complétement ou grevés de droits considérables.

Un tel régime arrêtait l'essor de son commerce d'échange et de son agriculture.

En général, nous ne définissons pas assez l'importance des échanges sur le travail de production, c'est-à-dire sur la base du bien-être de tous.

« Le commerce, a dit M. Blanqui aîné, dérive naturellement de l'impossibilité où chaque pays se trouve de fournir tous les objets dont ses habitants ont besoin, quelles que soient la richesse et la fertilité de ce pays, et ces objets sont d'autant plus nombreux et variés, que le pays est plus civilisé.

« Quand, dit le même économiste, les nations sont arrivées à un degré de richesse qui leur permet de produire plus de choses qu'elles n'en peuvent consommer, l'excédant de leur production devient la base de leurs *exportations*. »

Enfin, toujours d'après M. Blanqui aîné : « On donne le nom d'*importations* à la somme de toutes les marchandises importées chaque année dans un pays, soit en matières premières pour les besoins de la production, soit en articles manufacturés pour les besoins de la consommation. Plus un pays importe, plus il s'enrichit; car il ne peut payer les produits étrangers qu'au moyen de l'excédant des valeurs créées sur son propre sol, et il est évident que le plus sûr moyen d'accroître ses richesses, consiste à attirer à soi les richesses produites en dehors par le moyen de l'échange. »

Les lois restrictives qui ont pesé sur l'Algérie pendant plus de vingt ans, ont arrêté l'essor de son commerce ainsi que celui de son agriculture, comme on peut le voir par les relevés officiels des douanes publiés par M. le Ministre de la Guerre.

Jusqu'au 11 janvier 1851, six régimes douaniers différents ont été appliqués à l'Algérie. Une analyse succincte de ces lois et ordonnances, nous mènerait trop loin et sortirait de notre sujet; nous nous bornerons à donner la moyenne des opérations commerciales pendant la dernière période (1844 à 1850). Sous ce régime, l'importation en Algérie s'élevait en moyenne chaque année à 88 millions, dans lesquels les produits français entraient pour 51 millions, c'est-à-dire près de 58 0/0. Les exportations d'Algérie, au contraire, n'excédaient pas 9,000,000 fr., dans lesquelles la France participait pour 5,529,000 fr., soit un peu plus de 56 0/0.

Quant à la proportion des exportations sur les importations, elle n'était que de 11 centièmes.

La continuation d'un pareil régime, c'était la condamnation de la terre la plus fertile du monde à la stérilité et à une fatale impuissance; une nouvelle législation était nécessaire, indispensable, c'était le seul remède efficace à un mal qui ne pouvait se prolonger sans compromettre gravement l'avenir de la Colonie.

La loi du 11 janvier 1851 fut un des premiers bienfaits que l'Algérie doit au gouvernement de S. M. l'Empereur; ce premier pas vers l'assimilation complète de l'Algérie produisit ses fruits, et l'agriculture algérienne vit s'ouvrir devant elle le marché français, où des débouchés immenses s'offraient à ses produits.

Cette nouvelle période (1851-1855) fournit des enseignements précieux et montre les avantages que l'on pourra retirer de la possession de l'Algérie quand il y aura assimilation commerciale entière de l'Algérie avec la France, c'est-à-dire liberté d'échange entre les deux pays.

Les importations en Algérie annuelles pendant cette période se sont élevées en moyenne à 78 millions, dans lesquels la France est entrée pour 62 millions, ou plus de 79 0/0, soit

21 0/0 d'augmentation sur la période précédente; les exportations de l'Algérie se sont élevées à la somme de 32,725,000 en moyenne, dans lesquels la France est entrée pour 25 millions, ou 78 0/0, soit 22 0/0 d'augmentation sur la période précédente.

Quant à la proportion des exportations sur les importations, elle n'est encore que de 41 0/0.

De 41 0/0 qu'elle est aujourd'hui à 11 0/0 qu'elle était en 1850; c'est déjà un pas immense, mais ce n'est pas assez; il faut arriver à ce que le chiffre des exportations atteigne celui des importations, c'est-à-dire que les produits que l'Algérie demande à la France et à l'Etranger soient payés par des produits de son sol et de son industrie. Ce jour ne sera pas éloigné quand une loi aura assimilé l'Algérie à la France.

Parmi les avantages que l'Algérie a retirés de la loi de 1851, il en est un surtout sur lequel nous devons nous arrêter. Avant 1851, l'Algérie allait chercher à l'Etranger, chaque année, les 12 ou 14 millions de blés et de farines dont elle avait besoin pour nourrir sa population civile et militaire. Depuis 1851 les choses ont changé de face : l'Algérie n'importe plus de céréales; elle se nourrit elle-même et elle en exporte! Cette exportation s'élève en 1851 à 2 millions 200,000 fr.; en 1852 à 6 millions; en 1855 à 12 millions. « De tout cela il ressort un double enseignement, dit l'auteur d'un article remarquable sur le mouvement commercial de l'Algérie, inséré dans le *Tableau de la situation des établissements français dans l'Algérie :* c'est que l'Algérie, depuis la loi douanière de 1851, a conservé annuellement 12 à 14 millions qu'elle consacrait auparavant à l'achat de grains et de farines à l'étranger, et qu'elle a encaissé aussi depuis lors environ 100 millions, soit en moyenne annuelle 20 millions, pour les céréales qu'elle a vendues à la France, soit pour elle-même, soit pour son armée d'Orient.

Comme on le voit, ces considérations générales ne sont point étrangères à notre sujet et nous y ramènent. Les céréales, qui ont dans ces dernières années contribué pour plus de 62 centièmes dans le total moyen des exportations de l'Algérie, méritent donc une place importante dans un travail qui a pour but de populariser les ressources que la Colonie peut offrir à la Métropole.

Dans le sens le plus étendu, le mot céréales embrasse non-seulement les graines farineuses, mais encore les légumes secs, les tubercules et les fruits, produisant une fécule nutritive et *panifiable.*

Dans l'acception plus restreinte du mot, céréale est le nom commun des graminées cultivées pour leurs graines, savoir le froment, l'orge, le seigle et l'avoine.

L'Exposition permanente contient les échantillons des céréales cultivées en Afrique, le mot céréale pris dans son sens le plus large et le plus étendu.

Le blé compte jusqu'à vingt-quatre variétés qui ont été classées et étudiées; mais il n'existe réellement que deux classes bien distinctes, d'après M. Tessier, qui a fait une étude approfondie sur ces variétés : les froments à *grains tendres* et à chaume creux, et les froments à *grains durs* et à chaume solide. Les premiers proviennent des pays du nord ou des terres humides; les seconds sont originaires d'Afrique, et ce sont les seuls qui étaient cultivés par les indigènes avant la conquête.

La qualité supérieure des blés d'Algérie est incontestée, et le blé dur, repoussé à une époque, occupe aujourd'hui la première place sur le marché. Le poids de ce blé est plus fort que celui des blés tendres, parce qu'il contient plus de farine; en outre, cette farine, plus sèche, absorbe plus d'eau en pétrissant et rend plus de pain. « Le blé est dur, ramassé, dit un agronome renommé, M. Solange-Bodin, pesant, plein, bombé, peu profond dans la rainure, lisse et d'un jaune clair à la surface; il glisse dans la main, il sonne quand on le fait sauter, et résiste sous la dent. »

Le blé dur est recherché et préféré aux autres espèces de froment, pour la préparation des macaronis et des pâtes.

Le climat et la terre d'Afrique sont, du reste, renommés depuis longtemps pour leur fertilité en grains. En Algérie, les blés tallent beaucoup, et il n'est pas rare de voir un grand nombre de tiges jaillir d'un seul grain; dans son chapitre *de Fertilitate tritici in Africa,* Pline rapporte qu'un boisseau de blé sur les terres de Bysacium rapportait jusqu'à 150 boisseaux.

« L'intendant de l'Empereur Auguste lui envoya de cette province, dit-il dans ce chapitre (1), un pied de froment d'où sortaient près de 400 tiges, toutes provenues d'un seul grain, et nous avons encore des lettres qui attestent ce fait. L'intendant de Néron lui envoya de même 360 tiges de froment produites par un seul grain. »

A ce mérite, il faut joindre le poids et la qualité qui faisaient placer par Pline le blé d'Afrique au nombre des froments les plus estimés de son temps (2).

Tallage, poids et qualité, les blés d'Algérie possèdent encore ces qualités comme au temps de Pline, et aujourd'hui comme au temps de l'Afrique proconsulaire, on peut représenter notre Colonie sous la figure d'une femme debout sur deux vaisseaux chargés de blé et tenant un épi dans chaque main.

L'Exposition permanente contient une variété remarquable de blés algériens, parmi lesquels il en est qui pèsent jusqu'à 86 kilogr. à l'hectolitre : le poids moyen exigé par l'intendance militaire pour les fournitures faites par les colons, est de 79 kilogr. En France, d'après M. Solange-Bodin, on ne peut guère évaluer le poids commun de l'hectolitre de froment au-dessus de 74 kilogrammes.

Les blés tendres sont d'importation européenne; ils donnent une farine plus blanche et plus facile à travailler que les blés durs; mais ils sont plus délicats, d'une culture plus difficile et plus soignée, sensibles aux influences des brouillards et des fortes rosées et s'égrènent facilement. Les blés tendres barbus sont préférés comme résistant mieux aux influences que nous venons de signaler. Le poids de l'hectolitre est inférieur à celui des blés durs; cependant cette variété, par sa facilité de travail, se paie 2 et 3 francs de plus le quintal métrique. Dans la production totale, le blé tendre n'entre que pour un seizième environ.

Le seigle n'est et ne saurait être qu'une culture très secondaire en Afrique, parce que toutes ou presque toutes les terres sont propres à la culture du froment. Cependant quelques terres ont été ensemencées de seigle et ont donné de beaux produits.

Une culture très-répandue parmi les indigènes et les colons, c'est celle de l'orge. L'orge, en effet, est la base de l'alimentation des chevaux et des bestiaux ; l'espèce la plus productive, et celle généralement adoptée, est celle à six rangs *(hordeum hexasticum)* ; cependant quelques colons ont introduit l'orge rue ou céleste, et, pour semences tardives, on a conseillé la petite orge carrée.

L'orge d'Afrique est d'une belle qualité : la variété choisie affectionne les pays chauds et est très productive en Afrique; son poids moyen, exigé par l'intendance militaire pour les

(1) Pline. — *Hist. nat.*, lib. XXI, cap. X.
(2) Pline. — *Hist. nat.*, lib. XVIII, cap. XII.

fournitures faites par les colons, est de 60 kilogr. Les trois provinces d'Alger, Oran et Constantine ont envoyé de beaux échantillons.

L'Exposition permanente renferme quelques échantillons d'avoine. C'est là une culture d'importation européenne qui a parfaitement réussi; la variété adoptée de préférence est l'avoine blanche d'hiver, elle est productive, et constitue une excellente nourriture pour les chevaux de trait pendant l'hiver, sans avoir cependant l'inconvénient de les échauffer; enfin, ce produit est recherché sur la place de Marseille, et la France en importe chaque année pour une somme de 5 à 600,000 francs. Les échantillons les plus remarquables sont ceux de M. Camelin, de Bône; de M. Louis, dit Caligue, de Jemmapes; M. Marchal, de Bouzaréah, a en outre exposé de l'avoine brune de belle qualité.

Le maïs est l'objet d'une culture assez importante chez les indigènes et les colons européens; le rendement en est abondant; l'on compte jusqu'à 723 grains sur des épis : plusieurs espèces sont cultivées suivant la nature des terres; pour les terrains irrigables on préfère le grand jaune ordinaire, le blanc des Landes, le grand d'Amérique; pour les *secanos* on choisit les espèces petites et précoces, telles que le maïs quarantain et le maïs à poulet.

Les légumes secs exposés présentent une très-grande variété d'espèces. Leur culture était connue des indigènes, et le commerce au dix-huitième siècle achetait déjà sur les côtes d'Afrique des quantités importantes de légumes pour les expédier à Marseille et sur les côtes d'Italie; l'exportation de l'Algérie de ces produits s'est élevée, en 1854, à la somme de 1,084,114 fr., et en 1855, à celle de 732,943 fr. Les besoins de la France sont plus considérables, et elle importe en moyenne pour près de 2 millions.

Les espèces exposées sont, entre autres, des fèves, une très-grande variété de haricots, haricots rouges, noirs, de Soissons, oranges, corses, du Roussillon, Parisien, de la Flèche, dits dorades, etc.; plusieurs espèces de lentilles, des pois variés, pois, pois pointus, garbanços, pois chiches ou gesses, etc.

La Pépinière centrale du gouvernement a envoyé à l'Exposition permanente quelques riz secs, originaires de Chine; cette culture a bien réussi à Alger, ainsi qu'au Jardin d'acclimatation de Biskra.

Nous trouvons encore dans cette section une plante sur laquelle l'attention des agriculteurs s'est portée avec un grand intérêt, c'est le sorgho à sucre *(holcus saccharatus)*, originaire de la Chine. Les expériences sur cette plante se sont continuées depuis 1853; les avantages que cette production présente pour la Colonie ne peuvent être mis en doute aujourd'hui, et cette production peut être considérée comme entièrement acquise à l'Algérie. Les produits qu'on retire du sorgho sont aussi abondants que variés; les tiges donnent soit du sucre, soit de l'alcool, les feuilles sont consommées par le bétail, la graine peut servir de nourriture aux hommes et aux bestiaux, et possède des propriétés tinctoriales remarquables. Au point de vue de l'élève du bétail, question importante et vitale en Algérie, car, sans bétail, il n'est pas de bonne agriculture, le sorgho, semé de bonne heure au printemps, peut donner plusieurs coupes, et fournir aux cultivateurs une nourriture fraîche, verte et abondante pendant l'été, c'est-à-dire à une époque où il est impossible de s'en procurer. Cette culture présente donc une source de richesse pour l'Algérie.

Malgré le désir que nous avons de passer rapidement sur chacun des produits, nous sommes forcés de nous arrêter sur quelques-uns plus spécialement; c'est que pour nous, l'exploitation du sol est une des questions les plus importantes; et quand nous disons l'exploitation du sol, nous entendons son exploitation la plus parfaite. Cette exploitation a déjà fait en Algérie des progrès remarquables, et les résultats qu'on a obtenus sont grands, mais rien n'est fait quand il reste quelque chose à faire. Ce qu'il faut, c'est donc non-seulement de faire produire le sol, mais de lui faire produire ce qu'il peut donner le plus facilement, en plus grande abondance. Le sorgho est un de ces produits qu'on ne saurait trop encourager, et comme culture industrielle, et comme culture pour l'alimentation du bétail, qui faute de soins, dépérit chaque année en Algérie au moment des grandes chaleurs. Une culture qui peut obvier à cet état de choses offre donc un intérêt immense sur lequel il est utile de s'arrêter.

En Chine, la religion prescrit de lire, le premier et quinzième jour de la lune en présence de tous les fonctionnaires de l'État, la quatrième maxime du livre de Hang-Hi, ainsi conçue : « Laissez à l'agriculture la première place, et au mûrier le premier rang, afin de ne manquer ni de nourriture ni de vêtement. »

Nous serions tenté, quand nous abordons une question agricole, de proposer une semblable formule à lire tous les quinze jours, sur toutes les places de villes et des villages, en présences des fonctionnaires et des administrés : « Soignez et améliorez vos bestiaux afin de ne manquer ni de nourriture ni de vêtement, car le bétail donne l'engrais, et l'engrais donne le blé. »

Dans cette même section, nous avons encore à signaler les plantes fourragères.

L'Algérie possède un grand nombre de prairies naturelles, dont les fourrages se divisent en deux espèces bien distinctes; dans les unes, ce sont les plantes appartenant aux familles des graminées qui dominent, dans les autres les légumineuses. Les errains humides produisent plus particulièrement les premières; sur les terrains secs, c'est-à-dire les côteaux, croissent en plus grande abondance les secondes; celles-ci sont plus estimées que celles-là.

Parmi les graminées les plus communes et les plus renommées, sont les lygées et les stypes, connus des Arabes sous le nom d'*alfa*, et qui rendent d'immenses services pour la nourriture des animaux, en ce qu'ils résistent à la chaleur et à la sécheresse ; le *stipa barbata*, très-commun dans le désert et l'un des principaux aliments du chameau, est plus particulièrement désigné sous le nom de *drin;* viennent ensuite les avoines, les dactyles, les paturins, les alpistes, les brômes, les fétuques, le mil, le *dis* des Arabes *(arundo festucoides)*, qui résiste aux plus grandes sécheresses et croît dans les lieux les plus arides; enfin, on rencontre fréquemment le *lolium perenne* (le raygrass), dont on fait des prairies artificielles et qui a changé la face de l'agriculture en Angleterre.

Parmi les légumineuses on trouve les gesses, les lentilles, les luzernes, dont l'abondance fait la richesse des prairies, les lupins, les vesces, les orobes, quelques trèfles, de nombreuses espèces d'astragales dont quelques-unes sont très-estimées; enfin les sainfoins, qui viennent admirablement et atteignent, certaines espèces, — entre autres l'*hedysarum coronarium* et l'*hedysarum flexuosum*, — une hauteur de trois mètres.

Les fourrages les plus estimés sont ceux qui réunissent les graminées aux légumineuses; quant aux autres familles de plantes fourragères, elles sont peu communes; la famille des composées cependant, fournit quelques crucifères, quelques labiées, estimées des Arabes et des colons.

COMMERCE. — STATISTIQUE.

L'Algérie a exporté, valeur :

	1857		1858
Céréales. — Blé	5,622,525 fr.	—	7,789,760 fr.
— Orge	415,702	—	189,362
— Maïs	» »	—	1,134
— Avoine	» »	—	117,654
Légumes secs	289,134	—	386,869
— verts	6,193	—	16,891
Fourrages et sons	19,265	—	35,367

BESOINS DE LA FRANCE.

« La consommation annuelle de la France est de 100,000,000 hectolitres de blé ; le sol ne produit pas assez pour nourrir la population ; de 1836 à 1846, on a importé, année moyenne, 805,714 hectol., soit 14,100,000 hectol. en dix ans, c'est-à-dire la nourriture de 288,572 personnes. La France nourrit 992,119 personnes sur 1 million ; il faudrait donc pour nourrir toute la population augmenter les terres en culture de huit millièmes. » — *Rapport du baron Ch. Dupin, à la chambre des pairs* (Moniteur du 24 juillet 1847).

EXPOSANTS.

Adam au Tlélat. Blé tendre, blé dur, maïs et fèves, pois pointus. — Arnal à Damrémont. Blé tendre. — Ahmed-ben-Damani à Constantine. Orge. — Amor-ben-Mohamed à .... Blé dur.

Caligue à Jemmapes. Blé dur, avoine. Camelin. — Coulon à Raz-El-Mâ. Blé tendre. — Carton à .... Blé dur. — Cheik Massin-ben-Mustapha à Constantine. Orge, blé dur. — Costérisan à Sidi-Ali. Orge.

Dagand à Vallée. Blé tendre. — Du Pré de Saint-Maur. Blé tendre. — Dufour à Bône. Froment, céréales, avoine. — Dediez à El-Hadjar. Orge.

Frutié à Chéragas. Blé dur.

Gilles à Birmandrëis. Blé tendre. — Goby à Blidah. Haricots blancs. — Girard à Constantine. Blé dur. — Ganée à........ Blé dur. — Grima à Philippeville. Orge, blé dur.

Hœring à Bône. Maïs, riz sec, ignames. — Hostains à Tlemcen. Blé dur.

Jardin d'acclimatation de Biskra. Doliques, haricots du Souff, blé indigène, etc.

Keblouti-ben-Tahar à Constantine. Orge.

La Chambre de commerce de Constantine. Blé dur.

Marchal à Bouzaréa. Blé tendre, orge, avoine brune. — Marmier à Aïn-Sultan. Blé tendre, blé dur. — Mohamed-ben-Yacoub à Constantine. Orge, blé dur. — Martinole à....... Blé tendre.

Paillas à Fleurus. Blé dur. — Pépinière centrale d'Alger. Collection de blés tendres et durs, maïs, orge, avoine, sorgho, riz sec, tubercules alimentaires, etc. — Phœnis à Mascara. Lentilles. — Poupart à Philippeville. Fèves de marais, seigle, haricots, pois chiches. — Portelli à Philippeville. Blé dur.

Révérchon à Birkadem. Blé tendre.

Savoureux à Médéah. Blé Laghouat. — Société des Andalous. Maïs, fèves, haricots, lentilles. — Sid Mohammed-Ben-Zerghalem à Mascara. Blé dur. — Sœur Ursule Jacquot à Bône. Ignames, blé, seigle, orge, pois chiches, maïs. — Si-Taheb-ben-Zerguin, Orge.

Trapisptes de Staouéli. Blé tendre, orge, seigle.

Villette à Mascara. Blé tendre.

IXe SECTION

Farines et pâtes alimentaires.

Nous nous sommes étendus assez longuement sur les céréales dans les pages qui précèdent pour pouvoir passer plus rapidement sur les produits compris dans cette section.

Les farines provenant des blés tendres d'Algérie possèdent la blancheur au même degré que celles d'Europe.

Quant aux farines de blé dur, elles sont moins blanches; mais le pain qu'elles fournissent se distingue par un goût particulier plus délicat, ainsi que par une richesse plus grande de gluten, qui le rend plus nourrissant. A l'Exposition universelle de Londres, les farines de blé dur algérien furent déclarées d'une admirable qualité par le jury.

A l'Exposition universelle de Paris, dix-neuf récompenses, dont six de première classe, vinrent confirmer le jugement que nos voisins avaient rendu. Depuis cette époque, dans tous les Concours, les farines algériennes ont conservé la place qu'elles avaient conquise dans les deux Expositions universelles de Londres et de Paris.

Une grande partie des farines exposées à l'Exposition permanente provient des minoteries africaines. Les trois provinces sont représentées, et les produits de quelques-unes méritent d'être appréciés. Nous citerons les farines de tuzelle et de blé dur de MM. Laya et Ce, à Alger; celles de MM. Lavie père et fils de Constantine; la semoule de M. Cosman, de Mostaganem; ainsi que le couscoussou de Mustapha Benkerim, à Bône. Le couscoussou, qui fait la base de l'alimentation générale indigène, contient la substance nutritive du blé, et commence à entrer dans la consommation européenne sous forme d'un potage très-agréable cuit à la vapeur du bouillon.

Une collection d'échantillons remarquables est celle des pâtes, — dites d'Italie, — obtenues avec les farines de blé algérien, ainsi que celle des pains et biscuits de troupes de même provenance; l'industrie des pâtes alimentaires est naturalisée dans la plupart des villes algériennes, et a acquis une grande importance dans quelques-unes; la fabrication des biscuits a pris un grand développement au moment de la guerre d'Orient, et l'exportation de ce produit a atteint en

1854 le chiffre de 800,000 fr., en 1855, celui de 500,000 fr.

Les blés durs fournissent les meilleures farines pour la confection des pâtes alimentaires, vermicelle, macaroni et autres; ils se travaillent, dit le rapport officiel sur l'Exposition universelle, avec les mêmes avantages que ceux de la mer Noire et de la mer d'Azof; ils sont très-clairs, d'un bon rendement et préférables pour le goût à tous les autres.

Des pâtes fort belles sont exposées par M. Bertrand, de Lyon, qui, en Italie même, a obtenu la grande médaille d'or à l'Exposition de Turin. C'est un succès qui témoigne hautement de l'excellence de ses produits. Quelques fabricants algériens, M. Cheviron, de Médéah, entre autres, marchent sur les traces de M. Bertrand, et leurs pâtes méritent d'attirer l'attention. Ce sont les premiers produits d'une industrie qui se développera et prendra une place importante.

COMMERCE. — STATISTIQUE.

L'Algérie a exporté, valeur :

	1857		1858
Farines	62,162 fr.	—	775,005 fr.

BESOINS DE LA FRANCE.

Dans les mauvaises années la France importe en moyenne, valeur :

Farines	de 10 à 15 millions.
Pâtes alimentaires, environ	1 million.

EXPOSANTS.

Bertrand à Lyon. Pâtes alimentaires de blé dur d'Algérie. — Blanc au hamma de Constantine. Farine. — Bozzo à Constantine. Pâtes, vermicelles et macaroni.

Cheviron à Médéah. Pâtes alimentaires. — Cosmann à Mostaganem. Farine, semoule.

Découp à Constantine. Farine, semoule.

Girard au hamma de Constantine. Farine, gruau, semoule.

Lavie père à Constantine. Farines, semoules, etc. — Lavie fils à Guelma. Farine de blé dur. — Laya et Cie à Alger. Farine de tuzelle et blé dur.

Mourenque à Alger. Farines.

Paillas à Fleurus. Farine de blé dur et semoule.

Trappistes de Staoueli. Farines de blé tendre.

Xe SECTION

Alcools. — Vins. — Conserves. — Confiserie.

Cette section comprend une des plus importantes productions de l'Algérie, c'est-à-dire la vigne.

Au moment de la conquête, la vigne n'était cultivée, en Algérie, que pour son raisin consommé frais ou sec; les premiers colons essayèrent d'utiliser les plantations existantes pour fabriquer des vins; mais ce n'est que depuis quelques années que d'importantes plantations ont été faites; car, aux premiers temps de la conquête, on apporta bien des entraves pour empêcher les colons de s'occuper des vignes, et on fit tout pour attirer leur attention sur des cultures industrielles, qui, pour la plupart, ne réalisèrent pas les espérances exagérées qu'on en avait conçues.

Les esprits étroits qui pensaient alors que l'agriculture et l'industrie françaises ne pouvaient vivre que de prohibitions, s'effrayaient de la concurrence que les vignobles algériens pourraient faire aux vignobles français et cherchaient les moyens d'interdire la culture de la vigne et la confection des vins. « Il faudrait, trouvons-nous dans des documents de cette époque, interdire *par ordonnance*, ou empêcher par un *moyen fiscal assez puissant*, la culture de la vigne dans les terrains riches et en plaine, car si elle y produit des vins plus ordinaires, elle en donne beaucoup, et ne la tolérer que sur les côteaux où elle donnerait des vins de liqueur et des raisins secs, mais généralement en petite quantité. »

On espérait ainsi arrêter le développement *fâcheux* de la production vinicole en Algérie. Eh bien, malgré ces entraves, de nombreuses plantations ont été faites, et la vigne couvre aujourd'hui une superficie de plus de 4,000 hectares; c'est que l'Algérie, comme le dit M. Mac-Carthy, « est appelée à être, comme la France, l'une des plus riches terres à vin de l'ancien monde. »

Le développement que cette culture a pris depuis quelques années prouve une fois de plus l'inanité des systèmes administratifs; tandis qu'on encourageait outre mesure la culture de certaines plantes, qui n'ont réussi que médiocrement, celle de la vigne augmentait malgré les obstacles naturels ou administratifs qu'elle rencontrait; tandis que le coton, par exemple, n'était plus représenté au dernier Concours général que par trois ou quatre planteurs, soixante ou soixante-dix colons envoyaient des échantillons de vins la plupart très-remarquables.

Parmi les vins exposés, nous citerons entre autres et en première ligne les vins de M. Dumas, de Médéah; les uns proviennent de plants du pays, les autres de plants de Bourgogne, de Côte-Rôtie, de muscat, etc.; tous sont dignes de fixer l'attention.

Ce qui manquait jusqu'à ce jour en Algérie, c'est l'expérience en ce qui regarde la fabrication proprement dite, c'est-à-dire le pressurage du raisin, la fermentation du jus, le cuvage des parties vineuses et leur mise en fûts dans les conditions les plus convenables; M. Dumas possède cette expérience; les vins qu'il a exposés sont parfaitement travaillés, et en séparant les différents cépages des crus qu'il a plantés, il est arrivé à obtenir en Algérie des vins analogues à ceux de nos bons crus de France.

Déjà l'année dernière, à Bordeaux, les vins de M. Dumas avaient été jugés dignes d'une récompense. Cette année, au Concours général, ils ont reçu une grande médaille d'or. Ce n'est que la juste récompense des efforts qu'il a faits, des résultats qu'il a obtenus. Du reste, ce ne sont pas seulement des échantillons que produisent les vignes de Médéah; M. Dumas a, dans ses magasins à Bercy, des milliers d'hectolitres provenant de ses récoltes, et il ouvre à Paris, rue de Bellechasse, 32, un magasin de détail. Ce n'est pas là une culture de fantaisie, c'est une production acquise.

Tous les autres vins exposés ne méritent pas une mention aussi honorable; beaucoup de producteurs ont la regrettable habitude de suivre le déplorable exemple que leur donnent nombre de propriétaires européens, c'est-à-dire d'aromatiser leurs vins avec du sureau, de la racine d'iris, de la coriandre, des plantes aromatiques, et ils en font ainsi des boissons détestables, bien inférieures à ce qu'elles seraient dans leur état naturel.

Un autre défaut, c'est le choix de cépages de qualité médiocre, ou le mélange de différents plants d'où il résulte des vins dans lesquels des qualités diverses, parfois disparates, se neutralisent et peuvent même se détruire.

Quoi qu'il en soit, six autres médailles ont été données en 1860, aux vins algériens reconnus les mieux fabriqués. C'est un véritable succès, qui contribuera à développer sur une grande échelle une production qui doit devenir une des plus importantes sources de richesses pour l'Algérie.

La maladie de la vigne a fait rechercher, pendant ces dernières années, tous les produits qui, par la distillation, pourraient fournir des eaux-de-vie et des alcools. Les figues douces, les caroubes, les dattes, les jujubes, les arbousiers, les figues de Barbarie, l'asphodèle et le sorgho ont été successivement employés; l'asphodèle et le sorgho ont plus particulièrement fixé l'attention; l'asphodèle même a été l'objet d'une industrie réelle et sérieuse. Deux usines ont été créées et ont travaillé, l'une à Philippeville, l'autre à Oran. L'usine de Philippeville a produit dans les premières années 250 pipes d'alcool à 30° centigrades, qui trouvaient à s'écouler facilement au moment où la maladie de la vigne avait élevé considérablement le prix des alcools; depuis, la consommation de l'alcool d'asphodèle a diminué, le goût particulier qu'elle doit à la plante dont on l'extrait, déplait à beaucoup de gens; cependant l'alcool d'asphodèle peut trouver un emploi avantageux dans l'industrie.

Quant à l'alcool de sorgho, il est parfaitement incolore et n'a pas ce goût particulier qu'on reproche avec juste raison aux alcools de betteraves, de pommes de terre ou d'asphodèle.

A côté des alcools sont placées des liqueurs et conserves à l'eau-de-vie, provenant plus particulièrement de la maison Debeaux, d'Oran.

Enfin, dans la même section est placé l'*Oued-Allah* de M. Brocard, rue de Rivoli, 72. — Préparée avec l'alcool d'arbouse et des fleurs et fruits indigènes, cette liqueur est une véritable chartreuse algérienne, un stomachique puissant en même temps qu'une excellente liqueur de table. L'Oued-Allah ou *Ruisseau de Dieu*, est bien supérieur à la chartreuse de France, étant composée de plantes qui croissent en Algérie, c'est-à-dire plus riches en principes aromatiques que les plantes des climats tempérés.

COMMERCE. — STATISTIQUE.

Les tableaux de douanes de l'Algérie ne constatent pas d'exportation; si, il y en a eu, en vins, alcools, etc., elles figurent dans les produits non dénommés.

BESOINS DE LA FRANCE.

La France exporte plus qu'elle n'importe; mais grâce au traité de commerce avec l'Angleterre, l'Algérie trouvera dans la Grande-Bretagne, un large débouché pour ses produits alcooliques.

EXPOSANTS.

ALLEMAND à Milianah. Vins rouges et blancs.

BALARD à Médéah. Vins blancs. — BARNOUIN au Bou-Merzoug. Vins. — BAUDENS à.... Eaux-de-vie de dattes. — BILHAR FEURIER à Sidi-Chami. Vins rouges et blancs. — BLANC à Bougie, id. — BONHOMME à Médéah. Vins blancs. — BOQUET à Cherchel. Vins rouges et blancs. — BORDES à Médéah. Vin rouge. — BORDENAVE à la Sénia. Vins rouges. — BRAULÉ à Médéah. Vin blanc. — BROCARD, rue de Rivoli, 72. Oued-Allah. — BRISAC à Médéah. Vins rouges.

CAÏD DES BENI-MENDÈS. Figues sèches. — CAMBRONNE à Damiette. Vins rouges et blancs. — CASTELLI à Birkadem, id. — CAROLI à Cherchel, id. — CATALA à Alger, id. — CHAMBRE DE COMMERCE DE CONSTANTINE. Régimes de dattes de Sidi-Okba. — COULON à Alger. Olives en saumure. — COURVOISIER à Alger. Vinaigre. — CUNY à Mascara. Vin blanc.

DAISCELLE à Médéah. Vin rouge. — DEDIES à El-Hadjar. Vins rouges et blancs et fruits confits. — DENIS COULON à Ras El-Ma. Vin blanc. — DEPEAUX, MAISON KREMER et Cie à Oran. Liqueurs. — DESAITRE à Tlemcen. Olives vertes et noires, noix confites, vins blancs, liqueurs, vins rouges. — DIGET à Milianah. Vins rouges. — DUBOIS à Médéah. Vin blanc. — DUMAS à Médéah et à Paris, rue Bellechasse, 32. Vins blancs et rouges. — DUBOURG à Bône. Conserves et confiseries. — DUPERRIER à Milianah. Vins rouges.

FINATON à Tlemcen. Vins rouges. — FLEUR à Damiette. Vin rouge. — FRANCLIEU (DE) à l'Oued-El-Halleg. — Vins rouges.

GERBAL à Oued-El-Hamman. Vins rouges et blancs.

GAUSSENS FILS, président de la chambre de commerce à Oran. Vins blanc et rouge. — GRANDJEAN à la Sénia. Vins rouges. — GRIMA à Philippeville. Vins rouges et blancs. — GUYONNET à Milianah. Vins blancs.

HARDY, Directeur de la pépinière centrale d'Alger. Figues, raisins secs, dattes d'El-Aghouat, alcool de dattes. — HOERING, directeur de la pépinière de Bône. Conserves et confiserie.

JACOB à Guelma. Conserves alimentaires. — JALTEAU à Tlemcen. Vins rouges.

LAPERLIÈR à Mustapha. Vins blanc et rouge et de liqueur. — LEPINAY DE THIBARINE à Médéah. Vins rouges et blancs. — LOMBARD à Bréa. Vin rouge. — LUCAS-RADICICH à Mascara. Vins de liqueurs, vins rouges.

MARNIER à Aïn-Sultan. Vins blancs et rouges. — MARTEL à Pélissier. Vins rouges. — MARTIN-DE LARIVIÈRE à Médéah. Vin blanc. — MENJOU à Tlemcen. Vins rouges.

PARODI à Tlemcen. Vin rouge. — PINARD à Constantine. Fruits confits. — PLAUSIER à Mascara. Vin blanc.

RAMOGER à Aïn-Beïda. Vins rouges et blancs. — REVERCHON à Bircadem. Vins rouges et blancs, dattes. — ROUDAUD à la Sénia. Vins rouges. — ROUIRE à Oran. Vins blancs, vins cuits et vins rouges, liqueurs. — RUSSALO à Philippeville. Vins rouges.

SAVOUREUX à Médéah. Vins rouges. — SAYEN à Blidah. Vins blancs et rouges. — SIMOUNET à Alger. Alcool de Sorgho, olives en saumure. — SOMMER à Sidi-Chami. Vins rouges. — SOULIER (confédération du Mzab). Dattes. — SŒUR URSULE JACQUOT à l'orphelinat de Bône. Conserves et confiseries.

TICHANÉ à Mascara. Vins rouges.

VILLETTE à Mascara. Vins blancs et rouges. — VINCENT VITAL à El-Hadjar. Vin blanc.

ZURCHER à Mascara. Raisins secs.

XIe SECTION.

Essences. — Huiles essentielles. — Parfums.

La flore algérienne est d'une extrême richesse, d'une grande magnificence; le climat de l'Algérie est particulièrement favorable aux végétaux et développe à un très-haut degré les qualités aromatiques des plantes, aussi la fabrication des essences odoriférantes et des eaux de senteur paraît appelée à un grand avenir en Algérie. Du reste, cette industrie existait déjà, très imparfaite il est vrai, chez les Maures et les Arabes, et elle se développe sérieusement chez les Européens.

M. Simounet est en quelque sorte le créateur de cette industrie en Algérie et ce sont ses produits qui forment dans cette section la portion la plus intéressante de l'Exposition permanente. M. Simounet a enrichi la science et l'industrie de nouveaux et intéressants produits; enfin il est l'inventeur d'un procédé qui consiste à concréter ou solidifier les essences de fleurs, procédé qui est appelé à jouer un grand rôle dans la parfumerie.

Les produits envoyés par M. Simounet, sont : des essences de géranium, d'absinthe, de néroli, de jasmin, de petit grain, de verveine, de tubéreuse, de cassie, des eaux de fleurs d'oranger, des essences concrètes de jasmin, cassie, géranium, etc.

Quelques autres industriels ont suivi l'exemple de M. Simounet, ce sont, entre autres MM. Mercurin, Sayen, Regnier et Martin, Ferrand, Haloche, etc., et parmi les indigènes, Sid Mohammed ben Salah.

Les principales essences qui figurent à l'Exposition, sont : les essences de menthe pouliot, de myrte, de petit grain, de citron, de bigarade, de romarin, de mélisse, de sauge, de géranium, de marjolaine, de fenouil, d'absinthe, de céleri, de laurier, d'oranger, de menthe poivrée, de néroli, d'anis, de sabine, de verveine, de thym rouge, de Portugal, de lavande, de bergamote, de girofle, de violette, d'œillet, d'héliotrope, de cassie, de rose, de réséda, etc. Les aurantiacées, seuls, fournissent une extrême variété d'essences qui sont : le néroli, la bergamote, l'essence de bigarade, de cédrat, de citron, citronine, mélarose, oranger, portugal, petit grain, etc. Enfin, la distillation donne encore l'eau de fleur d'oranger, dont l'usage est si fréquent.

COMMERCE. — STATISTIQUE.

Aucun produit appartenant à cette section ne figure aux exportations de l'Algérie.

BESOINS DE LA FRANCE.

La France importe environ 1 million de plantes odoriférantes, essences, etc.

EXPOSANTS.

Hœbing à Bône. Eau de fleur d'oranger.
Mercurin à Cheragas. Essences odoriférantes.
Nielli à Philippeville. Essences diverses.
Pépinière centrale à Alger. Eau de fleur d'oranger.
Sayen à Blidah. Essences diverses.
Simounet à Alger. Collection d'essences odoriférantes, huiles essentielles, etc.

XIIe SECTION.

Tabacs.

Parmi les cultures industrielles qui ont contribué à la prospérité de la colonisation naissante de l'Algérie, il faut placer en première ligne le tabac.

Cette culture, qui existait déjà parmi les indigènes avant la conquête, n'a réellement pris de développement que depuis quelques années, sous l'inspiration et la direction de l'administration française, et l'histoire de cette culture est celle du plus brillant succès agricole obtenu en Algérie. Les progrès accomplis ont été rapides, et, après quelques essais, cette industrie a pris le plus grand développement ; on peut suivre les essais et les triomphes obtenus en parcourant les différents volumes du tableau de la situation de l'Algérie, publiés par le Ministère de la Guerre : de trois planteurs qui récoltaient 2,000 kil. en 1844, on arrive en 1854 à 2,323 planteurs et 2 millions 938,109 kil. La récolte de 1856 était évaluée, d'après un document officiel, à 3 millions 384,880 kil. qui, au prix de moyenne de 89 fr. 50 c. par 100 kil, a donné 4 millions 859,467 fr. 60 c.

Aujourd'hui, l'Administration des tabacs achète aux colons 6 millions de kilogrammes pour les manufactures de France, et les planteurs ont dû s'associer pour chercher à l'étranger des débouchés nouveaux pour le surplus s'élevant à 2 millions pour l'année dernière.

La société des planteurs algériens a envoyé des tabacs Chebli, Krachna et Philippin, de qualité hors ligne, et qui trouveront, nous en sommes convaincus, à se placer facilement sur les marchés européens.

La France est tributaire de l'étranger pour une somme importante chaque année, aussi les tabacs algériens ont-ils été accueillis très favorablement, et leur supériorité les classe parmi les bonnes sortes pour la fabrication des cigares et des tabacs à fumer.

Les 6 millions de kilogrammes achetés par la régie, suffisent pour les qualités produites en Algérie, actuellement, à la consommation des manufactures de France; l'excédant de la production doit donc chercher une autre voie d'écoulement. Nous souhaitons vivement que la société des planteurs réussisse dans la tentative qu'elle fait, car c'est la première fois que, au lieu de faire appel à l'Administration, les colons s'associent pour établir des relations commerciales, ouvrir des débouchés nouveaux à leurs produits; c'est la première fois que les producteurs algériens font acte d'initiative.

La fabrication des cigares est devenue aussi pour l'Algérie une source abondante de bénéfices; cette industrie a pris à Alger, à Philippeville un développement considérable. On peut voir dans les vitrines de l'exposition permanente une admirable collection de cigares, qui se recommande non-seulement par la qualité du tabac, sa saveur, son parfum, mais encore par la perfection de la confection du produit. Quant au prix de revient, il surpasse tout ce que l'on peut imaginer; les qualités supérieures sont cotées 7 et 8 francs le cent, qualités de 20 et 25 francs à Paris; les bonnes qualités valent 3 et 4 francs, et sont préférables à celles de 10 francs que fournit la régie.

Dans le chiffre de la production générale, la province d'Alger l'emporte sur les deux autres et pour la qualité et pour la quantité produites; la province d'Oran vient après et marche presque sur la même ligne que celle d'Alger; la province de Constantine seule est restée en arrière jusqu'à ce jour.

Du reste, et pour en terminer avec une culture dont les

résultats n'ont plus besoin aujourd'hui d'être discutés, le jury international, à l'Exposition universelle, s'exprimait ainsi : « Entre toutes les expositions de tabac se distinguait l'exposition algérienne, immédiatement après celle de Cuba, non pas que le tabac algérien ait une valeur hors ligne, mais parce que cette culture a pris récemment une très-grande importance en Algérie. »

La collection de cigares algériens qui figurait à l'Exposition universelle, en 1855, avait fait l'admiration de tous les visiteurs, non-seulement par la qualité des tabacs employés et la modicité des prix, mais encore par leur bonne façon et leur bonne apparence; aussi des exportateurs étrangers affirmaient qu'il y aurait avantage pour le commerce à expédier la plupart de ces cigares dans les pays d'Amérique et d'Australie. » Ce serait là, disait le rapport sur l'exposition, un excellent débouché pour la fabrication algérienne. »

Les principales villes d'Algérie, Alger, Oran, Philippeville, Mostaganem, Bône, etc., possèdent des fabriques des cigares très-bien montées et des ouvriers très-habiles; mais la confection des cigares exige des sortes de tabacs que notre colonie ne produit pas et qu'elle est obligée de demander à l'étranger. Cette industrie, comme nous avons déjà essayé de le démontrer depuis quelques années, ne pourra se développer et prendre tout son essor que si l'Algérie obtient l'institution des Drawbach, c'est-à-dire le remboursement à la sortie, sous forme de tabac fabriqué, des droits perçus sur la matière première provenant de l'étranger. Cette demande a déjà été faite par des négociants d'Alger et soumise à l'examen des chambres de commerce. Voici comment s'exprimait à ce sujet la chambre de commerce de Philippéville, en 1853 :

« Admettre le drawbach, c'est-à-dire le remboursement des droits perçus à l'entrée sur les tabacs bruts qui seraient exportés après avoir changé d'état, serait encourager pour la colonie une industrie déjà créée et qui occupe de nombreux ouvriers; industrie d'autant plus digne d'intérêt, qu'exercée par les femmes et les enfants, elle profite aux familles nombreuses et à la moralité publique. En dehors de l'importance de la question industrielle et commerciale, cette dernière considération a sans doute son poids.

« L'Algérie doit avoir, outre son industrie agricole, quelques industries particulières proprement dites. La fabrication des tabacs est une de celles qui lui sont dévolues par le fait de sa production et de l'abstension de la France, où elle est un monopole de l'Etat. L'île de Malte qui jouit, comme toutes les possessions anglaises, d'un large drawbach, manipule une grande quantité de cigares qu'elle expédie dans la Méditerranée. La fabrication algérienne, bien supérieure à celle de nos voisins, détournerait le commerce à son profit, si la France, usant des facultés de sa législation douanière, voulait bien accorder le drawbach à nos tabacs fabriqués. »

Nous sommes convaincu que si mesure était prise, elle développerait le commerce des tabacs avec l'étranger ; commerce indispensable aux planteurs algériens qui se verraient sans lui, obligés de restreindre leurs cultures et de les borner aux quantités nécessaires à la consommation locale et aux besoins limités de la métropole.

COMMERCE. — STATISTIQUE.

L'Algérie a exporté, valeur :	1857		1858
Tabacs en feuilles et en côtes.......	5,883,555 fr.	—	6,848,250 fr.
— fabriqués................	605,960		701,375

BESOINS DE LA FRANCE.

La France importe annuellement, en moyenne, de 6 à 8 millions de tabacs en feuilles, en côtes ou fabriqués.

EXPOSANTS.

Ahmed Flita à Souff. Tabacs indigènes.

Belle à Cherchel. Tabacs en feuilles. — **Bonnemaison** à Hennaya. Tabacs en feuilles. — **Boudetron** à Tiaret. Tabacs en feuilles. — **Bosson frères** à Oran. Variétés de cigares.

Corvino à Alger. Variétés de cigares. — **Civalle** à Hennaya. Tabac chebli. — **Camelin** à Bône. Tabacs en feuilles.

Dr Dupuy à Terga. Tabacs en feuilles. — **De Lambert** à Philippeville. Tabacs en feuilles. — **De Gourgas** à Philippeville. Tabacs en feuilles.

El Hadj-Mohamed-Del à Tlemcen. Tabacs.

Fenech à Philippeville. Tabacs chebli. — **François Raymondi** à Bône. Variétés de cigares.

Goby à Berbessa. Tabacs. — **Grenier** à Mazagran. Tabacs Palatinat. — **Graillat** à Mostaganem. Tabacs en feuilles. — **Gendron** à Mazagran. Tabacs en feuilles. — **Guyonnet** à Assi-bou-Nif. Tabacs en feuilles. — **Garbé** à Oran. Cigares de fantaisie.

Kada Kelouche à Tlemcen. Tabacs en feuilles.

Levillain à Alger. Variétés de cigares. — **Lagier** à Bab-el-Oued. Tabacs. — **Lagier** à Aïn-Tedelès. Tabacs en feuilles. — **Laudemann** à Hennaya. Tabacs en feuilles. — **La sœur Ursule Jacquot** à Bône. Tabacs en feuilles.

Morelly à l'Haouch-Farghen. Tabacs. — **Medioni** à Oran. Tabacs en feuilles et en côtes. — **Mohamed-ben-Zergha** à Mascara. Tabacs en feuilles. — **Mons** à Philippeville. Variétés de cigares.

Pépinière centrale d'Alger. Tabacs indigènes et exotiques.

Reverchon à Birkadem. Tabacs chebli et philippin en feuilles. — **Rebah-ben-Mohamed** à Milah. Tabacs indigènes.

SIMORRE DARDÉ à Saint-Charles. Tabacs en feuilles. — SCOGNAMIGLIO à Philippeville. Variétés de cigares. — SOCIÉTÉ DES PLANTEURS ALGÉRIENS à Alger. Tabacs krachena, chebli et philippin.

TRIBU DES KRACHENAS. (Province d'Alger). Tabacs chebli et philippin en feuilles et fabriqués. — TRIBU DES OULED-CHEBEL. (Province d'Alger). Tabacs.

VANINI à Tiaret. Tabacs indigènes.

XIIIe SECTION.

Divers végétaux industriels.

Dans cette section, nous trouvons d'abord le chardon à foulon ou *chardon bonnetier*. Parmi les nombreuses espèces de chardons qui font le désespoir de l'agriculture, une seule a échappé à l'anathème prononcé contre toutes les autres, c'est le *dispacus fulonum* de Linnée, plante bisannuelle employée dans les manufactures de draps pour en lainer la surface avant la tonte.

Les meilleurs chardons sont ceux dont la tête est parfaitement cylindrique, un peu longue, et dont les crochets sont fins et roides. Ceux que l'on peut voir exposés présentent ces qualités.

Nous trouvons ensuite le houblon (*humulus lupulus* LINNÉE), plante vivace et grimpante de la famille des urticées, dont les cônes sont employés pour la fabrication de la bière.

Le houblon vient parfaitement en Algérie, mais il y est encore peu cultivé ; cependant les brasseries du pays en consommaient déjà des quantités assez notables pour ouvrir un débouché assez large à la production algérienne ; l'excédant se placerait facilement en France où la production ne suffit pas à la consommation.

Dans la même vitrine sont placées des tiges d'indigofère, de gaude, des pavots et du carthame ; ces produits appartiennent à des sections que nous avons visitées précédemment.

Enfin nous ne devons pas oublier de mentionner les tentatives faites par M. Pluchart pour faire servir à l'alimentation la fève du caroubier, si commune en Algérie, en la torrifiant ou en la préparant de manière à en faire un café et un chocolat, qui ont mérité une mention très honorable au Concours de 1860.

COMMERCE. — STATISTIQUE.

Aucun des produits de cette section ne figure au tableau des exportations de l'Algérie.

BESOINS DE LA FRANCE.

La France importe, en moyenne, annuellement valeur :
Houblon .... 5 millions.

EXPOSANTS.

COSTERISAN à Sidi Ali. Cardère.
PEPINIÈRE CENTRALE D'ALGER. Houblon.
PÉPINIÈRE DU GOUVERNEMENT à Mascara. Houblon.
S. PLUCHART à Fontenay-aux-Roses (Seine). Café et chocolat de fèves de Caroubes.

XIVe SECTION.

Herbiers.

Dans la même vitrine ou figurent les végétaux divers dont nous avons parlé dans la précédente section, se trouvent classés plusieurs herbiers dont la réunion formera un jour une Flore complète de l'Algérie.

Le premier de ces herbiers renferme les végétaux exotiques cultivés au Hamma ; ils ont été réunis et classés par M. Hardy, directeur de la pépinière centrale et inspecteur des pépinières de l'Algérie, un des hommes qui a le plus contribué au développement agricole et industriel de l'Algérie.

Le second contient des fragments de la *Flore algérienne* recueillis et mis en ordre par M. Durando, licencié ès-sciences naturelles et collaborateur de la *Revue horticole de l'Algérie*, fondée par M. Charles Bourlier, professeur d'histoire naturelle à l'école de médecine d'Alger.

Le troisième est dû à M. le docteur Cosson, et renferme des fragments très-intéressants de la *Flore du Sahara*

Le quatrième contient des échantillons botaniques recueillis par l'interprète Boudherba dans son *Voyage à Rat et à R'damès*.

Enfin le cinquième se compose des familles décrites dans la *Flore française*, par MM. Grenier et Godron,

Ces collections seront consultées avec intérêt par les hommes d'étude qui s'occupent de notre colonie algérienne.

EXPOSANTS.

BOUDHERBA à Constantine. Echantillons botaniques recueillies dans son voyage à Rat et à R'damès.

COSSON, Dr à Paris. Spécimens de la flore algérienne et saharienne.

DURANDO à Alger. Herbier renfermant des fragments de la flore algérienne.

GRENIER et GODRON à..... Familles décrites dans la flore française.

HARDY, directeur de la pépinière centrale d'Alger. Herbier contenant les végétaux exotiques cultivés au Hamma.

DEUXIÈME SÉRIE.

MINÉRAUX.

PREMIÈRE SECTION.

Substances métalliques.

Depuis le cinquième siècle jusqu'à l'époque de l'occupation française, les richesses minéralogiques de l'Algérie sont restées ensevelies dans l'oubli le plus complet. Le docteur Shaw, qui séjourna à Alger pendant douze ans, au commencement du dix-huitième siècle, et dont l'ouvrage renferme de précieux documents, ne signale la découverte que du plomb et du fer et la présence du mercure dans quelques minerais ; l'existence du cuivre lui paraît vraisemblable, et si, ajoute-t-il, les habitants n'en tirent pas parti, c'est qu'ils ne se donnent pas la peine de le chercher. Quant aux carrières de marbre dont parlaient les Romains, le docteur Shaw est tenté de croire que ces carrières n'ont jamais existé. Mais depuis quinze ans, les explorations scientifiques, les recherches géologiques faites par les officiers d'Etat-major chargés des travaux topographiques, les études des ingénieurs des mines ont, au contraire, témoigné de la richesse et de la variété des produits de l'Algérie appartenant au règne minéral. La collection de ces produits a excité à l'Exposition universelle le plus vif intérêt et mérité les témoignages les plus honorables du Jury international ; en effet, l'Algérie doit un jour y trouver une source inépuisable de travail, et la France des ressources précieuses pour combler le vide qui existe dans sa production, et dont elle est tributaire de l'étranger pour une somme annuelle qui dépasse 100 millions.

Depuis le jour où les recherches ont été possibles, depuis le jour où l'on a pu explorer le pays, c'est par centaines que les gisements ont été reconnus : ce n'est plus deux métaux, c'est la plupart des métaux connus dont la présence a été constatée et quant aux carrières exploitées par les Romains, elles ont été retrouvées en majeure partie et présentent encore de riches filons à exploiter.

Les mines concédées n'entrent que pour une faible proportion en comparaison des permis de recherches qui ont été donnés et des demandes de concessions qui sont en instance auprès du Ministre de l'Algérie et des Colonies. Situés au cœur des montagnes qui encadrent les plaines fertiles de l'Algérie, et en général à des distances assez rapprochées de la mer, ces gisements présentent de très-grands avantages dont l'industrie est appelée à bénéficier un jour ; sans vouloir fixer un chiffre exact et qui, d'ailleurs, n'a qu'une importance secondaire, nous croyons ne pas nous éloigner de la vérité en avançant que les gisements reconnus pour lesquels des permis de recherches ont été délivrés ou des demandes en concessions adressées, s'élèvent au moins à 250, sur lesquelles il n'y a que douze concessions accordées. Sur ces douze concessions, cinq se trouvent dans la province d'Alger, une dans la province d'Oran et six dans celle de Constantine ; six renferment du cuivre, quatre du fer, une du plomb auro-argentifère, et une de l'antimoine et du mercure.

Les métaux dont la présence est constatée par les échantillons réunis à l'Exposition permanente, sont :

Antimoine : six gisements reconnus dans la province d'Alger et treize dans celle de Constantine.

Argent, ou plutôt plomb argentifère : vingt gisements dans les trois provinces.

Arsenic : signalé dans plusieurs minerais.

Cobalt : constaté dans les mines de Mouzaïa, province d'Alger.

Cuivre : quarante-cinq gisements dans les trois provinces et presque tous placés dans des conditions favorables d'exploitation.

Fer : les plus importants au nombre de soixante-cinq dans les trois provinces.

Manganèse : signalé dans les trois provinces.

Mercure : particulièrement dans la province de Constantine et la région de Jemmapes ; cinq permis et une concession.

Nickel : constaté dans les minerais de Mouzaïa et Bou-Aïn.

Or : reconnu dans plusieurs localités, dans les minerais de Kef-Oum-Theboul, et en dernier lieu dans les ravins du Petit-Atlas, par M. Nicaise, de Dalmatie.

Plomb : un des minerais les plus répandus et des plus riches, et dont les gisements les plus remarquables s'élèvent à 45.

Le zinc, enfin dont huit gisements ont été signalés.

Les besoins de la France sont très-grands en fer, cuivre, plomb et zinc ; elle a recours à l'étranger chaque année pour une somme moyenne de 30 millions pour les fers, 50 millions pour les cuivres, 15 millions pour le plomb et 14 millions pour le zinc ; les minerais les plus répandus et les plus riches en Algérie sont justement ceux de fer, de cuivre et de plomb.

Le fer sert à de si nombreux usages que la marche progressive des arts semble liée à la facilité avec laquelle on se le procure ; c'est à ce point surtout que se sont placés depuis longtemps tous les économistes qui ont repoussé les droits prohibitifs imposés à ce métal plus précieux que l'or et l'argent. L'Etat lui-même a reconnu, en principe, cette importance lorqu'il a permis l'entrée en franchise des fers nécessaires à la construction des voies ferrées. Nous sommes loin encore du moment où la liberté commerciale sera appréciée à sa juste valeur. Cependant, en étudiant les faits accomplis dans les dernières années de notre histoire, on peut reconnaître dans les différents actes de S. M. l'Empereur, une tendance bien dessinée, bien nettement caractérisée à entrer dans la voie la plus large et la plus libérale de l'école moderne : les dégrèvements successifs apportés aux tarifs douaniers, le traité de commerce avec l'Angleterre et le programme impérial tracé dans la lettre de 5 janvier adressée par S. M. l'Empereur au Ministre d'Etat, sont en effet les premiers efforts faits pour briser les barrières prohibitives qui affligent le commerce et l'industrie.

« Acheter et vendre, dit M. Blanqui aîné, sont deux actions simultanées et inséparables, et les économistes ont, dès longtemps, prouvé qu'une nation ne payait les produits étrangers qu'avec ses propres produits. Prohiber ou entraver l'achat, c'est prohiber ou gêner la vente, et, en somme, paralyser la production.

« Le gouvernement, qui prohibe l'entrée de quelques produits étrangers, établit indirectement un monopole en faveur de ceux qui fabriquent l'article qu'il prohibe ou celui qui lui est substitué ; il condamne ainsi la population tout entière à se procurer à grands frais dans l'intérieur, un article souvent médiocre qu'elle pourrait acheter à vil prix et de qualité supérieure chez l'étranger. »

N'est-ce pas ce qui a eu lieu pendant longtemps pour les fers, n'est-ce aussi ce qui aura lieu pour l'Algérie tant que l'assimilation ne sera pas complète ? — Parmi les fers, ceux qui proviennent des minerais de Dannemora, en Suède, et des Monts-Oural, ont des qualités inappréciables ; ils donnent les meilleurs aciers connus, ceux dont l'emploi est le plus recherché dans l'industrie ; eh bien ! les mines concédées de la *Meboudja*, de *Kharezas*, de *Bou-Hamra*, d'*Aïn-Morka*, dans le riche district métallifère de Bône, contiennent du fer oxidulé magnétique qui ne le cède ni en qualité, ni en richesse, aux minerais étrangers que nous venons de citer. C'est par le minerai de Dannemora, dont l'Angleterre a en quelque sorte monopolisé l'exportation jusqu'à ce jour, qu'elle s'est assuré la supériorité des aciers fins ; mais les fontes aciéreuses de Bône permettent aujourd'hui à la France de soutenir la concurrence avec avantage.

La qualité des aciers fabriqués avec les fontes de l'Alelik ne peut être mise en doute ; elle est constatée par des procès-verbaux émanant des principaux ateliers de construction et usines de la France, de l'Allemagne, de la Belgique et de l'Angleterre ; il ne reste aujourd'hui qu'à organiser la fabrication sur des bases assez larges pour satisfaire aux besoins de la Métropole qui, jusqu'à ce jour est restée tributaire de l'étranger : il est à désirer que cette exploitation prenne les plus larges développements, et c'est le but que se propose, assure-t-on, la Société des mines et hauts fourneaux de l'Alelik.

La vitrine renfermant les produits de cette mine est des plus intéressantes à étudier ; on y trouve le minerai, la fonte aciéreuse, ainsi que des produits manufacturés obtenus avec l'acier de l'Alelik.

Les mines de cuivre de l'Oued-Allelha près Tenès, celles de Blidah et de Mouzaïa ont envoyé à l'Exposition de très-beaux échantillons de minerais et de produits de leurs exploitations.

L'exposition de la compagnie des mines de Kef-Oum-Theboul comprend des minerais de plomb auro-argentifère, des terres métallifères contenant également du plomb, de l'or et de l'argent, des litharges, des saumons de plomb raffiné, des saumons de plomb antimonieux, un tableau représentant la coupe de la mine et l'état des gisements, ainsi que des tableaux indiquant la richesse des minerais et les quantités de marchandises livrées au commerce, de 1851 à 1855, tableaux que les visiteurs consultent avec intérêt.

Les compagnies de l'Alelik et de Mouzaïa, outre leurs expositions, ont envoyé des vues de leurs établissements. Celui qui n'a pas visité l'Algérie peut se faire une idée des aspects pittoresques de ce merveilleux pays au ciel bleu, aux arbres toujours verts, aux larges plaines toujours émaillées de fleurs et séparées par des chaînes de montagnes d'un aspect grandiose ou pittoresque. Les vues exposées sont complètes, et l'on peut au besoin y suivre les différentes opérations de l'exploitation ; l'une montre la mine, les hangars de triage et de lavage, celle-ci les machines à vapeur pour l'extraction, le broyage ou l'épuisement ; celle-là, embrassant l'ensemble de l'exploitation, rappelle le village, les bureaux, la population européenne se mêlant, se croisant avec la population indigène ; pour celui qui, au contraire, a vécu quelques années dans ce beau pays, dans cette terre promise, ces images topographiques, ces vues panoramiques, sont de bons souvenirs qui le rappellent vers ces lieux enchanteurs dont on conserve une éternelle nostalgie.

COMMERCE. — STATISTIQUE.

L'Algérie a exporté, valeur :	1857		1858
Minerais de fer	210,255 fr.	—	520,514 fr.
— de cuivre	141,556	—	170,440
— de plomb	1,687,535	—	1,463,446
— d'antimoine	16	—	572

Pour compléter les renseignements qui précèdent nous donnons ci-après, sur les minéraux des trois provinces de l'Algérie, quelques notes que nous devons à l'obligeance de notre ami M. Salomon, Inspecteur de colonisation à Tlemcen. Nous rappellerons, à cette occasion, le précieux concours que M. Salomon a bien voulu prêter à l'Exposition permanente en se chargeant, pendant son séjour à Paris, de la classification méthodique des minéraux de l'Algérie et des Colonies, dont il a lui-même offert une riche collection recueillie par ses soins dans ses courses aux environs de Tlemcen.

PROVINCE D'ALGER.

Mines de *Ténes*. — Nombreux échantillons de cuivre pyriteux amorphe et cristallisé, fer carbonaté et autres matières accessoires des riches filons de cette localité. Echantillons de cuivre rosette provenant du traitement des minerais.

Mines des *Beni Hidja*, du *Djebel-Haddid*, de l'*Arba*, de *Sidi-Bou-Aissi*, de l'*Oued-Bou-Halou*, de l'*Oued-Taffilet*, offrant des cuivres pyriteux, des cuivres gris, des minerais de fer.

Mines de *Mouzaïa*. — Cuivre gris arsénifère, cuivre natif, lingots de cuivre rosette et objets confectionnés, produits salins obtenus dans le traitement des minerais, nickel gris arsenifère et argentifère.

Mines de l'*Oued-Réhann*, du *Zaccar-Rharbi*, de l'*Oued-Adelia*, d'*Aïn-Sultan*, de *Bouzaréah*, *Pointe-Pescade*, *Soumah*, *Oued-Aïdouss*, *Hammam-Rhira*, *Oued-El-Kebir*,

Dalmatie, présentant à l'exploitation des cuivres pyriteux, du fer oligiste, des minerais de fer hydraté, des calamines, sulfures de plomb, etc., etc. Et le *Gisement de l'Oued-Merdja*, riche en cuivres pyriteux d'assez bonne qualité.

PROVINCE D'ORAN.

Les riches et belles galènes argentifères et les cuivres pyriteux de *Gar-Roubah* dont l'exploitation emploie dès à présent plus de 900 ouvriers.

Le précieux gisement de calamine de *Maazis*, destiné par l'abondance et la qualité supérieure des matières qu'il renferme, à remplacer prochainement la fameuse exploitation de la vieille montagne tout à l'heure épuisée.

Les plombs argentifères de *Tléta*; les précieux minerais de fer hématite et oligiste du *Djebel-Moussa*, du *Djebel-Tassa*, du *Djebel-Arouese*, d'*El-Mansour*; et le singulier assemblage de minerais de diverses sortes du *Djebel-Toulah*.

Les lignites d'*Hadjar-Roum*.

PROVINCE DE CONSTANTINE.

Soufre,

Sulfure de mercure du *Djebel-Gruyer*, de *Taya* et d'*Hammimat*; mercure et chlorure de mercure obtenus du traitement.

Antimoine sulfuré de *Guelma*, de *Taya*, du *Djebel-Gruyer*, sulfure et oxyde d'antimoine d'Hammiamat, régule obtenu du traitement de ces minerais.

Les cuivres pyriteux du *Djebel-Mellaha*, du *Djebel-Teliouine*, d'*Aïn-Barbar*, d'*Aïn-Mazig*.

Les galènes argentifères, les blendes, etc. de la riche mine de *Kef-Oum-Theboul*.

Les précieux minerais de fer des environs de *Bône* dont la qualité est considérée comme égale aux meilleurs minerais de *Suède*, accaparés par les Anglais pour la fabrication de leurs aciers.

Des échantillons de produits des usines de l'*Alelik* sont exposés dans une vitrine.

Enfin les lignites du *Camp-de-Smendou*.

BESOINS DE LA FRANCE.

La France importe annuellement, en moyenne; valeur :

Antimoine	de 2 à 500 mille francs.
Cuivre	50 millions.
Fer, fonte et acier	30 millions.
Mercure	
Plomb	15 millions.
Zinc	15 millions.

EXPOSANTS.

LEFEBVRE et Cie, à Alger. Plomb de chasse.

MINES DE GAR-ROUBAN, province d'Oran. Minerai de cuivre, cuivre.

MINES DE KEF-OUM-THEBOUL à la Calle. Minerais de plomb, acier-argentifère, plomb-argentifère, minerai de cuivre, cuivre.

MINES ET HAUTS FOURNEAUX DE L'ALELICK à Bône. Minerais et fontes aciéreuses.

MINES DE MOUZAÏA. Minerais de cuivre, cuivre de première fusion, cuivre natif, etc., nickel.

MINES DE TENÈS. Minerais de cuivre, cuivre.

SALOMON, inspecteur de colonisation, à Tlemcen. Collection de minéraux.

SERVICE DES MINES de la province d'Alger......... Collection des minerais divers.

D° de la province d'Oran......... D°

D° de la province de Constantine... D°

IIe SECTION,

Substances non-métalliques.

Si le docteur Shaw a été mal renseigné au sujet des richesses métallurgiques de l'Algérie, il l'a été bien plus encore sous le rapport des marbres ; la compagnie qui exploite les carrières du Filfila expose des marbres blancs remarquables, analogues à ceux de Carrare, marbres statuaires saccharoïdes, translucides, faciles au travail, ne laissant rien à désirer sous le rapport du grain ; des marbres bleu-turquin, bleu fleuri, rose, veinés noir, rouge, jaune antique veiné de petits filets noirs, ainsi que des marbres blancs semi-cristallisés, veinés jaune ou rouge plus ou moins foncé, qui semblent attester que c'était là, au Filfila même, qu'existait ce fameux marbre numidique, si précieux, si renommé, qu'on a perdu aujourd'hui, mais qu'un heureux colon retrouvera un jour ou l'autre, comme déjà dans la province d'Oran a été retrouvé l'onyx translucide qui a tant d'analogie avec l'albâtre antique des Romains et les plus beaux albâtres de l'Egypte, mais qui l'emporte sur tous par la dureté.

L'onyx translucide est le produit des anciennes carrières romaines perdues depuis 428, à l'époque de l'invasion des Vandales ; le terrain qui le recèle est situé à 3 kilomètres environ du sud d'Aïn Techalek, sur le ruisseau de l'Oued Abdella qui le traverse, et les Arabes le désignaient sous le nom de *Blad-Acham* (pays des marbres). Des échantillons d'un poli admirable, d'une grande transparence, d'une variété immense de tons, depuis le blanc neigneux pur ou coloré de rose et d'incarnat ; le jaune clair ou foncé, le brun, le vert translucide comme la nappe de l'océan, jusqu'aux aspects argentés et irrissés de nacre, des échantillons admirables de pureté et de proportion permettent d'apprécier tout ce que l'art et l'industrie pourront tirer pour l'ornementation des édifices et la confection d'objets de luxe de ce précieux produit.

Deux étagères supportent des pendules, des vases, des coupes, des garnitures de cheminées, des jardinières, des coffrets à bijoux, etc., collection très remarquable d'objets d'art dont l'onyx translucide est la matière première.

A ces marbres viennent se joindre encore d'autres variétés : des marbres gris veinés de rouge, analogues à la brocatelle, provenant du cap Matifoux ; du rouge antique ; du marbre noir de Sidi-Yaya d'un grain très-fin et susceptible d'un beau poli ; du marbre vert antique, très-fin, très-riche, provenant d'Aïn Madog ; du rose veiné et du rouge acajou d'Aïn Ouïnkel, du Port-Or, provenant des gisements situés entre Oran et Mers-el-Kebir ; des siliceux verts, c'est-à-dire une variété de marbres des plus complètes, et qui trouveront à s'écouler, non-seulement en France, mais dans le monde entier.

L'Algérie ne possède pas que des marbres ; elle renferme dans son sein, en abondance et de qualité supérieure, la plupart des substances minérales d'une grande importance pour l'industrie ; la houille seule n'a pas été trouvée, mais l'on ne désespère pas de la découvrir, car beaucoup de terrains en Algérie, présentent les caractères géologiques des terrains houilliers.

Les substances minérales non métalliques dont les échantillons figurent dans les vitrines de l'exposition, sont : Les granits, les gneiss et les porphyres de la Seybouse, du Filfila, de la Voile noire et du Cap de fer ; les gypses qui se trouvent en abondance dans les trois provinces, le sel marin et le sel gemme si précieux en agriculture, les lignites et anthracites dont les gisements de Smendou pourraient être exploités pour la consommation locale et le chauffage de Constantine dont les environs sont dépourvus de bois ; la pouzzolane dont l'île de Rachgoun possède un gisement considérable ; enfin, l'ardoise, l'argile à brique et à poterie, les marnes bitumeuses de Boghar, le salpêtre, le sel gemme si utile en agriculture, les calcaires hydrauliques, les pierres meulières, les grès pour pavage, les pierres à fusil, la pierre lithographique, des pierres précieuses parmi lesquelles les grenats de Bône, le diamant dont quelques échantillons ont été recueillis dans les sables du Rummel, les chalcédoines, les tourmalines et les émeraudes de la haute vallée de l'Harrach ; enfin, nous trouvons encore la terre à foulon, la terre à porcelaine provenant de la province d'Oran, et le soufre qui se trouve dans les trois provinces.

Une seconde vitrine contient des échantillons provenant du forage des puits artésiens des oasis de l'Oued-Rir'.

Chaque puits est désigné, et l'on peut suivre les progrès de la sonde, les couches différentes qu'elle a traversées pour arriver jusqu'à l'eau : couches de sable, d'argile, de calcaire ;

que le géologue étudiera avec le plus grand intérêt, pour connaître à quelle formation appartient cette mer de sable qu'on appelle le Sahara algérien ! Qui sait si, le jour où le désert n'aura plus de secret pour la science, sa conquête ne sera pas faite? si la civilisation ne viendra pas s'y établir, le planter d'arbres, faire jaillir de son sein des sources d'eau vive, y jeter des milliers d'hommes qui, trouvant à vivre sur cette terre aujourd'hui stérile, repousseront bien plus loin, et finiront par envahir entièrement la barbarie qui y règne encore presque en souveraine?

Déjà, grâce à la sonde des ingénieurs, qui a doté les oasis de puits artésiens, la France règne sur des tribus qui avaient repoussé toutes les dominations qui ont possédé le littoral. En Afrique, comme partout où elle a mis le pied, la France a accompli sa mission généreuse et divine, qui est d'instruire, de protéger et d'affranchir !

Quand partout, du nord au sud, de l'Orient à l'Occident, la civilisation moderne aura accompli son œuvre, dans la médaille comémorative que les peuples feront frapper pour perpétuer cette œuvre sainte, on placera la France sur un trône d'or, la main gauche appuyée sur une épée, la main droite élevée, portant le lumineux flambeau qui éclaire le Monde.

Enfin, dans cette section, on peut placer les eaux minérales et thermales très-nombreuses qui doivent un jour, — l'admirable climat dont jouit l'Algérie aidant, — attirer dans notre Colonie de nombreux étrangers qui viendront demander la santé à ces eaux dont les Romains connaissaient l'efficacité, si nous en jugeons par de nombreuses ruines de bains et de piscines qu'on retrouve à l'endroit où sourdrent les eaux.

COMMERCE. — STATISTIQUE.

L'Algérie a exporté, valeur :	1857	1858
Marbres..................................	»	845
Pierres, terres, etc..........................	12,821 — fr.	8,043 fr.

BESOINS DE LA FRANCE.

La France importe en moyenne, valeur :
Marbres.. 4 à 5 millions.
Pour mémoire : sel gemme, pouzzolane, pierres lithographiques, etc.

EXPOSANTS.

Dolisie au Filfila. Variété de marbres.
Fabre à Bône. Tuile et brique.

Guenoz à Constantine. Pierre lithographique.

Laurent et Cie à Paris. Echantillons de terres provenant du forage des puits artésiens de l'Oued-Rir. — Le service des mines de la province d'Alger. Collection de substances minérales non métalliques. — Le service des mines de la province d'Oran. Même collection. — Le service des mines de la province de Constantine. Même collection.

Pallu et Cie à Paris. Onyx translucide. — Objets d'art en onyx.

TROISIÈME SÉRIE.

ANIMAUX ET PRODUITS ANIMAUX.

PREMIÈRE SECTION.

Laines et poils.

La race ovine est très-répandue en Algérie et forme presque la seule richesse des Sahariens. Au point de vue industriel, c'est une ressource immense pour la Métropole ; l'Etranger fournit à la France environ pour 50 millions de laines chaque année. Un article du *Moniteur*, que nous avons sous les yeux, porte à 60 ou 80 millions le chiffre des laines que les manufacturiers français doivent un jour demander à notre Colonie.

Dans un travail que nous avons publié précédemment sur l'*agriculture en Algérie* (1), nous disions à ce sujet : Il n'est guère de terrains et de climats plus appropriés à l'élève des bêtes à laine que ceux de l'Algérie ; les bêtes ovines prospèrent mieux dans un climat chaud et sec que dans un climat humide, de même que pour nourriture, ces animaux se contentent parfaitement de fourrages secs ; enfin, les fourrages venus sur des terrains salins, comme on en rencontre partout en Algérie, renferment des qualités précieuses pour l'alimentation des races ovines ; aussi les troupeaux de bêtes à laine souffrent bien moins que ceux des bêtes à cornes.

Les moutons mérinos, si recherchés pour la finesse de leur toison, sont originaires, du reste, du Nord de l'Afrique, et ont été introduits au quatorzième siècle en Espagne, par le Maure

---

(1) *Étude sur l'agriculture et la colonisation de l'Algérie*, par Émile Cardon, 1 vol. in-18 ; prix : 1 fr. 50 c. Librairie internationale, 110, rue Richelieu.

Ben-Zeragh. Soignée avec intelligence en Europe, cette race n'a fait que s'améliorer, tandis qu'en Afrique elle a continuellement dépéri.

Cependant, en examinant les individus qui composent les troupeaux arabes, on retrouve encore des sujets qui présentent tous les caractères de la race mérinos pure. « C'est surtout, dit M. Solange Bodin, par la toison que cette espèce se distingue et s'éloigne le plus des autres races. Tout le corps de l'animal est quelquefois couvert de laine, sur les aisselles, le plat des cuisses et le bout de la face. Sale et noirâtre à l'extérieur, le tissu semble n'être composé que d'une seule pièce, ne s'ouvrant pas quand la bête est en mouvement; à l'intérieur, elle est composée de mèches blanches, épaisses, ondulées, à brins très-fins, très-élastiques, enduits d'un suint très-abondant, rarement jarreuses. »

Une commission, il y a quelques années, a formulé les principales mesures à prendre pour améliorer la race ovine; un choix a été fait parmi les variétés qui se trouvaient mêlées; celles qui présentaient tous les caractères des mérinos ont été séparées; on a réformé les brebis vieilles ou de laine de qualité médiocre, on a châtré des béliers impropres à la reproduction ou inutiles, on n'a conservé que des bêtes de choix pour former un troupeau modèle de dix-huit cents têtes réunies à Laghouat; ce troupeau a été créé par les soins de M. le maréchal Randon; un lainier qui figure à l'Exposition permanente renferme les échantillons des produits de ce troupeau.

Un autre lainier, digne d'être cité, est celui de M. Bernis, qui se compose de quinze cartons et de 1,408 échantillons de laines prises dans les troupeaux des différentes tribus de l'Algérie. Enfin, parmi les éleveurs, nous citerons M. Bell, lieutenant de vaisseau en retraite, à Cherchell, qui a envoyé un carton contenant des échantillons des produits de son troupeau.

L'Exposition permanente renferme en outre des laines provenant des trois provinces et de différents éleveurs. Cette collection est très-intéressante, soit comme laines en suint, lavées, peignées et filées; plusieurs de ces produits ont reçu des récompenses aux différentes expositions de l'industrie de 1849, universelles de Londres et de Paris ainsi qu'au concours national et général d'agriculture en 1860.

Des échantillons nombreux d'étoffes tissées avec les laines d'Algérie font ressortir clairement les avantages que la manufacture peut retirer de la matière première algérienne, soit pour la fabrication de produits intermédiaires, soit dans les qualités supérieures.

On doit à l'initiative du Ministre de la guerre des essais très-intéressants sur l'emploi industriel de la toison du chameau algérien. Cinquante toisons ont été mises à la disposition d'un manufacturier, M. Davin, et l'on peut voir dans une des vitrines les résultats qu'il a obtenus. Les étoffes nouvelles, qui n'empruntent rien à la teinture, ont conquis dès leur apparition tous les suffrages; à la finesse le tissu, joint la fermeté; doux au toucher, il possède une certaine force et peut résister à une pluie d'averse, qualité précieuse pour la confection des draps d'été et d'amazone. Avec les blousses et les déchets, M. Davin a fait confectionner un tissu analogue au drap velours Montagnac, qui attire tous les regards et est destiné très-certainement à une très-grande faveur pour faire des paletots. Le tissu est très-épais, doux au toucher comme du cachemire, d'une grande légèreté en même temps que très-chaud et imperméable. Ces essais, on le voit, méritent d'être signalés, et nous ne les laisserons pas passer sans reconnaître hautement toute l'intelligence et l'habileté déployées par M. Davin pour tirer un parti convenable de la toison du chameau.

Des toisons de chèvres angora, acclimatées en Algérie, complètent l'exhibition des produits appartenant à cette section.

COMMERCE. — STATISTIQUE.

L'Algérie a exporté, valeur :	1857		1858
Laines en masses..................	5,189,848 fr.	—	1,344,164 fr.

BESOINS DE LA FRANCE.

La France importe annuellement, en moyenne, valeur :
Laines en masses ou peignées........................... 50 millions.

EXPOSANTS.

ADAH au Tlélat. Laines indigènes et de croisement.

BARNOIN à Constantine. Laines indigènes de Bisk'ra, des Ouled-Naïl, des Haraclas, des Ouled-Zenati, de Tebessa, des Ouled-Amar, etc. — BELLE à Cherchel. Echantillons de laines. — BONFORT à Oran. Laines indigènes, de croisement et mérinos. — BERNIS à Alger. Collection de laines des diverses tribus de l'Algérie, toison d'angora et de mérinos, laines du troupeau d'El-Aghouat.

COSTERISAN à Sidi-Ali. Laines en suint. — CLAIREFODS à Pélissier, id.

DAVIN à Paris. Etoffes en poil de chameau. — DU PRÉ DE SAINT-MAUR à Arbal. Laines indigènes, de croisement et mérinos.

Fruitié à Chéragas. Toison de chèvre d'angora.
Goby à Blidah. Laines indigènes et de croisement.
Joly de Bresillon à..... Couvertures et haïck
Nicolas Frédéric à Guebar-Bou Aoussa. Toison.
Pelletier à Oued-El-Halleg. Toison de belier-mérinos.
Régis à Oran. Laines en suint.
Sauvage à Samilloud. Laine peignée et filée. — Sœur Ursule Jacquot à Bône. Toisons.

IIe SECTION.

Soies.

S'il est une industrie vraiment française en Algérie, c'est celle des soies : plantation des mûriers, éducation des vers à soie, c'est la colonisation française qui a tout fait. Du reste, le succès avéré et constant obtenu par cette industrie tient aux conditions mêmes du sol et du climat. Le mûrier y croît vigoureusement et sans crainte des gelées ; le climat, sans variation et sans orages, convient admirablement au ver qui y vit et y travaille comme en Chine et aux Indes, c'est à-dire dans ces contrées favorisées dont l'artisan de la soie est originaire.

Malheureusement, comme en France, comme en Piémont, comme en Syrie, comme dans la majeure partie des Pays producteurs de la soie, les vers à soie ont été atteints de la gatine depuis plusieurs années en Algérie, et l'industrie séricicole, qui promettait déjà de prendre un important développement dans la Colonie, s'est vue entravée dans son essor ; mais, cesse la maladie et la sériciculture ne tardera pas à reprendre faveur parmi les colons.

Dans un travail publié par M. Louis Reybaud au moment de l'Exposition universelle, nous trouvons que les soies fournies aux fabriques par l'agriculture française s'élèvent en moyenne à 150 millions de francs, et que ces fabriques en tirent pour une somme au moins égale, sinon supérieure, de l'Etranger ; et qu'à Lyon le nombre de métiers atteint le chiffre de 60 à 65,000. Pour mieux juger de l'importance de l'industrie des soieries, nous empruntons textuellement à ce travail quelques chiffres sur la fabrication générale de la France ; ces chiffres, d'après M. Reybaud, assujettis à toutes les incertitudes des documents administratifs, varient suivant les auteurs et ne sauraient être qu'approximatifs. « Il y a dix ans, écrivait le savant économiste, membre de l'Institut, les états officiels portaient à 406,377,455 fr. la valeur des soieries annuellement fabriquées; aujourd'hui on est fondé à l'élever à un demi milliard, et à 160,000 le nombre des métiers en exercice. En 1853 l'exportation des tissus de soie a atteint le chiffre de 396 millions, ce qui représente le double à peu près de la valeur des autres tissus vendus au dehors. »

Cet extrait nous permet d'apprécier le rôle que l'Algérie est appelée à jouer dans l'industrie des soieries, la place qu'elle peut prendre dans l'alimentation de nos métiers, les services qu'elle peut rendre à la Métropole qui, nous le répétons, demande annuellement à l'Etranger pour plus de 150 millions de matières premières. Les soies algériennes sont assimilées par le commerce lyonnais aux plus belles soies des Cévennes. A l'Exposition universelle, le jury international a rendu hommage à la beauté et à la perfection de ce produit dont le chef d'une des principales maisons de Lyon, M. Duseigneur, avait dit : « Tout le monde remarquera la beauté des soies de l'Afrique envoyées à l'Exposition universelle, mais le consommateur seul peut en apprécier tout le mérite et comprendre à quel point il est désirable que cette industrie se développe en Algérie. Chargé du placement des soies de l'Algérie depuis la fondation de la filature centrale d'Alger, si habilement dirigée par M. Hardy, notre tâche a été constamment facile. Aujourd'hui ses produits sont placés en première ligne, et leur production est loin de fournir aux demandes qui nous sont journellement faites; nous avons, pendant la durée de cette saison, réalisé l'organsin ouvré dans l'usine de M. Blanc Baratier, de Mirande, à la parité pour le moins des belles filatures des Cévennes. Nous envoyons pour l'exposition deux essais de ladite grège, en faisant remarquer que les renseignements sur son dévidage dépassent ce qui, d'ordinaire, est exigé pour établir la parfaite qualité d'une soie, c'est-à-dire l'indication *bonne propre*, puisqu'elles ont obtenu la dénomination de *très-bonne-propre.* »

Que pouvons-nous ajouter au témoignage d'une autorité plus compétente que nous en cette matière?

Du reste l'Exposition renferme une collection de soies manufacturées; l'échelle part du florence le plus humble pour monter au brocart et au velours le plus somptueux. Ni la variété, ni la richesse ne manquent à cette exhibition, elle réunit tous les genres et porte l'empreinte du puissant travail industriel qui a fait tant et de si immenses progrès depuis cinquante ans, et donné à la France une supériorité réelle, incontestable et incontestée.

Cependant qu'on nous permette d'ouvrir ici une parenthèse.

La France industrielle occupe sur les marchés du monde une place importante, elle jouit d'un empire sans partage, et ce rang qu'elle occupe aucune nation ne peut le lui enlever. C'est une vérité que les Expositions universelles de Londres et de Paris ont victorieusement démontrée. Mais cette supériorité n'existe, comme l'a dit M. Louis Reybaud, que pour les produits qui exigent plus d'art que d'industrie, la France alors s'élève d'autant plus que l'art y tient plus de place et l'industrie moins. Les industries étrangères tendent au contraire à ne mettre dans les objets de consommation usuelle que ce qui est indispensable d'y mettre, et de produire dans de telles proportions que le coût en est nécessairement diminué. Pour favoriser l'essor de leur industrie, ces puissances se sont toujours préoccupées des moyens de se procurer des matières premières en abondance et à un prix aussi bas que possible. Voyez l'Angleterre, pour les cotons, pour les laines, pour les soies, elle a su se créer des ressources qui lui sont propres, et dans l'exportation générale, nos produits sont aux siens comme un est à trois ; elle a sur nous l'infériorité des prix, malgré l'égalité de la qualité. Nous ne reprenons nos avantages que dans les articles façonnés. Que l'Angleterre perde l'empire des Indes, qui fournit de si précieuses ressources à ses manufactures, le prestige de sa supériorité industrielle disparaît. Que la France trouve en Algérie, en abondance et à des prix plus réduits, les matières premières qui lui font défaut et qu'elle demande à l'étranger, alors elle peut soutenir partout la concurrence ; à la supériorité qu'elle possède déjà pour les produits de luxe, vient se joindre un nouvel élément de force et de richesse, la production à bon marché, et sur aucun marché du monde elle n'a plus à craindre de rivale ? Les précieuses ressources qui permettront à la France de s'élever encore plus haut, c'est l'Algérie qui doit les fournir. L'Algérie fournira des soies à un prix aussi réduit que les soies que l'Angleterre retire du Bengale ; elle donnera à la France des laines aussi belles que les laines de *Southdown*, de *Dishley* et de *Costwold*, que l'Angleterre trouve dans ses bergeries ; l'Algérie lui donnera le coton, la teinture, toutes ces matières qui favoriseront l'essor de son industrie. Enfin elle sera un jour, comme l'a dit M. le Ministre de la guerre, les Indes de la France.

Théophile Gautier, a appelé le présent la matrice où se procrée l'avenir ; avant de chercher quel parti l'industrie française a tiré des matières premières de l'Algérie, nous avons voulu montrer quelles conséquences l'exploitation régulière, constante des richesses de notre Colonie pourrait avoir pour la France. Ces quelques mots nous permettront de passer rapidement sur les produits manufacturés que nous avons à examiner.

Ceci dit, nous fermons notre parenthèse et nous revenons aux soieries exposées.

La véritable industrie française et nationale, c'est sans contredit celle des soies et des soieries. La France possède ici une suprématie à laquelle tous les marchés du monde paient un tribut légitime et justifié, et qui lui permet de porter hardiment un défi à l'étranger. C'est un fait d'autant plus remarquable, que les prééminences industrielles s'expliquent généralement par des conditions naturelles inhérentes au sol par des causes locales dont chaque pays a su tirer parti : tandis qu'en France, pour l'industrie de la soie, aucune de ces conditions n'existe, et qu'on a dû tout emprunter à l'étranger, depuis le mûrier jusqu'au ver à soie ; il a fallu acclimater l'arbre ; et le producteur ne vit, livré à la première variation atmosphérique, qu'au moyen de soins assidus et d'une température artificielle. Cette supériorité, acquise par la France, à quoi tient-elle? « Au génie humain seul, dit M. Reybaud, et à une faculté particulière du génie français. Le goût, ce fruit du sol gaulois, le juste sentiment de l'art, qui, au milieu de quelques déviations, est resté l'attribut de notre race, ont, dès l'origine, animé cette fabrication, et l'ont maintenue ensuite au dessus de toutes les rivalités. »

Nous avons vu, au contraire, que l'Algérie était éminemment propre à la culture du mûrier, ainsi qu'à l'élève du ver à soie ; aussi les produits de notre Colonie sont-ils recherchés par l'industrie lyonnaise, qui en fait un emploi très-avantageux. Nous avons vu les cocons, voici les soies gréges à qui les essayeurs publics de Lyon donnent « les notes de *tourne* « *bien* et *très-bonne propre*, ce qui est, en fabrique, le plus « grand éloge que l'on puisse faire d'une soie grége. »

que de se reconnaître. Par où commencer et par où finir? sur quel produit s'arrêter de préférence? Les soies exposées sont les premières du monde, car elles marchent en première ligne avec les plus beaux produits des Cévennes, quand elles ne les surpassent pas. L'expérience est facile, il suffit de prendre un écheveau des soies exposées dans les vitrines, de le déplier, d'examiner la rondeur du brin, la netteté et la régularité du fil, et l'on reconnaîtra facilement que les soies algériennes sont plus égales, plus suivies, plus fines et plus fortes à la fois que les plus beaux échantillons français ou étrangers.

Quant aux produits obtenus avec cette soie, l'Exposition ne laisse rien à désirer; il y a un assortiment complet dans tous les genres, velours, tissus brochés, façonnés, quadrillés, unis, brocards, satins, étoffes pour ameublements, pour robes, pour gilets ou cravates, rubans de soie ou de velours, peluches, brocatelles, tout cela réunissant la richesse de la matière à la perfection du travail ; tous les cris d'admiration qui saluaient l'industrie lyonnaise aux expositions de Londres et de Paris, on doit les reproduire aujourd'hui, et, comme l'écrivait M. Louis Reybaud, que nous avons déjà cité et que nous reproduisons encore, parce que son opinion a plus de poids que la nôtre : « il est impossible d'arriver, dans la série des étoffes façonnées, dans les tentures, dans les décorations d'appartement, à une beauté plus naturelle et plus grandiose, à une plus merveilleuse entente des couleurs. Rien ne pêche, rien ne jure, tout porte le cachet d'un art qui se possède jusque dans ses hardiesses, d'un goût réfléchi et sûr de sa puissance, de ce sentiment de l'harmonie et de la forme sans lequel il n'y a point d'œuvre vraiment achevée! »

Au milieu de ces magnificences, l'œil se trouble. A qui donner la préférence? aux satins si éclatants de la maison Heckelams et compagnie, ou aux brocatelles confectionnées avec des soies de la province d'Oran par la maison Godemar, Meymer-Delacroix ; aux veloutines de MM. Matheron et Bouvard, ou aux étoffes brochées de MM. Lemire père et fils? Quel choix faire parmi toutes les merveilles de l'industrie? L'hésitation est permise, d'autant plus que nous ne sommes pas juge ici. Bien des noms se présentent à nous ; bien des produits, que nous passons sous silence, et pour lesquels nous serions forcé de reproduire les mêmes éloges : Du reste, le visiteur, qui s'arrête quelques instants devant les vitrines, apprécie mieux toutes les richesses ressemblées que nous ne pourrions le faire, quand nous consacrerions cent pages à les décrire!

COMMERCE. — STATISTIQUE.

L'Algérie a exporté, valeur :	1857.	1858.
Soies..................................	45,777 — fr.	85,733 fr.

BESOINS DE LA FRANCE.

La France importe, en moyenne, valeur :
Cocons, soies grèges, moulinées ou teintes............... 150 millions.

EXPOSANTS.

GILLES à Bermandreïs. Soies grèges. — GOBY à Berbessa. Cocons de *Bombyx cinthia*.
HŒRING, directeur de la pépinière de Bône. Soies blanche et jaune
MORIN à El-Biar. Cocons blancs et jaunes, soies grèges.
PÉPINIÈRE CENTRALE D'ALGER. Cocons (plusieurs variétés), soies grèges, soies grèges filées. Bombyx cinthia.
SIERKPUTOWSKI à Cherchell. Cocons de vers à soie. — SŒUR URSULE JACQUOT à l'orphelinat de Bône. Soies blanches et jaunes, cocons de vers à soie.
TESTUD à Novi. Concons de vers à soie.

IIIᵉ SECTION

Cuirs et Peaux.

Les peaux des bœufs, moutons, chèvres, etc., sont non-seulement préparées en Algérie pour la consommation locale, mais déjà il s'en exporte une certaine quantité en France et en Europe.

Parmi les cuirs exposés, l'envoi de M. Coopmann, président de la Chambre de commerce de Constantine a mérité une mention particulière.

L'Algérie offre à la pelleterie des peaux de lions et de panthères très recherchées, mais très rares, car ces animaux sont bien moins communs dans notre Colonie que l'amour-propre des chasseurs, toujours sujets à amplification, voudrait le faire croire. Les peaux de hyène, de chacal, de lynx, de raton, sont plus communes, mais moins estimées. La dépouille de quelques oiseaux aquatiques, le cygne, la grèbe, le flamant, fournissent des produits recherchés.

Enfin les dépouilles d'autruche atteignent en France des prix assez élevés.

COMMERCE. — STATISTIQUE.

L'Algérie a exporté, valeur : 1857. 1858.
Peaux brutes........................ 3,244,302 — fr. 1,547,041 fr.

BESOINS DE LA FRANCE.

La France importe, en moyenne, valeur :
Peaux et cuirs.. 40 millions.
Pelleteries et fourrures.................................. 5 millions.
Plumes.. 1 million.

EXPOSANTS.

Chambre de commerce de Constantine. Peaux de moutons et de chèvres. — Coopmann à Constantine. Cuirs préparés par l'oignon de scille maritime.

IVe SECTION

Cires et Miels.

La science apicole est peu avancée en Algérie ; cependant l'apiculture est appelée à un bel avenir dans une contrée où les abeilles ont, à leur disposition, une des plus riches flores du monde. Quelques échantillons de miel ont pourtant une assez belle apparence ; quant à la cire l'Exposition en possède différents échantillons, les uns à l'état brut, c'est-à-dire d'un brun foncé comme la préparent les indigènes, les autres épurés, enfin quelques-uns sous forme de cierges et bougies historiés et diversement colorés.

COMMERCE. — STATISTIQUE.

L'Algérie a exporté, valeur : 1857. 1858.
Cire brute.............................. 191,322 — fr. 85,334 fr.

BESOINS DE LA FRANCE.

La France importe, en moyenne, valeur :
Cire.. 1 million fr.

EXPOSANTS :

Adam au Tlélat. Cire Jaune.
Chambre de commerce de Constantine. Cire jaune et cire blanche.
Les Indigènes de Tlemcen. Cire en pains. — Les Indigènes de la province d'Alger. Cierges algériens.
Maklouf-Khalfoun à Oran. Cire. — Muley-Mohamed à Tlemcen. Miel.
Picquart à Gastonville. Cire.
Souyat à Gastonville. Cire.
Trapistes de Staouëli, près Alger. Miel.

Ve SECTION

Os. — Cornes. — Écailles, etc.

Dans cette section nous trouvons d'abord les os, sabots et cornes de bétail employés soit dans la tabletterie, soit pour la fabrication du noir animal ; viennent ensuite les dépouilles de tortues qui fournissent l'écaille.

Aujourd'hui que le Sahara vient enfin d'être ouvert au commerce européen, par le décret du juillet dernier, les caravanes du Soudan au lieu de se diriger sur le Maroc et la Tunisie, vont prendre la route d'Alger, l'ivoire et les dents d'éléphants vont devenir l'objet d'un commerce important.

COMMERCE. — STATISTIQUE.

L'Algérie a exposé, valeur :	1857.	1858.
Os, cornes et sabots de bétail...............	226,444 — fr.	164,045 fr.

BESOINS DE LA FRANCE.

La France importe, environ, valeu, :
Os, cornes et sabots de bétail.......................... 5 millions

---

VIe SECTION

Produits tirés des eaux.

Le corail est l'objet le plus important de cette section.

Le corail *(corallium)* est une des plus belles et des plus précieuses productions de la mer; les naturalistes le rangent dans le règne animal, en tête des zoophytes, c'est-à-dire des animaux plantes; il se présente aux pêcheurs sous l'apparence d'un arbriseau ramifié, sans feuilles, en substance rouge ou rose, dure, compacte, pleine et solide. Le corail a l'homogénéité, la dureté et l'éclat des agates; il se polit comme les gemmes, et brille comme le grenat avec les teintes du rubis.

Le corail se trouve dans presque toute l'étendue de la

M

corail est le plus beau et le plus répandu; on ne l'y trouve guère près des rives; il lui faut au moins, dit M. Bory de Saint-Vincent, un fond de trente mètres et les petites forêts qu'il y forme descendent jusqu'à deux cents.

Depuis le seizième siècle que des négociants de Marseille commencèrent la pêche du corail dans le golfe de Stora, cette industrie se perpétua sous le patronage du Gouvernement et avec des chances diverses de succès, au profit de l'industrie et du commerce de Marseille. En 1750, la Compagnie française qui exploitait cette pêche, employait 25 bateaux, et recueillait chaque année 30 à 35,000 kilogr. de corail d'une valeur de plus de un million de francs. Ce corail était revendu par les fabriques de Marseille au prix de cinq millions, ce qui constituait un bénéfice de quatre millions pour les travailleurs métropolitains.

La suppression du privilége exclusif de la pêche en 1791, commença la décadence de la pêche et de l'industrie du corail en France qui passèrent entre les mains des étrangers. Naples, Gênes, Livourne héritèrent des avantages qu'elles nous procuraient; depuis vingt-cinq ans, il n'y a plus guère que les bateaux étrangers qui font la pêche du corail sur les côtes algériennes.

On cherche depuis quelques années surtout à reconquérir pour la France l'industrie qui résulte de cette pêche; on étudie les mesures utiles qui pourraient être prises pour ne point laisser aller au dehors des richesses dont la France peut tirer un excellent parti. Mais, d'après un document officiel que nous avons sous les yeux, « l'absention des pêcheurs français paraît tenir à ce que la pêche du corail ne se fait pas sans fatigues et sans périls, et à ce que nos marins, dont le nombre est généralement au-dessous des besoins de la navigation marchande, trouvent plus d'avantages et plus de bien-être dans les autres opérations maritimes. Les Napolitains, les Génois, les Sardes, les Espagnols, habitués à une nourriture plus frugale, un morceau de pain et une gousse d'ail la plupart du temps, l'emportent à cet égard sur les marins français; mais ce ne peut pas être la seule raison de leur supériorité numérique dans les travaux de la pêche; la cherté relative des armements français est une autre cause de cette situation anormale, cause qu'il importe de faire disparaître autant que possible dans l'intérêt surtout de l'industrie métropolitaine, aujourd'hui que le corail semble avoir repris partout vogue et faveur.

La création d'une marine algérienne, dont les premiers éléments se trouvent dans la création d'une école de mousses indigènes à Alger, pourra contribuer à nous faire reprendre la pêche du corail; ce but atteint nous aurions certainement, du même coup, reconquis l'industrie qui résulte de cette pêche, dont Naples, Trieste et Livourne ont maintenant le monopole.

On trouve aussi sur les côtes d'Algérie l'éponge; mais la pêche en est aujourd'hui délaissée.

La pêche du thon et des sardines et leur préparation comme conserves alimentaires dans une contrée où la production de l'huile peut être presque illimitée, peuvent aussi donner naissance à une industrie et à un commerce importants.

COMMERCE. — STATISTIQUE.

L'Algérie a exporté, valeur :	1857		1858
Corail brut........................	661,350 fr.	—	1,369,600 fr.

BESOINS DE LA FRANCE.

La France a importé d'Algérie, en 1857, corail brut environ 170,000 fr., et en 1858, environ 330,000 fr.

EXPOSANTS.

FERDINAND-VERRIER à Alger. conserves de sardines.
LOFFREDO à Bône. Corail de la Calle, corail conservé dans l'alcool.
MAKLOUF-KHALFOUN à Oran. Corail d'Oran.

VIIe SECTION

Spécimens de la Faune algérienne.

La section qui se présente à nos yeux contient le germe d'une collection très-importante et très-instructive : celle des objets d'histoire naturelle appartenant au règne animal.

L'Algérie est très-riche sous ce rapport; elle possède des lions, des panthères, des hyènes, des lynx, des chacals, des renards, des sangliers; on y trouve du gibier, depuis le cerf, l'antilope et la gazelle jusqu'au lièvre et au lapin; les oiseaux sont nombreux, et au lac Fetzara seul on rencontre un grand nombre d'espèces différentes de toute taille, de toute forme et de tout plumage, appartenant aux pays les plus divers et les plus éloignés. La classe des reptiles offre de nombreuses espèces; celle des poissons est plus considérable encore. L'Algérie possède en outre, tous les animaux domestiques que nous connaissons en France, malheureusement, les sujets qui figurent à l'Exposition, sont en bien petit nombre.

Si l'on remplissait les vides qui existent dans cette section, la salle serait trop petite et déborderait bientôt. Une assez belle collection d'oiseaux, un lion, une hyène, quelques dépouilles d'autruche, quelques flacons renfermant des reptiles, tels sont les objets qui attirent la curiosité. Mais aussi que d'animaux qui manquent et qui devraient figurer.

Il manque un lion (celui qui figure est trop jeune), une panthère, un chacal, un cerf, un antilope, une gazelle, un moufflon à manchettes, il manque des oiseaux par centaine! Et cependant les chasseurs ne manquent pas en Algérie! tout le monde y chasse, administrateurs, colons, militaires ou arabes. Que chacun des cent mille chasseurs des trois provinces tire un coup de fusil pour l'exposition permanente, et dans quelques mois, sa collection d'histoire naturelle sera complète! C'est une belle œuvre que nous indiquons aux disciples de saint Hubert. L'Algérie a des *bas de cuir* qui mettraient le sceau à leur réputation en contribuant à compléter la collection si bien commencée des richesses animales de notre belle colonie.

QUATRIÈME SÉRIE

SECTION UNIQUE

Industrie indigène. — Ethnographie.

A l'époque où l'Europe était plongée dans les ténèbres et la barbarie, l'immense empire des califes donnait au monde le merveilleux spectacle de la civilisation, et les Arabes, méprisés et méconnus aujourd'hui, jouèrent alors un rôle brillant dans la vie de l'humanité ; chez eux s'étaient réfugiés les lettres, les sciences, le commerce, et ils continuaient les glorieuses traditions des écoles d'Athènes et de Rome, enseignaient, traduisaient, et commentaient les auteurs grecs et latins : Pline, Aristote, Hippocrate, Euclide, Archimède ; par leurs armes, ils conquéraient la moitié du monde, et les peuples vaincus étaient par eux civilisés et instruits, leurs écrivains composaient des encyclopédies et des dictionnaires ; leurs architectes créaient de merveilleux palais, comme l'Alhambra et le Généralife, leurs poëtes produisaient des chefs-d'œuvre d'art et d'imagination, leurs savants ouvraient de nouvelles voies à la science et rédigeaient des traités de médecine, de mathématiques, d'astronomie, de chimie, de géographie, et ils faisaient progresser toutes les branches des connaissances humaines. Ils étaient alors pour le monde, ce que sont aujourd'hui la France et l'Angleterre. Tous les peuples et toutes les productions de l'Europe, de l'Asie et de l'Afrique, se réunissaient sur leurs marchés, et la Mecque, Médine, Damas, et Bagdad réalisaient tout ce que l'imagination peut rêver de plus riche et de plus merveilleux.

Chaque peuple apporte sa pierre pour construire l'immense édifice de la civilisation, et rappeler la part que l'Orient a prise dans l'histoire du monde, n'est pas inutile au moment où nous arrivons à la partie de l'Exposition permanente réservée aux produits indigènes.

Tandis que l'Europe avançait à pas de géant, les Arabes

sont restés stationnaires ; mais est-ce à dire qu'ils ont perdu entièrement et à tout jamais les qualités qui leur avaient fait conquérir une renommée universelle comme tanneurs, fondeurs, ciseleurs, fourbisseurs d'armes, fabricants d'étoffes et de tissus de laine, de soie et de lin? Non, et les Arabes, qui, au moyen-âge, couvraient le monde de leurs richesses industrielles, peuvent, sous l'influence européenne, reprendre la place que leurs ancêtres ont occupée si glorieusement ; car ils n'ont rien perdu de leur intelligence, de leur esprit, de leur habileté, de leur goût et de leur sentiment poétique !

Regardons ces vitrines où sont exposés les échantillons de l'industrie indigène, ou ce salon mauresque, dont Ben Sadoun, un indigène établi à Paris, a orné l'Exposition permanente, si nous voulons entrevoir comme dans les mirages d'un rêve, le luxe fabuleux et les richesses chimériques de ce merveilleux pays du soleil. Malheureusement, il y manque quelquefois une chose, le soleil qui y fait rayonner, scintiller, papilloter toutes les délicatesses des tissus, des broderies et des orfèvreries arabes.

En examinant ces vitrines, l'on se croirait dans un des bazars d'Alger ou de Tunis, dans l'une des ruelles du Bézestin de Constantinople, où se trouvent entassés pêle-mêle les haïks, les babouches, les robes, les calottes, les caftans, les écharpes, les tapis, les instruments de musique, les armes.

Par où commencer une description? Il y a là des objets appartenant à toutes les classes de la société arabe, à toutes les tribus qui peuplent l'Algérie, depuis les haïks soie et laine, blanc et cerise des mauresques d'Alger, jusqu'au foutah (pagne) en coton des négresses du Sahara ; depuis les petites tasses contenues dans des coquetiers en filigrane d'argent dans lesquelles on sert le café, jusqu'aux immenses *gacca* (plat.) en bois de hêtres destinés à contenir les monstrueux kouskoussou que l'hospitalité arabe offre dans les diffa aux étrangers. Que choisir, au milieu de ces ustensiles hétéroclites, d'usage inconnu, parmi ces poteries singulières venant de la Kabylie, parmi ces orfèvreries bizarres dues aux juifs d'Alger, de Constantine et de Mostaganem, parmi tout ce curieux bric-à-brac de l'Orient., si pittoresque, si coloré?

Voici des étuis de velours brodés à paillettes, des flacons contenant des essences de bergamote et de jasmin, de l'eau de rose ; voilà des chapelets de jade, d'ambre, de coco, d'ivoire, de noyaux de fruits, des miroirs encadrés d'arabesques et de nacre de perle, des tabourets incrustés et découpés pour poser les plateaux de sorbets, des pupitres à lire le Coran, des brûle-parfums en filigranes d'or ou d'argent, en cuivre émaillé et guilloché, des cloches de Narghileb en cristal et en acier damasquiné.

Ici, nous sommes arrêtés par les soies qui frissonnent et papillotent, taillées en vêtements splendides et qu'on voudrait voir sur les épaules des mauresques si blanches et si belles; là sont les chemises en soie crêpée, aux raies opaques et transparentes, les R'lila et Bedaïa (veste ou gilet), où le drap disparaît sous des soutaches d'or et d'argent plus compliquées que les arabesques du plafond de la salle des ambassadeurs à l'Alhambra. A côté, apparaissent les pantoufles, les blagues à tabac, dont la trame légère est chargée d'or et de losanges de couleurs, les babouches, les bottes en cuir. en maroquin, en velours jaune, rouge, vert, piquées, pailletées, passementées, relevées de houppes de soie floche, disparaissant sous des cannetilles d'or ou d'argent.

L'Orient pittoresque, cet orient qui n'a pas revêtu l'absurde costume franc, fausse livrée de la civilisation endossée par des barbares, pour nous servir d'une expression de Théophile Gautier, cet Orient si beau, si cher aux artistes, apparaît ici avec tout son luxe, ses richesses, ses merveilles et ses splendeurs ; c'est un rêve que l'on fait tout éveillé, c'est un chapitre des *Mille et une Nuits* qu'on relit, car la princesse Boudroulboudour et le prince Caramalzaman ne devaient pas choisir d'étoffes plus riches et plus splendides que les étoffes que vous pouvez regarder, déployer, manier, faire jouer sous la lumière dans les vitrines des produits indigènes, à l'Exposition permanente des produits de l'Algérie.

Et nous n'en avons pas encore fini dans la simple nomenclature des richesses fantastiques et chimériques de cette exposition. Après les caftans, les gandouras, les burnous, les haïks, les djellaba, les cabans des Maures, des Arabes, des Kabyles, des Biskris, apparaissaient brodées, brochées d'or, les habaïa (robes) des juives de Constantine, les plus splendides et les plus merveilleuses créatures que nous ayons jamais rencontrées, soit en Europe, soit en Afrique. Voici encore les armes, fusils à la crosse incrustée d'ivoire, de nacre, de corail, de turquoises, d'émeraudes, de rubis ; flissas et yatagans dans leurs gaînes de velours, de cuivre ou de bois, dans leurs fourreaux d'argent repoussés, constellés de grenats, de coraux et de brillants ; tandis que, sous un rayon de soleil, rayonnent, scintillent et papillotent les selles, les housses, les brides brodées en soie, en or, en argent.

Nous allions oublier les joyaux, bracelets ciselés, émaillés, niellés, bagues, chaînes, colliers, agrafes pour les haïks de femmes, anneaux de pieds en argent massif, boucles d'oreilles en or, en argent en corail, s'arrondissant en cercles, s'enroulant capricieusement comme les plis d'un serpent; là, se retrouve l'art si fin, si élégant, si pur des Arabes; quelle richesse, quelle profusion, quelle fantaisie d'ornements dans tous ces objets d'orfèverie, dont les juifs de nos possessions d'Afrique ont aujourd'hui le monopole de fabrication.

Et cependant nous les avons vus à l'œuvre les artistes qui produisent ces chefs-d'œuvre; pour atelier, ils ont une échoppe de quatre pieds carrés, échoppe obscure, ne recevant de jour que par la porte d'entrée; accroupis sur une natte de palmier, ils n'ont pour établi qu'un tronc de caroubier, pour outils qu'un marteau et un mauvais ciseau, pour ustensiles qu'un fourneau, un creuset et un soufflet en peau de chèvre. Pas d'écoles d'arts et métiers, rien que la tradition, l'enseignement et l'apprentissage de famille; le père apprenant au fils à ciseler l'or et l'argent; le fils imitant le père, rien de plus. Oh! en présence de ces œuvres si délicates, si riches de dessins, si harmonieuses de formes, que ne pourra-t-on obtenir quand ce peuple aura compris les avantages de nos méthodes industrielles? Quand il aura adopté nos procédés et nos outils perfectionnés?

Arabe, Kabyle, Juif ou Nègre, chacunes des races qui peuplent l'Algérie ont envoyé des échantillons de leur industrie. Des nattes, des paniers, des corbeilles, des mannes de toutes formes, admirablement tressées et d'une solidité à toute épreuve, sont l'ouvrage des nègres, qui les enjolivent et les garnissent de houppes en laine rouge, jaune ou bleue et de petites lanières de drap écarlate.

Une ceinture laine et soie, chargée de coraux, de nacre, d'amulettes en marocain, d'os sculptés, de coquillages, formant d'étranges dessins, de bizarres entrelacements est l'œuvre de Zohra, une négresse d'Alger, originaire de Tombouctou.

Du Sahara nous avons des tissus, des tapis, des chapeaux parasols en paille coloriée, à haute forme conique, à large rebords, garnis de plumes d'autruches et servant de coiffures aux chefs arabes du désert, des armes de Touaregs, etc.

La Kabylie nous offre des armes renommées, de la poterie,

des haïks, des burnous, des ustensiles de tout genre, et jusqu'à de la fausse monnaie ; une tribu, celle des Beni-Janni excelle dans cette coupable industrie.

Dans ce dédale d'objets de toute sorte, parmi ces ustensiles, ces armes, ces bijoux, ces vêtements, il y a réellement de quoi se perdre et une description détaillée de chacune de ces productions de l'industrie indigène, nous demanderait un volume tout entier, peut-être oublierions-nous encore quelque chose !

Du reste, c'est ce que nous allions faire ; nous passions sous silence l'exposition de mademoiselle Luce.

Il existe à Alger, écrivions-nous il y a longtemps déjà, une école française due à une femme intelligente et dévouée, qui s'est donné pour mission de relever, par l'éducation, de pauvres créatures qui vivaient dans l'ignorance et l'abrutissement. La loi arabe a placé la femme si bas dans l'échelle sociale, que cette femme n'a plus aucun des sentiments qui constituent l'être civilisé, elle n'a même pas la conscience de sa dégradation ; elle n'a aucune connaissance des lois de la pudeur ; c'est une bête de somme dont on tire tout le parti possible, c'est une femelle qui procrée des petits, qui la rejettent, l'oublient et la méprisent. La mission que s'est imposée Mlle Luce doit donc devenir un jour un élément de civilisation entre les mains françaises et avoir de féconds résultats.

On peut voir les progrès réalisés par l'école dirigée par Mlle Luce ; il y a des étoffes harmonieuses de nuances, des écharpes et des portières en mousseline précieusement brodées, des spécimens curieux des différentes pièces composant le vêtement des femmes indigènes, tout cela est l'œuvre des jeunes filles mauresques, élèves de Mlle Luce.

Malgré la rapidité de notre course à travers cette partie de l'Exposition permanente, nous croyons avoir montré que l'Arabe, méconnu et méprisé par ceux seulement qui ne l'ont pas vu à l'œuvre, que l'Arabe qui a joué un rôle magnifique dans les arts, dans les sciences, dans le commerce et l'industrie au moyen âge, n'était pas encore endormi. Il suffit pour le faire remonter à la hauteur de ses ancêtres qu'il soit initié aux connaissances de la civilisation européenne. C'est le but que l'Administration supérieure s'est marqué et que l'organisation de l'instruction publique en Algérie lui permettra d'atteindre.

*
* *

Ici se termine la première partie de notre travail.

L'excursion que nous venons de faire, éveille dans l'esprit une foule d'idées et d'impressions diverses ; mais la plus importante se rattache au bien être général du pays. Une des questions les plus difficiles et les plus importantes est, sans contredit, celle de la vie à bon marché. La solution de cette question est en Algérie. Nous avons vu malheureusement, depuis quelques années, des produits indispensables attaqués dans leur germe ou atteints dans leur fécondité ordinaire ; la maladie a détruit les uns, les circonstances atmosphériques ont fait avorter les autres, et le blé, la pomme de terre, la vigne, les huiles, ont manqué à la fois, qualité et quantité. Sans les mesures prises par le gouvernement impérial, il serait arrivé que les objets de première nécessité seraient devenus des objets de luxe. La haute sollicitude de **S. M.** l'Empereur a tenté l'impossible avec succès pour diminuer les lourdes privations qu'imposait le renchérissement de toutes choses ; l'Algérie peut, si les intempéries, les maladies mystérieuses venaient encore peser sur le pays, l'Algérie peut venir en aide et soulager la Métropole ; nous avons vu l'abondance et la magnificence de ses produits. — Dans les époques normales, comme celle où nous sommes rentrés heureusement, — elle a un autre rôle : fournir à l'industrie des matières premières qu'elle tire de l'Etranger, et ouvrir un large débouché aux produits de l'industrie française, ou leur permettre d'entrer en concurrence sur les marchés étrangers avec les produits des puissances qui, aujourd'hui, nous font concurrence.

Des observations qui précèdent, il ressort donc cette conclusion, qu'au lieu de se nuire, comme on l'avait avancé anciennement, la France et l'Algérie se prêtent un mutuel appui et se complètent ; l'Exposition permanente en est un témoignage évident, irrécusable.

Outre l'attrait qui s'attache à une collection brillante, l'Exposition est donc pour l'Algérie un moyen de fournir la mesure de ses forces, de rassembler ses produits dans une même enceinte, de manière à présenter des termes de comparaison, de donner aux cultivateurs, aux industriels, aux commerçants, aux capitalistes, une occasion de mieux connaître les objets qui défrayent les besoins habituels du commerce et de l'industrie ; c'est donc une école où tous peuvent s'instruire et s'éclairer, c'est, en un mot, le germe fécond qui contient l'avenir de la Colonie.

Fixer l'attention publique au moyen d'une Exposition permanente des forces productives de l'Algérie, groupées dans un bel ensemble, mises en parallèle avec un art savant, est une mesure utile qui doit donner d'excellents résultats. De tous les arguments dont on pouvait disposer en faveur de notre merveilleuse Colonie, c'est le plus irrésistible ; c'est la conclusion du père de famille qui tire également de son trésor inépuisable « ce qu'il a de plus ancien et de plus nouveau. » — *Erit quidem similis patri familias qui proferte thesauro suo nova et vetera.* — C'est la vérité rendue visible et palpable opposée à ceux qui doutent encore, c'est, en un mot, reserrer le débat qui s'est prolongé si longtemps, dans une étude des produits rassemblés à l'Exposition permanente.

L'Algérie ne peut pas ressembler éternellement à cette chimère, dont parle Balzac, qui montrait son visage de femme, souriait, et déployait bientôt ses ailes en remontant dans un ciel fantastique. L'Algérie doit prendre la place qui lui appartient et l'Exposition permanente est la pierre d'assise de l'édifice qu'elle construira lentement et laborieusement, afin qu'il soit durable.

*
* *

Au point de vue économique, nous ne savons pas combien de temps il faudra à l'Algérie pour fournir aux manufactures de la Métropole, les matières premières qu'elles consomment annuellement et qu'elles vont demander aujourd'hui à différentes puissances étrangères ; nous sommes convaincus, seulement, que ce jour viendra. L'avenir de l'Algérie est tout entier dans l'Exposition. Ce qui pouvait n'être que la conviction d'esprits osés, est devenu une chose patente, reconnue de tous et saluée par le plus grand nombre avec enthousiasme. L'Algérie si longtemps victime des ténèbres qui l'enveloppaient, se développe ici, grandit et s'élève, et cette terre que l'on assurait inféconde, se trouve au contraire couverte de plantes vivaces sur lesquelles s'épanouit une abondante floraison.

Dans les pages qui précèdent, nous avons essayé de dérouler devant nos lecteurs le spectacle des richesses de l'Algérie, il nous reste à envisager la possession de cette terre si différente de la Métropole au point de vue des beaux arts.

Au moment où la France prenait possession de l'Algérie, une révolution était en train de s'accomplir en littérature et en peinture. Tandis que les classiques étudiaient l'époque moderne dans le siècle de Louis XIV, l'antiquité dans Rome et la Grèce, et voulaient une littérature tirée au cordeau comme le château de Versailles, la place Louis XV et la rue de Rivoli, les romantiques, Victor Hugo en tête, prétendaient : « Qu'ils ne savaient pas en quoi étaient faites les *limites de* « *l'art*; que de géographie précise du monde intellectuel, il « n'en connaissaient point ; qu'ils n'avaient point encore vu de « cartes routières de l'art, avec des frontières du possible et « de l'impossible tracées en rouge et en bleu. »

« L'art n'a que faire des lisières, des menottes, des baillons, s'écriait Hugo dans la préface des Orientales ; il vous dit : Va ! et vous lâche dans ce grand jardin de poésie, où il n'y a pas de fruit défendu. L'espace et le temps sont au poëte. Que le poëte donc aille où il veut en faisant ce qui lui plaît : c'est la loi. Qu'il croie en Dieu ou aux Dieux, à Pluton ou à Satan, à Canidie ou à Morgane, ou à rien ; qu'il acquitte le péage du Styx, qu'il soit du sabbat ; qu'il écrive en prose ou en vers, qu'il sculpte en marbre ou coule en bronze ; qu'il prenne pied dans tel siècle ou dans tel climat : qu'il soit du midi, du nord, de l'occident, de l'orient ; qu'il soit antique ou moderne ; que sa muse soit une muse ou une fée, qu'elle se drape de la colocasia ou s'ajuste la cotte hardie, c'est à merveille. Le poëte est libre. »

Et l'Académie jetait des cris de désespoir, elle pour qui « une source était une Naïade accoudée sur une urne ; un chêne, la robe d'écorce d'une Hamadryade : un rocher, le boudoir d'une Oréade ; une prairie, le sofa d'une Napée. »

La possession de l'Algérie vint servir la cause de la révolution littéraire et artistique en montrant aux artistes des horizons nouveaux. E. Delacroix, Decamps, P. Marilhat, les premiers découvrirent l'Orient, ces splendides contrées, bien aimées du soleil qui, avant eux, n'existaient pas pour l'art.

En ce temps-là, a dit Théophile Gauthier en parlant de l'impression profonde causée par le premier tableau de P. Marilhat, « le paysage historique florissait principalement. Ce superbe goût, qui règne encore sur les papiers de la salle à manger des auberges de province, était cultivé par beaucoup de membres de l'Institut. Un arbre dans le coin, une montagne dans le fond, une fabrique à fronton triangulaire sur le bord d'une nappe d'eau formant cascade, un Ulysse, une Io ou un Narcisse pour animer la chose ; tel était le programme. Aussi à l'aspect de ce tableau exotique, les perruques traditionnelles se hérissèrent, les crânes beurre frais pâlirent d'horreur et dirent que l'art était perdu »

Les premiers tableaux de Decamps et de Marilhat furent une révélation, et suivant l'exemple de ces maîtres, plus d'un artiste, s'installant avec boîte à couleurs et parasol sur la bosse d'un chameau, se mit à la queue des caravanes.

Une pleïade d'artistes, depuis cette époque, visite chaque année l'Algérie : les uns reproduisent les épisodes glorieux de la conquête, les autres transportent sur la toile ces belles villes aux minarets blancs, aux maisons en terrasses entremêlées de palmiers, sous un ciel implacablement bleu, ou bien encore ces immensités fauves qu'éclaire un soleil de feu, où se déroule, comme les anneaux d'un serpent, une caravane de chameaux escortée par des cavaliers aux burnous flottants, aux armes étincelantes; d'autres étudient l'homme et reproduisent par le crayon ou l'ébauchoir, par la couleur ou la glaise, ces types remarquables des races différentes qui peuplent nos possessions.

L'Exposition permanente serait incomplète si elle n'offrait pas au public quelques spécimens des beaux arts.

En première ligne, nous indiquerons des bustes et statuettes faisant partie de la galerie anthropologique et ethnographique pour servir à l'histoire des races. Ces sculptures remarquables sont l'œuvre de M. Cordier. Dans la préface du catalogue descriptif de son œuvre, le but de M. Cordier a été parfaitement défini par M. Marc Trapadoux : « La vie de M. Cordier aura été dans le sens le plus noble et le plus rigoureux du mot, un voyage à la découverte de la forme! Depuis plusieurs années déjà il poursuit obstinément le problème, saisissant la nature humaine dans toutes les variétés de la conformation, dans toutes les évolutions de la ligne, dans toutes ses combinaisons, dans tous ses caprices, dans tous ses mouvements, dans tous ses aspects, dans tous ses milieux. A combien de besoins ne répondent pas des études entreprises sous l'influence d'une semblable méthode. C'est non-seulement aux artistes, c'est encore à l'anthopologue, à l'ethnographe, à l'anatomiste, au philosophe et à l'historien, que s'adressent les œuvres de M. Cordier. Ainsi compris, l'art n'est plus un simple épisode individuel, une pure fantaisie; il reprend sa véritable destination en se liant au grand mouvement de l'humanité. S'il est vrai que la reproduction fidèle des types des diverses races soit nécessaire pour éclairer l'étude des sciences biologiques et morales, et pour leur fournir des bases solides, jamais la sculpture n'aura présenté une signification plus profonde, jamais elle n'aura été d'un intérêt plus général. »

Les bustes et statuettes représentant des types algériens, sont :

1° Arabe d'El Aghouat, buste. Tête de bronze, vêtement onyx Algérien.

« La régularité et la finesse des traits, la hardiesse et la noblesse des lignes, l'ensemble harmonieux et élégant que présente la physionomie révèlent une nature prévilégié. Le type arabe est en effet un des plus beaux de la race caucasique, et c'est dans la tribu d'El Aghouat qu'il revet son caractère le plus aristocratique. »

(*Catalogue de M. Cordier.*)

2°. — Arabe de Biscara. Tête en bronze.

« Type assez populaire du pays des palmiers. La forme de la tête allongée d'avant en arrière et étroite des tempes caractérise bien la race qui se distingue surtout par la finesse de l'esprit.

(*Idem.*)

3°. — La mauresque chantant, buste. Sculpture polychrome.

« Elle chantait dans les *bitas* aux fêtes arabes. Son teint transparent était blanc et rose, ses cheveux parfumés étaient noirs et luisants, ses yeux bleus et limpides rayonnaient de joie, son gracieux visage refletait une âme candide et aimante, toute sa charmante personne respirait la volupté et l'abandon. »

(*Idem.*)

4°. — Le Coulougli.

« Issus du sang maure et turc, ces malheureux metis portent un joug plus dur que le reste de la population soumise aux turcs. Leurs maîtres insolents les traitent comme des esclaves. Celui-ci est cafetier à Alger et exerce sa profession dans le quartier de la Casbah. »

(*Idem.*)

5°. — Enfant Kabyle des montagnes.

« Les Kabyles n'appartiennent pas à la même race que les Arabes, quoiqu'ils aient adopté leur religion. Ils tirent leur origine de différents peuples dont les traces se demèlent encore malgré leur croisement et se distingue assez nettement les unes des autres. L'enfant Kabyle que j'ai voulu représenter serait un débris de la race romaine refoulée dans les montagnes par l'invasion des Vandales et des Barbares du nords, chassés eux-mêmes dans la même direction par de nouveaux conquérants. »

(*Idem.*)

6°. — Kabyle de la plaine. Buste en bronze.

« Par la conformation de la tête et par la physionomie, ce type se rattache évidemment aux races du nord. Nos zouaves ont dû facilement s'y reconnaître. C'est la même nature fortement charpentée, construite pour la lutte et la conquête, la même expression aventureuse. Le génie à la fois belliqueux, positif et industrieux de la race, se signe partout : sur son front plus haut que large et un peu fuyant, dans les contours du crâne, dans l'ovale, dans l'arcade sourcilière, dans la forme du nez, des machoires et du menton. »

(*Idem.*)

7°. — MAURESQUE NOIRE, buste bronze, argent, or et émail.

« Sa beauté singulière est le produit heureux du mélange du sang maure et du sang nègre. Mais l'élément maure qu'elle tient de son père l'apparente étroitement avec le type européen. Grâce à la régularité de ses traits, elle rappelle ces beautés robustes que l'on rencontre dans quelques unes de nos provinces du midi. »

(*Idem.*)

8°. — LE NÈGRE DU SOUDAN, tête de bronze, vêtement en onyx Algérien.

« Joueur de tam-tam dans les fêtes religieuses, que les nègres ont coutume de célébrer avant le Ramadam, pour fêter le Grand Esprit avant son départ. »

9°. — NÈGRE NUBIEN, bronze.

« Avec sa mâle désinvolture, avec la fierté répandue sur tous ses traits, celui-ci m'apparait comme un Spartacus, comme un Toussaint l'Ouverture. Le sentiment de la dignité humaine, la révolte contre l'injustice, la haine de l'esclavage sillonnent profondément ce noble visage ; le reflet d'une âme ardente, l'éclair de l'intelligence illuminent ce front orageux qui commande le respect, il laisse entrevoir une hauteur et un dédain qui repoussent la pitié. C'est un des plus beaux représentants de la race. »

(*Idem.*)

10°. — NEGRESSE DES CÔTES D'AFRIQUE.

« Beauté sombre, a dit notre grand poète Th. Gautier ; beauté fatale, pourrais-je ajouter, beauté diabolique qui doit ravager les sens et les cœurs. Quel piège profond ne recouvre pas cette candeur apparente, quel tyran que cette esclave. Son front bombé est une arsenal formidable où sont renfermées les armes les plus meurtrières de l'amour. Ses yeux ardents quoique timidement abaissés, sa bouche voluptueuse, malgré sa réserve, distille un philtre enivrant, un poison subtil ; la grâce naïve de sa physionomie énervera la volonté des hommes et ensorcellera leur raison : elle mérite d'être surnommée la Vénus Africaine. »

(*Idem.*)

11°. — MULATRESSE, PRÊTRESSE DES NÈGRES, A LA FÊTE DES FÈVES.

« Les nègres d'Alger terminent les fêtes qui précèdent le Ramadan par une cérémonie religieuse empruntée à l'antiquité. Ils se tranportent en foule au bord de mer et sacrifient sur la plage un taureau et des poulets, puis, d'un commun élan, ils se précipitent au milieu de l'eau salée... C'est une femme qui préside à la cérémonie. »

(*Idem.*)

12°. — MUSICIEN TURC, statuette or, argent, émail.

« Quelle dignité comique, quel superbe nonchaloir ! comme il se prélasse sur son coussin ; il va sans doute s'endormir au son de la mandoline »

13°. — LA MARCHANDISE DE TUNIS. Danseuse mauresque, statuette or, argent et émail.

14°. — DANSEUSE JUIVE. Statuette or, argent et émail.

15°. — Maltais. (N° 17 du Catalogue de M. Cordier.)

« Pauvre pêcheur de corail sur les côtes d'Afrique... L'origine de ce type est dans le nord; il n'a rien de commun avec la race Arabe, si répandue dans les îles de la Méditerranée. »

16. — Enfant d'Alger, 5 ans, petite figure polychrome.

« Lorsqu'un étranger visite un jardin dans lequel se trouvent des orangers, l'usage est de lui en faire les honneurs en lui présentant la plus belle branche chargée d'oranges. C'est ordinairement aux enfants que l'on confie le soin de captiver la bienveillance de l'étranger. »

(*Idem.*)

Ici finit la portion algérienne de l'œuvre de M. Cordier, le sculpteur des races exotiques, comme l'appelle Théophile Gauthier.

Au-dessus des vitrines, se trouvent une collection peinte des fruits des Colonies que nous ne pouvons passer sous silence; elle est remarquable comme exactitude de dessin et de couleur; ce sont des peintures scientifiques, auxquelles l'artiste reprocherait peut-être de manquer de pittoresque, mais l'homme d'étude retrouve dans leur vérité de couleur et de forme les productions exotiques que notre climat tempéré ne produit pas, ou ne produit qu'à l'ombre des serres qui les décolore et les atrophie.

D'excellentes gravures et lithographies reproduisent quelques faits d'armes de nos soldats en Algérie; nous citerons entre autres une excellente reproduction de la bataille d'Isly, d'Horace Vernet; puis par M. Roubaud une collection très complète des types et costumes de nos possessions africaines; tous ces dessins sont remarquables comme exactitude et comme mérite artistique.

Enfin nous terminerons en signalant l'*Algérie photographiée* de M. Moulin, publication nationale qui permet de faire en deux heures un voyage qui nous a demandé, à nous, plus de trois ans.

Sans quitter Paris, on peut pendant deux heures, se promener à travers l'Afrique, et voir tout ce que ce merveilleux pays renferme de trésors d'art mauresque ou d'antiquités romaines; visiter Oran, Alger, Bône, Constantine, les Oasis de Biskra; pénétrer dans l'intérieur des maisons juives ou mauresques, assister à une *diffa* sous la tente des nomades ou à une séance de medjelès; parcourir l'hôtel du gouverneur général ou le palais de l'évêque; faire connaissance avec tous les officiers des bureaux arabes, avec tous les aghas et tous les caïds des trois provinces. Quand pendant deux heures on a parcouru les albums de M. Moulin, la demeure du Maure n'a plus de secret pour vous ; vous connaissez toutes les races dont l'Algérie est peuplée, toutes les classes de la société : hommes, femmes, enfants, grands et petits, chefs et serviteurs, portefaix et ouvriers, vous avez tout vu. L'Algérie a défilé devant vous en vues panoramiques et vous avez parcouru un précieux musée ethnographique.

Cette collection photographique est l'œuvre de dix-huit mois de voyage en Algérie pendant lesquels M. Moulin a reproduit tout ce qu'il a vu, paysages, scènes pittoresques. C'est l'œuvre la plus grande, le tableau le plus complet de l'Algérie pittoresque.

COLONIES

PARTIE HISTORIQUE

CONSIDÉRATIONS SOMMAIRES

Quelques économistes, se plaçant dans le pur domaine de la spéculation où ils se tiennent souvent un peu trop, ont regardé les Colonies plutôt comme un fléau des nations, que l'erreur a fait naître que comme des établissements utiles, auxquels celles-ci ont dû une partie de leurs richesses et de leur prospérité.

Il y a dans cette réprobation dont les colonies ont été frappées une exagération évidente; les raisons ne manquent pas, comme l'a prouvé M. Alfred Maury, dans un travail remarquable sur les questions coloniales, pour défendre les fondations commerciales qui ont répandu la civilisation, agrandi nos connaissances géographiques et doté les nations européennes de produits nouveaux.

Les colonies offrent aux puissances européennes des avantages réels, les uns moraux et politiques, les autres commerciaux. Les considérations, appartenant au premier ordre d'idées, qui militent en faveur des colonies sont qu'elles fournissent des points militaires, des ports, qui sont autant de lieux de refuge pour les pêcheurs et les navires du commerce de la nation à laquelle appartient la colonie, et qu'elles permettent, s'il est besoin, de déverser le trop plein de la population. Au point de vue commercial, les avantages sont encore plus frappants, les colonies viennent s'approvisionner dans la métropole des produits dont elles manquent, et envoient en échange ceux dont elles abondent; en un mot, la métropole trouve dans la colonie l'avantage qu'elle rencontre, en incorporant à son territoire une nouvelle province, dont le sol fournit plus que n'exige la consommation de ses habitants.

Cependant, si la question coloniale pouvait encore, par impossible, être sérieusement mise à l'ordre du jour, les arguments ne manqueraient pas en faveur des colonies, et l'on pourrait les puiser à l'Exposition permanente, où sont réunis les échantillons aussi nombreux que variés et intéressants des productions coloniales.

Ce serait faire injure aux visiteurs de cette Exposition, que de nous étendre davantage sur cette question, que nous avons voulu rappeler seulement, parce qu'elle a fait à l'époque des grandes luttes parlementaires, le sujet de discussions très animées. Du reste, c'était moins le principe de l'existence des colonies, qui était mis en cause à cette époque, que le régime économique qui les régissait; le système colonial, rétrograde et anti-progressif qui paralysait, dans bien des cas, les efforts des populations et le développement des possessions d'outre-mer, a disparu devant un système basé sur une plus grande liberté d'échange, et les territoires coloniaux deviennent le théâtre d'une production active, variée, qui les enrichit et fait profiter la métropole elle-même de cet accroissement de richesses et de bien-être.

L'Angleterre, la Hollande, nous donnent des exemples des avantages que les colonies présentent aux nations qui les possèdent; la France elle-même, n'a-t-elle pas vu un jour, en 1747, sa marine réduite à deux vaisseaux; mais la paix d'Aix-la-Chapelle ne l'avait pas dépouillée de ses colonies, elle était encore maîtresse du Canada, de Terre-Neuve, des Antilles, de l'Ile-de-France, de Bourbon, elle partageait la domination des Grandes-Indes, aussi, huit ans plus tard, en 1755, elle pouvait remettre à flot soixante-trois vaisseaux de ligne.

Nos désastres et nos revers nous ont fait perdre quelques-uns des plus beaux fleurons de notre couronne coloniale, mais les possessions qui nous restent, celles que nous avons acquises depuis, l'Algérie entre autres, sont heureusement encore assez importantes, pour permettre à la France de disputer, à n'importe quelle puissance, la souveraineté des mers, comme nous maintenons en Europe notre prépondérance continentale.

Au point de vue politique, nous n'avons rien à envier aux puissances étrangères; enfin, nous possédons, comme une visite à l'Exposition permanente le démontre, un système colonial fort et avantageux pour notre commerce. L'étude que nous allons faire des productions de nos colonies, nous en donnera une preuve irréfutable; mais, avant de commencer cette étude, qu'on nous permette de présenter succinctement, et comme prodrome de notre travail, un résumé historique, géographique et statistique de nos possessions d'outre-mer.

Les possessions de la France sont :

En Afrique : *Le Sénégal*, *Gorée* et dépendances sur la côte occidentale ; sur la côte orientale, voisines de l'Afrique et dans la mer des Indes, *Mayotte* et dépendances, *Nossibé*, *Sainte Marie de Madagascar*, enfin la *Réunion*.

Les établissements français dans les Indes, comprennent : *Pondichéry*, *Karikal*, *Mahé* et *Yanaon* ; *Chandernagor*, et la factoterie de *Surate*.

Dans l'Amérique du Nord et faisant partie des Antilles : la *Martinique* et la *Guadeloupe*.

Dans l'océan Atlantique et voisines de Terre-Neuve : *Saint-Pierre* et *Miquelon*.

Dans l'Amérique méridionale : la *Guyane française*.

Enfin, les établissements français dans l'Océanie, sont : les *Iles Marquises*, *Taïti* et la *Nouvelle-Calédonie*.

Le Sénégal.

Saint-Louis.

Le Sénégal est la plus ancienne de nos colonies. C'est une portion de la côte occidentale d'Afrique, désignée par les géographes sous le nom de Sénégambie.

La colonie française du Sénégal se compose de cent lieues de côtes, entre le comptoir de Portendik et l'île de Gorée, et du bassin du Sénégal.

Des Dieppois, en 1365, en fondant des comptoirs depuis l'embouchure du Sénégal jusqu'à celle de la Gambie, y jetèrent les bases de notre domination sur la côte occidentale d'Afrique. Ces établissements furent cédés en 1664, à la *Compagnie des Indes occidentales*, puis aux *Compagnies du Sénégal*, enfin à la *Compagnie des Indes orientales*, sous laquelle ils prospérèrent. Pris par les Anglais en 1763, rendus en 1783, repris en 1809, ils furent restitués en 1814 à la France, qui rentra en possession en 1817. La *Méduse*, dont le naufrage est si tristement célèbre, portait les fonctionnaires et les troupes qui allaient reprendre le Sénégal des mains des Anglais.

Le territoire comprend Saint-Louis, chef-lieu de la colonie, quelques villages et quelques escales, ou lieux de marchés, ainsi que la côte qui s'étend depuis le cap Blanc jusqu'à la baie d'Iof. Quelques comptoirs fortifiés ont été établis de distance en distance, sur l'étendue du fleuve, ce sont : Richard-Toll, Dagana, Podor, Bakel, Senoudebou, Medine et Matam ; ces ports sont destinés à protéger le commerce avec l'intérieur.

Le mouvement commercial du Sénégal s'élève, annuellement, importations et exportations réunies, à 12 ou 15 millions de francs.

On tire du Sénégal les gommes les plus estimées, des arachides de qualité supérieure, des cuirs, des bœufs de travail pour les Antilles, de l'ivoire, de l'or, des bois de constructions (courbes de navire), différentes espèces de mil, qui pourraient être utilisées pour la fabrication d'alcools. L'indigo et le coton y croissent partout ; mais, dit M. le colonel Faidherbe, ils ne sont utilisés que par les indigènes pour leur usage particulier.

Le climat du Sénégal passe pour un des plus chauds du globe. Les maladies les plus communes sont la dyssenterie, les fièvres, les hépatites, les ophthalmies, etc. La fièvre jaune n'y a fait que de rares apparitions, notamment en 1830.

Le territoire y est fertile. D'après M. E. Roy, dans sa *Notice sur les colonies françaises*, les terrains du Bas-Sénégal, jusqu'à 20 ou 25 lieues de Saint-Louis, sont de formation alluvionnaire et présentent des plaines salées, où la mer s'infiltre. La végétation qui croît sur les buttes de sables, disséminées de distance en distance sur ce sol plat, ne compte que peu d'arbres de haute taille, mais surtout des arbustes épineux. — Les environs immédiats de Saint-Louis sont sablonneux et nus ; les bords des marigots sont seuls boisés.

Plus loin, les rives du fleuve sont bordées de bois de trois quarts de lieue de profondeur ; ils s'étendent sur la rive droite jusqu'au village de Saldé, à l'extrémité orientale de l'île à Morfil.

En approchant de Bakel, on trouve des terrains de formation première, des roches siliceuses et un terrain fertile. Les forêts deviennent clair-semées, surtout sur les terrains élevés.

A Kéniéba (Bambouk), on trouve des mines d'or qui feront un jour, nous n'en doutons pas, la fortune de nos établissements du Sénégal.

Si l'on descend vers le Cayor, après quelques plaines peu fertiles, on rencontre d'excellents pâturages, de nombreux cours d'eau et des forêts d'arbres magnifiques.

COMMERCE. — STATISTIQUE.

Il a été importé en France, en 1856, provenant de Saint-Louis et dépendances :

		Quantité.		Valeurs officielle.
Peaux brutes sèches	Kil.	192,803	—	348,045 fr.
Cire jaune et brute	id.	48,222	—	96,444
Dents d'éléphans	id.	3,110	—	22,081
Arachides et noix de Touloucouna	id.	3,494,121	—	2,620,591
Graines de moutarde et autres	id.	12,469	—	8,105
Gommes pures, exotiques	id.	1,568,498	—	2,195,897
Résine de copal et dammar	id.	4,784	—	11,482
Caoutchouc brut et refondu	id.	2,470	—	8,645
Bois de teinture et d'ébénisterie	id.	»	—	180,800
Lichens tinctoriaux	id.	6,424	—	6,293
Marchandises non dénommées	id.	»	—	30,689
		Total		5,528,102 fr.

Cette somme représente, *en valeurs actuelles*, celle de 3,667,225 francs.

Gorée et dépendances.

Depuis 1854, Gorée formait le 2e arrondissement de notre colonie du Sénégal; c'était un établissement séparé, sous le commandement du chef de station des côtes occidentales, et comprenant l'île de Gorée, excellent mouillage, toute la côte, depuis la baie d'Iof jusqu'à la Gambie et les comptoirs d'Assinie, de Grand-Bassam et du Gabon.

Au commencement de 1860, Gorée a, de nouveau, été réuni à Saint-Louis; mais comme les renseignements statistiques officiels qui existent, et que nous avons sous les yeux, ne vont pas au delà de 1856, nous avons cru qu'il était plus simple de conserver la séparation.

L'île de Gorée est située à 38 lieues environ au sud de Saint-Louis et à une lieue du cap Vert. Conquise en 1677 par les Hollandais, elle a été cédée à la France au mois de décembre de la même année. L'histoire de cette île se lie à celle du Sénégal, dont elle a été longtemps dépendante, et dont elle a subi les diverses fortunes.

Le sol de Gorée est de formation volcanique et ne se prête à aucune culture utile ou d'agrément; cette île passe pour un des points les plus salubres de l'Afrique; on y jouit toute l'année d'un air frais et salubre; toute son importance est comme point militaire et maritime.

Sur la côte, la France possède, outre Dakar et Rufisque, plusieurs comptoirs importants, qui sont :

Portendick, que les Anglais nous ont cédé, le 7 mars 1857, en échange d'Albreda.

Sedhiou, cédé par les indigènes le 24 mars 1837, et l'île de Carabane, achetée aux indigènes en 1836.

Le mouvement commercial de Gorée et dépendances, importations et exportations réunies, a été de 8 à 10 millions.

COMMERCE. — STATISTIQUE.

Il a été importé en France, en 1856, provenant de Gorée et dépendances :

		Quantités.		Valeurs officielles.
Peaux brutes, sèches	Kil.	156,858	—	281,985 fr.
Cire jaune brute	id.	9,672	—	19.344
Ivoire	id.	3,889	—	27,612
Amandes	id.	31,602	—	25,281
Arachides et noix de Toulousouna	id.	5,051,917	—	3,788,938
Graine de sesame	id.	26,005	—	19,502
Huile de palme	id.	427.871	—	215,956
Caoutchouc et gutta-percha	id.	10,884	—	38,094
Bois de teinture et ébénisterie. — Valeur		»		352,709
Nattes et tresses pour paillassons... id.		»		44,920
Marchauchandises non dénommées... id.		»		24,049
		Total		4,856,170 fr.

Cette somme représente, en *valeurs actuelles*, celle de 2,691,064 francs.

Côte-d'Or et Gabon.

Le décret qui a joint de nouveau Gorée au Sénégal, a créé un commandement supérieur des comptoirs de la Côte-d'Or et du Gabon, exercé par le chef de la division navale des côtes occidentales d'Afrique.

Ce commandement comprend : Grand-Bassam, sur la Côte-d'Or ; Assinie, sur la Côte-d'Or, occupé en 1843 ; Dabou, sur l'Ébrié ; enfin Le Gabon, situé dans le golfe de Guinée.

Le Gabon est situé sur la rive droite de la rivière qui porte ce nom, près de son confluent avec celle de Moondah ; son territoire, qui a été cédé à la France en 1843, est d'une grande fertilité et d'un luxe de végétation inouïe. Un port convenable permet aux navires d'y arriver sans difficultés.

Ce point doit être considéré surtout comme un lieu d'entrepôt d'où les navires marchands peuvent converger dans toutes les directions pour recueillir les riches produits de cette partie de la côte, consistant surtout en huile de palme, cire, gomme copale, caoutchouc, dika, bois de teinture et d'ébénisterie, etc.

Il a été établi au Gabon, sous l'habile direction de M. Aubry-Lecomte, aujourd'hui conservateur de l'Exposition permanente, un jardin botanique très-important pour l'acclimatation des plantes étrangères au pays et la propagation des produits naturels.

Le mouvement commercial des comptoirs de la Côte-d'Or et du Gabon, importations et exportations réunies, est de 1 million à 1 million et demi environ.

Mayotte et dépendances.

Après la perte de l'île de France, l'une des préoccupations les plus sérieuses du Gouvernement avait été de rendre à nos marines militaire et marchande, un port de ravitaillement et de refuge dans les mers au delà du cap de Bonne-Espérance.

La création d'un port artificiel avait été essayée, sans résultat et malgré de grandes dépenses, à l'île de la Réunion; l'occupation de Sainte-Marie de Madagascar se rattachait à ce projet, mais par son insalubrité, elle paraissait destinée à n'être jamais qu'un pauvre et faible comptoir commercial. La prise de Nossi-Bé, en mars 1840, fut un premier pas vers la solution tant désirée; cependant, après une étude des lieux, on reconnut qu'avec des travaux très-dispendieux, on ne réussirait qu'à fermer très-imparfaitement la rade d'Hellville. Il restait à chercher un port militaire, une station maritime, un arsenal naval qui complétât, avec Sainte-Marie et Nossi-Bé, l'établissement projeté et entrepris par le gouvernement à l'entrée des mers de l'Inde.

En 1841, M. Jehenne, alors capitaine de corvette, explorant les îles Comores, visita Mayotte et fut frappé des avantages que présentait cette île pour un grand établissement naval. Le souverain du pays céda ses droits de souveraineté à la France, et le gouverneur de Bourbon en prit possession le 13 juin 1843.

Mayotte est la plus saine des îles Comores; sa température moyenne est de 27 degrés; elle ne s'élève pas au-dessus de 34 degrés.

Mayotte, dit un maître des requêtes au conseil d'État, M. Linguay, dans son ouvrage sur la *France en Afrique*, renferme une grande quantité de bois propre aux constructions navales. Sous ce rapport principalement, c'est une possession précieuse. De nombreux ruisseaux entretiennent sur toute la surface de l'île une riche végétation. Il y a d'excellentes baies et des passes très-favorablement situées. La rade de Zaoudzi, la crique de Longoni et la baie de Boëni offrent tous les avantages désirables.

Mayotte est la plus méridionale et la plus orientale des îles Comores; elle est comprise entre les parallèles de 12° 34' et 12° 2' au sud de l'équateur, et les méridiens de 42° 43' et 43° 3' à l'est de Paris; elle est à cinquante-quatre lieues marines de Nossi-Bé, et à trois cents lieues de Bourbon, en contournant le cap d'Ambre par la voie la plus directe.

Les principaux objets d'exportation sont : le sucre, les cocos, l'huile de coco, les noix d'Areck, l'orseille, les bois de santal, d'ébène, les tissus et curiosités du pays. La canne à sucre et le café sont les seules cultures sérieuses de Mayotte, la première occupait, en 1856, 519 hectares, la seconde, 32 hectares.

Les principaux objets d'importation et de commerce à Mayotte sont : le riz, le bétail, les fusils de traite, les barils de poudre de traite, le vieux fer, la faience, le coton en laine, les épices, les toiles trami, les bijoux et ustensiles de ménage, les parapluies de coton, etc., etc.

Le mouvement commercial, importations et exportations réunies, s'est élevé en 1856, à 768,496 fr.

Nossi-Bé.

La plus grande des îles situées sur la côte N. O. de Madagascar, est comprise entre les parallèles de 13° 10' 44" et 13° 24' 46" sud, et entre les méridiens de 46° 04' 32" et 45° 53' 47" à l'est de Paris.

La France en a pris possession en 1841.

Le principal avantage de cette possession paraissait être un vaste et sûr mouillage de nature à fournir un bon abri à de nombreux bâtiments et réunissant à une grande facilité de communications avec la terre, des avantages de salubrité et d'approvisionnement d'eau particulièrement précieux.

En effet, Nossi-Bé, salubre, fertile, peuplée, était déjà le centre d'un mouvement fort actif; des boutres arabes, des caboteurs de Maurice et de Bourbon, et même des navires européens la fréquentaient, mais une étude plus complète fit reconnaître que même, avec des travaux dispendieux, on ne réussirait que très-imparfaitement à fermer sa belle rade d'Hellville, et à prévenir le débarquement sur les autres points de l'île, tous très-facilement abordables. Nossi-Bé n'est donc et ne peut être qu'un entrepôt commercial. Du reste, la salubrité de l'île, la fertilité de son sol, la réservent plus particulièrement aux travaux agricoles, aux productions coloniales et au commerce d'échange.

Le sol de Nossi-Bé se prête à toute espèce de culture ; la terre y est très-riche, d'un travail facile, et la végétation luxuriante et vigoureuse. Le café, le sésame, la canne à sucre, l'indigo y viennent très-bien et sans réclamer trop de soins. Le riz, la patate, le manioc, les cambars y croissent sans culture.

En 1856, le mouvement commercial, importations et exportations, s'est élevé à 740,047 fr.

Sainte-Marie de Madagascar.

L'île de Sainte-Marie de Madagascar est la moins importante de nos possessions d'outre-mer. Son occupation remonte au 30 juillet 1750. C'est le seul de nos anciens établissements de Madagascar que nous ayons conservé, comme une affirmation de nos droits sur la grande île de Madagascar.

Par sa position géographique, elle avait paru réunir les conditions nécessaires pour un établissement maritime où les bâtiments de commerce qui auraient besoin de relâcher dans ces mers pourraient se ravitailler et se reposer. Mais après quelques tentatives faites par le gouvernement, on a reconnu que Sainte-Marie était condamnée par son insalubrité et surtout par la politique soupçonneuse et malveillante du gouvernement Hôva, à n'être jamais qu'un faible et pauvre comptoir commercial.

L'île de Sainte-Marie de Madagascar, appelée par les Malgaches Nossi-Ibrahim, est située à l'entrée de l'océan Indien, sur la route de la mer Rouge, du golfe Persique, de l'Indoustan, du Bengale et des îles de la Sonde, par 16° 15' de latitude sud et 48° 15' de longitude est, à cinq kilomètres de la côte orientale de Madagascar, pour la partie la plus étroite du canal qui la sépare de l'île, en face de la Pointe à Larrée, et à 16 kilomètres vis à-vis de Tentinque.

Le sol est peu propice à la culture. Les bois occupent 20 à 30,000 hectares, on en rencontre également sur les bords du rivage. Les plus précieux sont, comme à Madagascar, les nattes, le takamaka, le filao, le porcher, le badamier.

Les cultures de Sainte-Marie sont insignifiantes et se bornent aux besoins des habitants.

Ile de la Réunion.

Découverte en 1545 par don Mascarenhas, Portugais, cette île prit le nom de Mascareigne, qu'elle conserva jusqu'en 1649, époque à laquelle M. de Flacourt, en en prenant possession au nom de la France, lui donna le nom de Bourbon. Sous la République, elle fut appelée île de la Réunion ; en 1815, elle reprit le nom de Bourbon, puis, en 1848, celui de la Réunion qu'elle porte aujourd'hui.

Voisine de l'Afrique, dans l'océan Indien, entre Madagascar et l'île Maurice, l'île de la Réunion est située par 21° de latitude sud et 53° 20' de longitude est, sur le chemin des navires qui se rendent de l'Europe aux Indes Orientales.

Sa longueur est de 14 lieues, sa largeur de 9, et le contour, suivant les sinuosités, de 48.

Le terrain va en s'élevant depuis le bord de la mer jusqu'au massif de deux hautes montagnes volcaniques qui occupent le centre de l'île; l'une est le gros Morne, éteint depuis longtemps; l'autre le Piton de Fournaise encore en activité.

Une chaîne de montagnes qui court du nord au sud divise la Réunion en deux parties qui diffèrent essentiellement comme climat et comme productions. La partie *du Vent* (est) est la plus riante; celle *sous le Vent* (ouest) passe pour la plus riche ; mais elle est un peu sèche, et les sources y sont rares.

Le climat est un des plus salubres que l'on connaisse. Le sol, de nature volcanique, est très-fertile et donne les productions des régions tempérées et des contrées équatoriales. On y récolte également le froment, le sucre, le coton, les épiceries des Molusques ; le café est la principale ressource de l'île.

Les forêts ont bien diminué sous l'envahissement progressif des cultures : cependant celles qui existent encore comptent un grand nombre d'essences qui peuvent être l'objet d'un commerce important.

Parmi les bois de construction, on cite : le petit natte, le grand natte, le takamahaca, le bois rouge, le bois de fer, le bois maigre, le bois de gaulette, le bois d'ébène, le bois jaune, le cœur blanc, le lilas, etc.; plusieurs de ces espèces sont propres aux constructions navales.

Les bois d'ébénisterie et de menuiserie sont, entre autres, le grand natté, qui est aussi beau que l'acajou, le bois noir, qui fournit de belles veines, le bois d'olive, le jacquier, le bois d'ébène, le tamarinier des hauts, le benjoin, le petit natte, etc.

Les principales essences à propriétés médicinales sont : le bois amer, le bois jaune, le bois à fleurs jaunes, la canelle douce, le bois cassant, la patte de poule, le camphrier, etc.

L'Exposition permanente possède de remarquables échantillons de la plupart de ces bois.

Le sol de la Réunion est très-fertile ; il a une base volcanique recouverte d'un humus fécond formé des détritus végétaux apportés successivement par les pluies ; d'après un rapport très-intéressant de M. Imhaus, la surface de la colonie est de 251,160 hectares, sur lesquels 100,000 hectares peuvent être considérés comme impropres à la culture ; sur le surplus, 97,000 hectares seulement sont cultivés, dont 55,000 plantés en cannes ; les bois et forêts occupent une surface de 48,000 hectares.

COMMERCE. — STATISTIQUE.

Le mouvement commercial a été, en 1856 :

Importations	28,309,904 fr.
Exportations	29,677,034
Mouvement général	57,986,988 fr.

Les principaux objets d'exportations, en 1856, ont été :

Sucre brut	27,037,451 fr.
Sucre turbiné et sirop	64,169
Café	686,850
Girofle (clous et griffes)	266,597
Vanille	71,950
Tabacs en feuille (12,000 kil.)	»
Bois communs	3,120
Rhums et tafias	210,926
Sacs de vacoa	11,090
Sacs de gonie	47,371
Lichens tinctoriaux	3,320
Cigares	12,412
Armes de Trioque	110,952
Meubles du pays	10,681
Etc.	

Etablissements français dans les Indes.

Quelques tentatives infructueuses avaient été faites par la France de 1503 à 1624, dans le but de fonder des établissements dans l'Inde, quand Colbert réalisa cette pensée en accordant à la *Compagnie des Indes orientales* de larges immunités et un monopole commercial de 50 années.

Après avoir essayé de s'établir à Madagascar, conquis Surate, la baie de Trinquemalé, Saint-Thomé, qu'elle reperdit bientôt, la Compagnie concentra ses ressources sur Pondichéry qu'elle avait achetée en 1683, au souverain du pays.

Prise par les Hollandais en 1693, la ville de Pondichéry fut rendue en 1697, par le traité de Riswich, et devint le centre d'un riche commerce et l'une des plus importantes possessions des Européens en Asie. Indépendamment de Chandernagor, cédée en 1688, des comptoirs furent fondés à Mahé, Karikal, Yanaon et Mazulipatam.

Sous le gouvernement de Dumas et Dupleix, la prospérité de notre colonie ne fit que s'accroître : la guerre de 1758 fit tomber Pondichéry et nos comptoirs entre les mains des Anglais ; la paix de 1763 nous les rendit ; prise encore en 1778, rendue en 1783, Pondichéry retomba en 1793 entre les mains des Anglais. La paix d'Amiens en 1802 nous rendit nos possessions que les Anglais reprirent une quatrième fois en 1803 ; ils les gardèrent jusqu'en 1814 et 1815, que les traités nous les restituèrent, mais réduites à des limites dérisoires. La reprise de possession eut lieu en 1816 et 1817.

COMMERCE. — STATISTIQUE.

Le commerce général de nos établissements dans l'Inde a été, pendant l'année 1855, de :

Importations.............	4,189 482 f. 50 c.
Exportations.............	9,987,804 65
Mouvement général..	14,1777,287 15

Pondichéry.

Chef-lieu de l'Inde française, sur la côte de Coromandel, dans la province de Carnate, à 143 kil. S-O de Madras, par 77° 31' longitude E, 11° 55' latitude N.

L'établissement de Pondichéry se compose de trois districts : Villenour, Bahour et Pondichéry, d'une superficie totale de 27,954 hectares.

La ville de Pondichéry est régulièrement bâtie et se divise en deux parties : la Ville blanche et la Ville noire, séparées par un canal; elle possède une bonne rade.

La population du district est de 120,000 habitants environ, dans lesquels les Européens entrent à peine pour 800 et la population mixte pour 1,100.

La population totale de nos établissements de l'Inde est de 225,780 individus, savoir : Européens, 1331; Topas, population mixte provenant du mélange des Européens avec les jeunes indiennes, au nombre de 1,503; enfin la population indienne et aborigène s'élevant à 222,780.

Le district de Pondichéry renferme 2 sucreries, 2 filatures, 1 magnanerie appartenant au gouvernement, 91 indigoteries, 125 teintureries, 4,126 métiers de tisserands, 177 moulins à huile et 558 boutiques diverses.

COMMERCE. — STATISTIQUE.

Le mouvement commercial de Pondichéry a été, en 1855, de :

Importations...........	2,800,504 f. 50 c.
Exportations...........	9,388,371 95
	12,188,876 45

KARIKAL.

La ville de Karikal est située sur la côte de Coromandel, dans la province de Tandgaour, à 11 kil. sud de Tranguebar, 100 kil. de Pondichéry, par 10°55' latitude N. et 77 24' longitude E.; son territoire fut cédé à la France en 1739 par le radjah de Tandgaour; les Anglais s'en emparèrent en 1803, mais il nous fut restitué en 1814.

Le territoire de Karikal est divisé en cinq districts ou *maganoms* qui sont ceux de : Karikal, Tirnoular, Nellajendour, Nedougadou et Kotchery. La superficie totale est de 16,184 hectares.

Le sol est très-fertile.

Les toiles peintes et le riz sont les principaux articles de commerce.

COMMERCE. — STATISTIQUE.

En 1855, le mouvement commercial a été :

Importations.....................	1,319,005 fr.
Exportations.....................	532,195
Commerce général.........	1,851,200

Mahé.

Acquise par la France en 1727, cette ville a été occupée par les Anglais de 1761 à 1785 et de 1793 à 1815. Elle est située sur la côte du Malabar, par 11°42'8" de latitude N. et 73°13'23" de longitude E., à 400 et quelques kilom. de Pondichéry et à 10 kilom. hors de Calcutta. Son territoire est de 585 hectares.

Le port est bon.

Commerce de poudre, cannelle, sandal, etc.

COMMERCE. — STATISTIQUE.

Le mouvement commercial en 1855 a été :

Importations	56,625 f. 20 c.
Exportations	15,431 30
Mouvement total	70,056 50

Yanaon.

Ce comptoir est situé dans le pays des Circars septentrionaux, à 40 kil. E. de l'embouchure du Godavéry, à 560 kil. N.-N.-E. de Pondichéry, par 16°43' de latitude N. et 80°5' de longitude E.

La ville d'Yanaon appartient à la France depuis 1752 : les Anglais s'en emparèrent pendant la révolution, mais la restituèrent en 1817. Son territoire est de 8 kil. carré ; sa population de 7,000 individus environ.

Yanaon a été dévastée le 16 novembre 1839 par un violent ouragan et par un débordement de la mer.

COMMERCE. — STATISTIQUE.

Le mouvement commercial, en 1856, a été :

Importations	13,548 fr.
Exportations	12,431
Mouvement total	27,979

Chandernagor.

La ville de Chandernagor, *Fransdonga* chez les indigènes, est située sur la rive droite de l'Ougli, un des bras du Gange dans le Bengale, à 31 kilom. N. de Calcutta et à environ 1,600 kilom. de Pondichéry, par 22°51' de latitude N., 86°9' de longitude E.

Chandernagor appartient à la France depuis 1688; les Anglais nous l'ont souvent prise; ils nous l'ont restituée en 1814; mais depuis cette époque, que ses fortifications ont été démolies, elle a perdu toute son importance.

L'exportation est annuellement de 400 caisses d'opium.

La France possédait anciennement des points importants dans le Bengale; ses possessions se réduisent aujourd'hui à quelques *loges* ne contenant que des terrains insignifiants et à la *factoterie de Surate* située dans la ville indo-anglaise du même nom.

Les Antilles.

Archipel de l'Amérique s'étendant en ligne courbe de l'entrée du golfe du Mexique au golfe de Maracaïbo, se divisant en Grandes Antilles et Petites Antilles; celles-ci se subdivisent en *Antilles du vent* et *Antilles sous le vent.*

Les Grandes Antilles sont Cuba, Haïti, la Jamaïque et Porto-Rico, plus quelques petites îles sur leurs côtes.

Les Petites Antilles du vent sont : Saint-Thomas, Saint-Jean, Anegada, les Vierges, Sainte-Croix, Saint-Martin, l'Anguille, Saint-Barthelémy, Saint-Eustache, Saint-Christophe, Nevis, la Barboude, Antigoa, Monserrat, la Guadeloupe, les Saintes, Marie Galande, la Désirade, la Dominique, la Martinique, Sainte-Lucie, Saint Vincent, la Barbade, Grenade et les Grenadilles.

Les Petites Antilles sous le vent sont : Tabago, la Trinité, Blanquille, Sainte-Marguerite, la Tortue, les Rocs, Bonair, Curaçao, Aruba.

On divise aussi cet archipel en Antilles anglaises, françaises, etc., suivant les peuples auxquels elles appartiennent.

Les Antilles françaises seules doivent nous occuper ici, ce sont : la Guadeloupe, la Martinique, Saint-Martin, Marie-Galande, la Désirade, la Petite-Terre et les Saintes.

Le climat des Antilles est brûlant, mais le sol est d'une fertilité sans égale.

La Martinique.

La Martinique, longtemps nommée la reine des Antilles, est située entre 14°21' et 14°59' de latitude N., 63°10' et 63°40' de longitude O., à neuf lieues sud-est de la Dominique, dix lieues nord de Sainte-Lucie et quarante-cinq lieues nord-ouest de la Barbade. Suivant Malte-Brun, sa circonférence est de cinquante-six lieues et sa superficie de vingt-quatre lieues carrées.

Découverte par les Espagnols en 1493, la Martinique a été occupée au nom de la France, en 1635, par l'Olive et Duplessis, et colonisée un mois après par d'Enambuc, gouverneur de Saint-Christophe. En 1674, les Hollandais attaquèrent vainement la Martinique; les Anglais la prirent en 1762, 1802 et 1809, mais ils l'ont toujours rendue à la France.

De forme très-irrégulière, la Martinique se compose de deux grandes péninsules, réunies par une isthme de peu d'étendue, et qui semblent avoir été formées par les éruptions de montagnes volcaniques. La montagne Pelée, les pitons du Carbet, les Roches carrées, le Vauclin, le cratère du Morne, le Morne la plaine, sont des volcans éteints. A leurs pieds s'étendent les *Mornes,* collines formées par les courants de lave, et qui sont aujourd'hui couvertes de bois.

La partie occidentale de l'île n'est pour ainsi dire qu'une agglomération de montagnes nues, de rochers et de précipices infranchissables. Dans la partie orientale, au contraire, les montagnes s'aplatissent pour former de belles vallées, et ne présentent plus que des pitons verdoyants, détachés de la chaîne principale.

Dans le voisinage des anciens volcans, le sol se compose de pierres ponces; ailleurs il est gras et fertile Un quart de l'île est couvert d'épaisses forêts; les deux cinquièmes seulement sont en culture.

C'est à la Martinique que Declieux transporta, en 1723, un pied de café qu'il avait reçu du Jardin des Plantes de Paris et d'où sont sortis tous ceux qui font aujourd'hui, avec la canne à sucre, la principale richesse des Antilles.

On tire de la Martinique, particulièrement du café très estimé, du cacao, du coton, du sucre, du tabac que, du nom d'un quartier de l'île où l'on cultive le meilleur, on a appelé *Macouba*. On y récolte en outre du maïs, de la vanille, du gingembre, des clous de girofle, des ananas, etc., etc.

La Martinique est divisée en deux arrondissements, six cantons et vingt-quatre communes. La population est de 136,000 individus.

Fort-Royal est le chef-lieu de la colonie, mais la ville la plus considérable de l'île est Saint-Pierre.

COMMERCE. — STATISTIQUE.

Le mouvement commercial, en 1856, a été :

Importations.................	23,833,540 fr.
Exportations.................	20,186,615
Mouvement général......	44,020,155

Les denrées et marchandises provenant de la Martinique et importées en France, en 1856, ont été :

		quantités.	valeurs officielles.
Peaux brutes, fraîches..................	(kilog.)	111,737	111,737 fr.
— sèches..................	id.	10,229	18,412
Écailles de tortues..................	id.	501	28,056
Fruits conservés..................	id.	11,0 5	9,924
Sucre..................	id.	26,636,123	15,981,976
Sirops, confitures et bonbons..........	id.	6,764	12,175
Cacao..................	id.	444,546	400,901
Café..................	id.	10,260	16,416
Casse sans apprêts..................	id.	193,790	290,685
Bois de teinture et d'ébénisterie..........	(valeur)	»	228,977
Cendres d'orfèvres..................	(kilog.)	628	18,840
Cuivre pur de première fusion..........	id.	29,820	59,640
Indigo..................	id.	809	12,944
Rocou..................	id.	9,000	18,000
Cigares..................	(cent)	7,051	21,143
Eau-de-vie de mélasse..................	(litre)	2,781,627	1,668,976
Chapeaux de paille fine..................	(nombre)	596	8,940
Ancres et cables, en fer..................	(valeur)	»	11,154
Denrées et marchandises non dénommées.	»	»	98,702
Valeur totale..................			19,016,797

Cette somme représente, en *valeurs actuelles*, celle de 27,939,711 francs.

La Guadeloupe et dépendances.

La Guadeloupe, qui appartient comme la Martinique à l'archipel des Antilles, est située entre les îles d'Antigua au nord, de la Dominique au sud, de la Martinique au sud-est, par 63°20' et 64°9' longitude O., 15°59' et 16°40' latitude N.

Habitée originairement par les Caraïbes et appelée par eux, *Karukera*, elle fut découverte le 4 novembre 1493 par Christophe Colomb, qui lui donna le nom de Guadeloupe (*Guadalupe*) à cause de la ressemblance qu'il croyait trouver entre ses montagnes et la Sierra da Guadalupe en Espagne. Négligée par les Espagnols, elle fut envahie en 1635 par les Français, conduits par d'Olive et Duplessis, qui, après avoir soutenu de nombreux combats contre les Caraïbes, finirent par les en chasser. La Guadeloupe eut à repousser plusieurs tentatives de la part des Anglais qui s'en rendirent maîtres plusieurs fois en 1759, 1794, 1810 et 1815.

La forme de la Guadeloupe est très-irrégulière. Un canal, dit la Rivière salée, la coupe en deux parties qui sont comme deux îles, l'une à l'ouest qui garde le nom de Guadeloupe, l'autre à l'est qu'on appelle *Grande-Terre* pour la distinguer des *Petites-Terres*, groupe d'îlots à la pointe sud-est de la Grande-Terre. La superficie de l'île et de ses dépendances est de 138,000 hectares.

Les deux parties dont se compose la Guadeloupe, sont d'une nature et d'un aspect essentiellement différents. La première, Guadeloupe propre, est montueuse, escarpée, dominée par le volcan de la Soufrière qui fume perpétuellement ; le sol n'est guère cultivé que sur les côtes. La Grande-Terre, au contraire, généralement unie est, bien que privée d'eau, fertile et favorable à la culture. Elle produit les épices, la canne à sucre, le café, le cacao, l'indigo, le gingembre, le tabac, le manioc, les patates, les ignames, les oranges, etc., les bois d'ébénisterie, les plantes potagères et médicinales ; tous objets qui sont avec le tafia, le rhum, etc., la base de son commerce d'exportation.

Le chef-lieu de la Guadeloupe est la *Basse-Terre*, mais la ville la plus riche et la plus peuplée est la *Pointe-à-Pitre*.

De la Guadeloupe dépendent administrativement : l'île de Marie-Galande, dont les localités les plus peuplées sont : le *Grand-Bourg* ou *Marigot*, la *Capesterre*, et le *vieux fort Saint-Louis* ; les îles Saintes, la Désirade et la partie française de l'île Saint-Martin.

Le mouvement commercial de la Guadeloupe et dépendances a été, en 1856, de :

Importations	23,671,375 fr.
Exportations	15,147,176
Mouvement général	38,818,551

COMMERCE. — STATISTIQUE.

Les denrées et marchandises provenant de la Guadeloupe et dépendances, importées en France, en 1856, ont été :

		quantités.	valeurs officielles.
Peaux brutes, fraîches	(kilog.)	48,636	48,636 fr.
— sèches	id.	2,255	4,023
A reporter			52,659

	Report		52,659
Écailles de tortue	id.	412	23,072
Sucre	id.	21,598,638	15,003,032
Sirop, confitures et bonbons	id.	4,077	7,339
Cacao	id.	40,956	56,860
Café	id.	182,650	29[illegible],240
Bois de teinture et d'ébénisterie	(valeur)	»	191,079
Coton en laine	(kilog.)	40,162	8[illegible],324
Fonte brute	id.	125,056	18,758
Ferrailles	id.	385,170	57,776
Cuivre de première fusion	id.	26,090	51,180
Rocou	id.	84,518	169,036
Eau-de-vie de mélasse	(litre)	886,281	531,769
Nattes ou tresse	(valeur)	»	12,766
Chapeaux d'écorce ou despacts, fils,	(nombre)	400	6,000
Denrées et marchandises non dénommées.	»	»	86 882
Valeur totale			14,620,772

Cette somme représente, en *valeurs actuelles*, celle de 19,977,577 fr.

Saint-Pierre et Miquelon.

L'île Saint-Pierre est située dans l'Océan atlantique, à l'entrée du golfe Saint-Laurent, au sud, et à 5 ou 6 kilom. de la côte méridionale de Terre-Neuve, par 46°46' de latitude N. et 58 30' de longitude O. de Paris.

L'île de Miquelon gît dans le même golfe Saint-Laurent, par 58°15' de longitude O. et 47°4' de latitude N.

Saint-Pierre appartient à la France depuis 1763 ; les Anglais l'ont occupée plusieurs fois de 1778 à 1783, de 1793 à 1801 et de 1804 à 1816.

Miquelon, ainsi que l'îlot du Petit-Miquelon situé au sud, appartiennent à la France depuis 1763 et ont partagé les époques de guerre et de révolution le sort de l'île Saint-Pierre.

Saint-Pierre, forme avec les deux petites îles de Miquelon, une colonie soumise au même commandement.

Le sol est peu fertile, mais ces possessions sont très-précieuses comme stations pour la pêche de la morue.

Les habitants permanents sont au nombre de 1500 ; pendant la saison de la pêche, la population s'élève à 4,000.

PRODUITS DE LA PÊCHE.

	Morue sèche. (kil.)	Morue verte. (nombre)	Huile de morue. (kil.)
1852	10,074,291	1,879,594	327,137
1853	10,287,6[illegible]0	1,601,440	504,582
1854	10,383,008	1,444,719	363,514
1855	8 059,852	1,115,060	181,406
1856	9,102,353	2,611,269	239,132
Moyenne des cinq années	9,571,353	1,080,550	263,160

§ La moyenne des navires et embarcations, du tonnage des navires et du nombre des pêcheurs, a été pour cette même période quinquennale ; savoir :

Nombre des navires.	(Moyenne)...	101	
— d'embarcations.	(Id.).....	435	
Tonnage des navires.	(Id.).....	15,590	tonneaux.
Nombre de pêcheurs.	(Id.).....	4,040	

La Guyane Française.

La Guyane, région de l'Amérique méridionale, forme une île qu'entourent l'Atlantique, l'Amazone, le Rio-Négro, le Cassiquiare et l'Orénoque ; elle s'étend de 52° au 71° longitude O., et de 4° latitude S. à 9° latitude N. Cette contrée se divise en cinq parties : la *Guyane colombienne* (ci-devant espagnole), la *Guyane anglaise*, la *Guyane hollandaise*, ou district de Surinam, la *Guyane française*, dont nous allons nous occuper exclusivement, enfin la plus grande de toutes, la *Guyane brésilienne* (ci-devant portugaise).

La Guyane française est située entre la Guyane hollandaise au nord-ouest, et le Brésil au sud et au sud-ouest ; ses limites de ce côté n'ont jamais été réglées ; l'Oyapoc lui sert de frontière provisoire ; elle a 200 lieues de longueur, 100 de largeur, et une surface de 7,620 lieues carrées.

Après des tentatives infructueuses pour fonder un établissement au Brésil, les Français tournèrent leurs vues du côté de la Guyane ; la première date certaine de la présence de Français dans cette contrée, est 1604, ainsi qu'il résulte de la relation du voyage du capitaine Ravardière, faite par son compagnon Jean Moquet, depuis garde des curiosités du Roi.

Le premier établissement permanent fut formé par quelques marchands de Rouen qui, en 1626, envoyèrent les sieurs de Chantail et de Chambaut former un établissement sur les bords de la rivière de Sinnamary.

En 1633, une compagnie de marchands de Rouen ayant obtenu le privilége du commerce de l'Orénoque et de l'Amazone, envoya à la Guyane soixante et quelques colons ; les priviléges que le cardinal de Richelieu avait accordés à cette compagnie furent confirmés et augmentés en 1638, la compagnie s'engageant de son côté à former de nouveaux établissements au Cap Nord et sur le Maroni. Une expédition de colons, sous la direction de M. Poncet de Bretigny, quitta la

France en 1643, et arriva en face de Mâhury, près l'île de Cayenne, le 25 novembre de cette même année. La cruauté de M. de Bretigny, les vexations de tout genre qu'il fit subir aux indigènes, provoquèrent une révolte dans laquelle il fut, ainsi que les colons, assassiné par les Indiens.

Quelques années plus tard (1654), les Anglais s'emparèrent du territoire où nous avions commencé nos établissements; en 1672, les Hollandais firent une tentative pour occuper la Guyane française, mais ils ne purent s'y maintenir.

Une escadre, commandée par l'amiral d'Estrées, arriva devant l'île en décembre 1674, et un corps de débarquement s'empara sans coup férir, des forts que les Hollandais avaient construits à l'embouchure des rivières d'Oyapok et d'Approuague.

Depuis cette époque, jusqu'à la révolution française, Cayenne, et la portion de la Guyane qui lui est contiguë, restèrent toujours au pouvoir de la France, sans avoir à souffrir du fléau de la guerre.

En 1809, les Portugais se rendirent maîtres de nos établissements, qui nous furent rendus par les traités de 1814-1815; le général Carra-Saint-Cyr en prit possession en 1817.

La population était à cette époque de 16,500 habitants, dont 700 blancs, 800 affranchis, et 15,000 esclaves. La population était, en 1856, de 21,172 individus, dont la population blanche formait la quinzième partie environ.

Depuis le bord de la mer jusqu'à une distance qui varie de 3 à 8 et 25 lieues, le terrain consiste, dit M. Eyriès, en savanes basses formées par des attérissements de la mer, les unes récentes, les autres existant depuis des siècles. La partie la plus voisine de l'Océan est couverte, à chaque marée montante, d'un à deux pieds d'eau. Ces terres basses sont bordées de mangliers et d'autres grands végétaux; ce sont des forêts impénétrables, croissant sur un fond de vase, dans lequel on enfonce au moins jusqu'aux genoux; les bords des principales rivières offrent le même aspect; ces terrains sont les plus fertiles.

Au-delà des savanes, le pays s'élève jusqu'à des montagnes qui ont 400 mètres de hauteur. L'intérieur est peu connu; les montagnes sont granitiques.

L'Oyapok, l'Approuague, l'Oyac, le Kourou, le Sinnamary, dans la partie française, sont les principaux fleuves.

Comme cette contrée est exposée à l'action des vents alisés, arrosée de beaucoup de rivières, et couverte de forêts immenses, la chaleur y est moindre que dans les Antilles ; le thermomètre s'y maintient entre 19 et 25 degrés.

De même que dans toutes les régions équinoxiales, où la chaleur et l'humidité favorisent la végétation, celle de la Guyane est d'une richesse prodigieuse. Le rocouyer, dont la graine donne une couleur rouge ; le simarouba, bois extrêmement amer ; le caoutchouc, qui fournit la gomme élastique ; beaucoup d'arbres dont le bois est excellent pour l'ébénisterie, remplissent les forêts de la Guyane. Toutes les productions qui font la richesse et alimentent le commerce des Antilles, se récoltent dans cette contrée, dont le café et le coton sont surtout estimés. On y a fait des plantations de girofliers, de muscadiers, de canneliers, et d'autres arbres de l'Inde, qui y ont très-bien réussi.

Cayenne, sur une île du même nom, est la principale ville de la Guyane française. Par décret du 8 décembre 1851, cet établissement a été désigné, comme colonie pénitentiaire, pour recevoir les repris de justice en rupture de ban et les affiliés aux sociétés secrètes.

La fièvre jaune qui, en 1856, a sévi avec une grande intensité, a compromis un moment l'avenir de la colonie ; le discours d'ouverture de la session législative de 1857, contenait même l'annonce de l'abandon de la Guyane, mais l'état sanitaire s'étant amélioré et maintenu, l'idée d'abandon n'a pas été mise à exécution, et même de nouveaux convois de transportés ont été dirigés vers cet établissement pénitentiaire.

Des gisements aurifères sur les bords de l'Aprouage ont été reconnus, une concession a été faite à une compagnie, et des travaux d'extraction ont été commencés ; cette découverte sera peut-être le point de départ d'une ère nouvelle pour cette colonie, dont les forêts immenses et les savanes peuvent fournir de nombreux éléments de commerce et d'exploitations agricoles.

COMMERCE. — STATISTIQUE.

Le mouvement commercial de la Guyane, tant avec la France qu'avec l'Etranger, a été, en 1856, de :

Importations..................	6,063,232 fr.
Exportations..................	1,640,2?4
Total général..........	7,703,495

Dans une publication officielle, sur le mouvement commercial des colonies françaises, nous trouvons que les denrées et marchandises provenant de la Guyane, et importées en France, en 1836, ont été :

		quantités.	valeurs officielles.
Peaux brutes, fraîches	(kilog.)	29,999	29,999f r.
— sèches	id.	8,914	16,045
Vessies natatoires de poissons	id.	2,247	26,964
Sucre	id.	215,684	128,210
Girofle, Clous	id.	30,836	158,762
— Griffes	id.	3,508	3,508
Bois d'ébénisterie	(valeur)	»	107,548
Coton en laine	(kilog.)	4,116	8,252
Rocou	id.	455,457	910,914
Denrées et marchandises non dénommées	(valeur)	»	20,[illegible]49
Valeur totale			1,369,982

Cette somme représente, en *valeurs actuelles*, celle de 1,330,411 fr.

Établissements français dans l'Océanie.

Îles Marquises.

Le 1er mai 1842, le contre-amiral Du Petit-Thouars, commandant la station navale de l'Océan pacifique, prit possession au nom de la France de l'archipel des îles Marquises. Cette prise de possession a été jugée diversement; les avantages qu'elle présentent ont été très-bien résumés par l'amiral Roussin, dans un discours inséré dans les *Annales maritimes:* « La France, dépourvue comme elle l'est de points de relâche, de points d'appui pour sa marine, réduite absolument à la Martinique, aux Saintes, à la rade foraine de la Guyane et à l'abri du canon de Gorée, devait et doit toujours en chercher de nouveaux, quand elle le peut sans violence et sans faire de tort à qui que ce soit.

« La position des îles Marquises, sous un climat doux et sain, à une distance presque égale de l'Amérique et des grands archipels d'Asie, n'est pas sans offrir, dès à présent, des avantages précieux pour nos bâtiments occupés à la grande pêche, qui y trouveront de l'eau, du bois à brûler, des vivres frais et un abri nécessaire à leurs équipages et à la réparation de leurs avaries. »

L'archipel des îles Marquises, est situé entre 7°55' et 10°30' de latitude sud et 141° et 143°6' de longitude ouest de Paris. Il se divise en deux groupes, distants l'un de l'autre de vingt lieues à peu près. Celui du sud fut découvert par Alvare Mendana de Neira (1595) et Cook (1774); celui du nord-ouest, par le capitaine américain Ingraham et le capitaine français Marchand (1791). L'archipel compte en tout douze îles, îlots ou rochers, y compris un attolon de sable: cinq forment le groupe sud-est; ce sont du sud au nord, les îles de *Fatou-Hiva*, *Taouata*, *Motane*, *Hiva-Oa* et le rocher *Fetou-Houkou*. Le groupe du nord-ouest se compose des îles *Houa-Poou, Nou-Hiva* ou *Nouka-Hiva, Houa-Houna,* des rochers *Motou-Iti,* des îles *Hiaou* et *Fetou-ou-Hou* et d'un attolon de sable, appelé *Ile de Corail.*

« Vues de la mer, ces îles, qu'on aperçoit à une vingtaine de lieues de distance, présentent en général de hautes chaînes de montagnes, s'élevant de mille à douze cents mètres au-dessus du niveau de la mer, et dirigées dans le sens de la plus grande longueur des îles. De la cime au rivage, un terrain accidenté étale alternativement les arêtes vives et nues des sommets, des déclivités remarquables, des gorges profondes qui s'épanouissent en riantes vallées, en s'avançant vers la mer et sur divers points de belles plages blanches, presque toujours peuplées. La végétation, rare sur les hauteurs, grandit dans les ravins et déploie de riches massifs, à mesure qu'elle descend sur le littoral. Dans les plaines qui entourent la base des monts, près du sable du rivage, des cocotiers au tronc svelte et élancé, détachent leurs têtes panachées au-dessus des arbres du feuillage plus sombre et plus touffu. »

M. Amédée Tardieu a énuméré, d'après les notes de M. Jacquinot, chirurgien de la marine, les principales productions propres au sol de cet archipel : au premier rang, l'arbre à pain, *artocarpus incisa* (1), le cocotier, le bananier, dont les Nouka Neviens mélangent le fruit avec la pâte aigrelette et fermentée du fruit à pain; le *Spondias Cytherea,* grand arbre d'un port majestueux, aux fruits ronds, verts, semblables à la pomme; le goyavier; plusieurs espèces de vaquois *(Pandanus odoratissimus),* dont le fruit dur et coriace n'est pas dédaigné des naturels; l'arbre des Banians (*ficus indicus*); le filao (*casuarina*), dont le bois de fer sert à la confection de leurs armes, comme l'écorce de l'*hibiscus tiliaceus* sert à celle de leurs vêtements; le *barringtonia,* aux fruits étranges, mais inutiles; le *gardenia florida*, l'*aleurites triloba,* qui produit la noix huileuse, dite de *bancoul*. Parmi les végétaux plus humbles, il faut citer la patate douce, l'igname, le taro (*arum esculentum*), qui fournit une excellente fécule, comme la racine du *tacca pinnatifida,* que les insulaires de

Taïti ont appelée *pia;* le papayer, le *convolvulus brasiliensis*, l'*arum Rumphii*, ressource en temps de disette. Les autres espèces de plantes consistent dans quelques fougères et polypodes, la rose de Chine, variété rouge et blanche, l'*abrus precatorius*, arbuste qui produit les petites graines rouges, connues sous le nom de *Pois d'Amérique;* des graminées qui assureraient le pâturage de nombreux troupeaux; quelques solanées, entre autres, le tabac récemment introduit, et dont les naturels se montrent très-avides; une grande labiée à odeur très-aromatique, dont les fleurs violettes ornent les cheveux des jeunes filles; le ricin, ou *palma Christi*, qui atteint dans ces îles une hauteur de plus de dix pieds; le *Calophyllum inophyllum*, plante avec laquelle les naturels enivrent le poisson; le *dracœna terminalis*, etc. La canne à sucre croît spontanément, et il est probable que les autres productions des Antilles, telles que le café, le coton, etc., réussiraient parfaitement. Déjà, le coton a été trouvé à l'état sauvage dans l'archipel Mangareva. A l'aide de ruisseaux, on pourrait faire des marais artificiels, où la récolte du riz serait assurée, en même temps que celle du taro. L'oranger, le citronnier, prendraient à Nouka-Hiva, le même développement qu'à Taïti, où le capitaine Bligh les a importés.

Le règne animal est plus faiblement représenté que le règne végétal. Il n'y a pas de mammifères propres au pays. Le cochon qui y a été importé, reste abandonné par les habitants à l'état sauvage; des bœufs, des chevaux et des ânes y ont été importés depuis l'occupation française.

Les publications officielles ne contiennent aucun document sur le mouvement commercial de la France avec ses possessions des îles Marquises.

Taïti.

Taïti ou Otahiti, chef-lieu des établissements français dans l'Océanie, la plus grande des îles de la Société, une des plus grandes de la Polynésie, la *Sagittaria* de Quiros, la *Nouvelle Cythère* de Bougainville, située par 152° longitude ouest et 17° latitude sud, est formée de deux presqu'îles, ayant l'une 136 kilom. de tour, et l'autre 47 kilom.

Cette île semble être une production volcanique; elle est montagneuse et boisée, et possède quelques bonnes rades, celle de Papeïti, entre autres. Le climat est délicieux, le sol fertile; les principales productions sont : le coco, les pisangs, le poivre, la canne à sucre, l'arbre à pain, le rocou, le taro, le pia; l'indigo, qui vient naturellement, plusieurs plantes tinctoriales intéressantes, ainsi que des bois de construction. La volaille, le gibier et les poissons y abondent; des récifs de corail entourent l'île. Les oranges, la nacre et les perles sont l'objet d'une exportation assez importante.

Visitée dès 1606 par Quiros, revue en 1767 par Wallis, par Bougainville en 1768, par Cook en 1768 et 1776, au temps où elle obéissait à la reine Obéara, Taïti a été longtemps le lieu de la Polynésie le plus fréquenté par les Européens. Les habitudes voluptueuses des indigènes l'avaient rendu fameuse. Des missionnaires anglicans, en s'y établissant, ont donné à l'île un autre aspect et fait adopter à presque toute la population, le vêtement, la religion et les manières européennes. Cependant, les montagnes recèlent encore ceux des indigènes qui sont restés fidèles à la religion et aux coutumes de leurs pères, et désertent la plaine pour retourner à la vie sauvage.

L'Angleterre, vers 1822, a voulu imposer à Taïti son pavillon et y placer une garnison anglaise; cette offre fut repoussée.

En 1842, l'île fut placée sous le protectorat de la France qui l'accepta; en 1843, l'amiral Du Petit-Thouars voulut y substituer une occupation complète; le gouvernement de Louis-Philippe le désavoua; l'indemnité Pritchard fut un des scandales de ce gouvernement.

Le mouvement commercial, en 1856, a été :

Importations................	2,912,532 fr.
Exportations................	1,137,885
Mouvement général......	4,649,217

Nouvelle Calédonie.

Le plus récent de nos établissements, puisque M. Février Des Pointes, commandant en chef des forces navales de l'Océan pacifique en prit possession au nom de la France, le 24 septembre 1853 est situé dans l'Océan pacifique, par 21° latitude S., et 163° longitude E., à l'est de Nouvelle-Hollande. Son étendue est de 370 kilom. sur 50; cette île s'étend dans une direction oblique du nord-ouest au sud-est; une chaîne de montagnes, dont la hauteur est de 400 toises au-dessus du niveau de la mer s'élève sur toute la longueur de cette île étroite.

La Nouvelle-Calédonie est entièrement environnée de récifs; la chaîne des brisants n'est interrompue que dans un petit nombre d'endroits.

La côte occidentale de l'île offre peu de trace de végétation; entre le rivage et les montagnes sont placés, dans des formes très variées et souvent très pittoresques, plusieurs rangs de collines groupées, de hauteurs différentes; mais la teinte monotone de toutes ces montagnes sans verdure ne présente rien où la vue puisse se reposer agréablement : ce n'est que sur les bords, ou très près de la mer, que l'on aperçoit quelques bouquets d'arbres placés à de grandes distances les uns des autres; l'intérieur de l'île est boisé, et de vastes espaces sont couverts de forêts. L'aspect de la côte orientale est moins triste que celui de la côte occidentale. De superbes chûtes d'eau produisent un effet très pittoresque au milieu des arbres d'un vert sombre dont les montagnes sont couvertes; elles forment des ruisseaux qui se rendent à la mer, ou bien se perdent dans les terrains bas et sablonneux qui sont au pied des hauteurs.

La Nouvelle Calédonie a été découverte le 4 septembre 1774, par le capitaine Cook; la population en est anthropophage.

Dans une notice sur la Nouvelle-Calédonie, publiée dans la *Revue algérienne et coloniale*, le P. X. Montrouzier, donne la nomenclature des plantes reconnues et décrites, tant par Forster et La Billardière, que par MM. Moore, Vieillard, Panchez, etc.; nous lui empruntons textuellement ce travail :

Plantes décrites par Forster dans son livre intutilé : *Florulæ Insularum Australium Prodromus :*

» Dianthera cærulea, Piper siriboa, Canicum hispidum, Poa eragrostis, Embothrium umbellatum, Campanula gracilis, Cossæa oputina, Dentella repens, Nicotiana fruticosa, Cordia dichotoma, Argophyllum nitidum, Molodinus scandens, Cynanchum viminale, Salsola Kali, Rhus atrum, Anthericum adenanthera, Ximenia elliptica, Achronychius lævis, Codia montana, Haloragis prostrata, Suriana maritima, Rhizophora Mangle, Melaleuca leucadendron (an leucadendron? nec latifolia?) Eugenia racemosa, Calophyllum inophyllum, Euryandra scandens, Myoporum crassifolium, Myoporum tenuifolium, Acanthus (dilivaria) ilicifolia, Lepidium piscidium, Sida indica, Æschynomene coccinea, Hedysarum umbellatum, Hedysarum lagopodioides, Hypericum gramineum, Gnaphalium luteo--album, Epidendron tuberosum, Passiflore Aurantia, Balanophora fungosa, Casuarina nodiflora, Cupressus columnaris, Croton inophyllum, Smilax purpurata, Clusia pedicellata, Ponsetia ternata, Mimosa Mangium, Breynia disticha, Ficus indica, jasminum sp? Schœnus arundinaceus, Menyanthes sp? Scœvola sericea, Scœvola saligna, Hydrocotyle sp? Gnaphalum redolens, Melistaurum distichum.

« Plantes décrites et figurées par La Billardière :

« Aspidinm sinnatum, Asplenium viridans, Blechnum stramineum, Lomaria gibba, Lamaria obtusata, Notholæna distans, Pteris rugulosa, Lindsæa élongata, Dicksonia straminea, Gleichenia semivestita, Gleichenia flabellata, Marattia attenuata, Lycopodium laterale, Fimbristylis marginata, Aristida pilosa, Saccharum floridulum, Cenchrus anomoplexis, Rottboellia cœlorachis, Aira sabulonum, Smilax purpurata, Smilax orbiculata, Curculigo stans, Limodorum unguriculatum, Stenocarpus Forsteri, Jasminum divaricatum, Oxera pulchella, Evolvulus heterophyllus, Ochrosia elliptica, Echites scabra, Alstonia plumosa, Melodinus phylliræoides, Gynopogon stellatum, Maba elliptica, Maba rafa, Ximenia elliptica, Phelline comosa, Leucopogon Cymbulæ, Argophyllum nitidum, Argophyllum ellipticum, Scœvola montana. Monenteles spicatus, Monenteles sphacelatus, Bidens tenuifolia, Codia montana, Psychotria collina, Stylocorina corymbosa, Morinda phylliræoides, Geissois racemosa, Dimereza glauca, Orintrophe panigera, Hypericum gramineum, Trichilia bijuga, Tetracera euryandra, Unona fulgenis, Microsemma salicifolia, Eriostemon corymbosum, Metrosideros ciliata, Metrosideros operculata, Leptospermum parvulum, Leptospermum, pinifolium, Caryophyllus ellipticus, Melastoma denticulata, Lawsonia acronychia, Acacia granulosa, Acacia fulgens, Acacia laurifolia, Acacia spirorbis, Kennedia tabacina, Hedysarum varians, Hedysarum tuberculosum, Cupania apetala, Evodi drupacea, Crozophora peltata, Bradleia zeylanica, Bradleia glauca, Bradleia macrophylla, Discmma Aurantia, Urtica pellucida.

« Quant à l'Antholoma montana de Candolle, on ne la trouve point dans le *Sertum*, et on ne l'a pas encore rencontrée en Nouvelle-Calédonie.

« Plantes non observées par Forster et La Billardière, mais connues de leur temps et recueillies dans d'autres localités :

« Tournefortia argentea, Morinda citrifolia, Ceanothus capsularis, Celastrus crenatus, Cerbera Manghas, Xylophylla longifolia, Crinum asiaticum, Dracœna terminalis, Loranthus sp? Dodonæa viscosa, Cardiospermum halreacabum, Guilandina Bonducella, Adenanthera scandens Triumphetta procumbens, Lythrum Pemphis, Tacca pinnatifida, Eugenia Malaccensis, Sesuvium portulacastrum, Tetragonia haliumfolia, Ruellia reptans, Volkameria (Clerodendron) inermis, Vitex trifolia. Melochia (Riedleia) odorata, Barringtonia speciosa, Sida rhombifolia, Gossypium religiosum, Hibiscus tiliaceus (des voyageurs, mais non des botanistes, celui-ci a les feuilles dentées, celui-là les a très-entières), Hibiscus Rosa, sinensis (il est très-remarquable que l'on trouve en maintes localité où certainement les Européens n'ont pas pénétré, cette fleur à l'état double. Comment s'est opérée cette transformation?), Abrus precatorius, Erythrina corallodendron, Dolichos luteolus, Dolichos tuberosus (des voyageurs, mais pour les botanistes c'est une espèce Diochea), Galega littoralis, Arum esculentum, Arum macrorhizon. Dracontium pertulum, Artocarpus incisa, Casuarina equisetifolia, Coix lacryma, Hernandia sonora, Morus papyrifera, Guettardia speciosa, Aleurites triloba (dont il existe au moins trois variétés, l'une à feuilles étroites, l'autre à feuilles palmées, la troisième à feuilles lobées, à lobes obtus); le fruit de cette dernière peut se manger sans danger, les noix des deux autres renferment une huile purgative dont les naturels se servent pour s'oindre le corps; Pandanus odoratissima, Viscum opuntioides (qu'on trouve sur les Beckœa); Dioscorea pentaphylla, Dioscorea alata, Dioscorea bulbifera (c'est la nourriture du *nuakegne* ou fées du pays); Musa parasidiaca (et une foule d'espèces et de variétés); Terminalia Catappa, Terminalia glabrata, Ficus tinctoria, Ficus prolixa (les naturels emploient l'écorce pour fabriquer une espèce d'étoffe feutrée); Cycas circinalis (des voyageurs, mais non des botanistes, c'est une espèce nouvelle); Acrotichum aureum, Pteris esculenta, Cocos nucifera (avec ses nombreuses variétés parmi lesquelles on remarque celle dont les fruits sont presque sessiles sur le pédoncule, sans pédicelles); Polyscias pinnata, Oxalis reptans, Coreopsis helianthoides, etc., etc. »

M. Lindley a fait connaître le Grevillea exul de Kanala. M. Hooker, le Grevillea Gillivrayi.

Enfin on a déjà recueilli et publié dans divers journaux scientifiques une renonculacée, deux dilleniacées, une caryophyllée (Mollugo), une capparidée (Capparis), trois violariées, quatre pittosporées, deux malvacées, une éléocarpée, quatre aurantiacées, deux guttiférées (Clusia, Inophyllum), une érythroxylée (Erythroxilum), six sapindacées, une zygophyllée (Tribulus), une rutacée, six rhamnées (Phyllica, Goupia, Pomaderris) neuf légumineuses, une combretacée, une onagrariée (Jussiæa), cinq myrtacées, trois saxifragées (Callicoma), trois araliacées (Panax), huit rubiacées, cinq composées, une ébénacée, cinq sapotées (Chrysophyllum, Mimusops), deux jasminées. deux asclépiadées, six apocynées (Ochrosial-Ayxia), deux gentianées (Villarsia, Erythræa), deux bignoniacées, une primulacée (Lysimachia), une thymelée, un Nepenthès, peut-être celui de Java, un Cycas, une magnifique ariodée à odeur cadavéreuse, cinq orchidées, une musacée (Heliconia), vingt-huit fougères, etc., etc., etc.

Le sol de la Nouvelle-Calédonie est fertile et propre à la production de toutes les plantes tropicales.

Le pays est riche en minérais de tous genres, mais surtout en minérai de fer et, ce qui est le plus important pour la marine, en chaarbon, reconnu équivalent, pour la qualité, aux meilleurs charbons anglais.

Les points principaux sont : *Balade*, mouillage peu sûr et peu abrité ; *Puebo*, *Hienguène*, *Houahoua* qui offre un excellent mouillage et un abri excellent contre les vents du nord et du nord-ouest, les plus dangereux dans ces parages ; *Moraré*, mouillage peu sûr et nullement abrité, mais recommandable par ses gisements de charbons ; *Nouméa* ou *Port de France*, rade vaste, d'un accès facile, parfaitement abritée et offrant une très belle position maritime ; enfin *Port Laguerre* d'où partent les veines de houille qui descendent jusqu'à Moraré et le *Port Saint-Vincent* le dernier point reconnu.

Quelques îles entourent la Nouvelle-Calédonie ce sont : l'Archipel d'Entrecasteaux, l'île Libert, l'île de la Renaissance, l'île Jaudé, l'île Balabéa, les îles des Couharietes, de Neba, Pomu, Nioce, Unu-Aé, les îles de la baie Saint-Vincent, l'île des Pyramides, l'île des Pins, la plus considérable des îles de la Nouvelle-Calédonie ; enfin on considère comme dépendances les îles de Loyalty, dont les principales sont l'île Britannia, l'île Chabrol et l'île Halgan.

Les publications officielles ne contiennent aucun document sur le mouvement commercial de la Nouvelle-Calédonie avec la France.

PREMIÈRE SÉRIE

VÉGÉTAUX ET PRODUITS VÉGÉTAUX

1re SECTION

Bois.

Considérées sous le rapport forestier, les Colonies françaises renferment des richesses incalculables, dont la plupart, jusqu'à ces derniers temps, étaient encore peu connues, sinon tout à fait inconnues.

Les explorations faites depuis quelques années sous l'inspiration des Administrations locales, ont permis de reconnaître que les massifs souvent impénétrables qui couvrent, sur une vaste étendue, le sol de nos possessions d'outre mer, se composent d'essences variées à l'infini. Les échantillons qui ont été recueillis à cette occasion et dont une collection complète est rassemblée dans les vitrines de l'Exposition, sont accompagnés de notes indiquant les diverses qualités de nos bois coloniaux, les usages nombreux et souvent multiples auxquels ils sont employés, et ceux auxquels ils pourraient servir s'ils étaient soumis à une exploitation régulière.

La nomenclature des noms et des espèces s'étend à l'infini, et dans cet aperçu rapide, nous ne pouvons guère que les énumérer, en insistant seulement sur les essences qu'il y aurait le plus d'intérêt à voir importer en France, à cause des services qu'elles pourraient y rendre, soit qu'on les appliquât aux constructions navales ou civiles, soit qu'on les utilisât pour le charronnage, la menuiserie, l'ébénisterie, soit qu'on en retirât des produits industriels ou médicinaux, voire même comestibles.

Avant de commencer notre longue exploration, empressons-nous de rendre à César ce qui appartient à César, autrement dit, de reconnaître l'utilité dont ont souvent été pour nous les excellents documents contenus dans plusieurs ouvrages spéciaux, notamment dans le travail de M. Roy sur les Colonies; dans celui de M. Cuzent sur Taïti, et surtout dans le Catalogue encore inédit de l'Exposition permanente. Et maintenant, ami lecteur, puissiez-vous nous suivre à travers tous les noms en *is*, en *us*, en *a* et en *on* dont nous devrons émailler notre récit, pour préciser par un langage botanique, les nombreuses variétés de bois que nous aurons à vous signaler dans la longue promenade que nous entreprenons ensemble au milieu des forêts.

Parmi les bois des Colonies, ceux qui sans contredit offrent le plus d'intérêt, au point de vue de la quantité énorme qui peut être exportée chaque année, et des nombreuses qualités qu'ils possèdent, sont ceux de la GUYANE FRANÇAISE.

Pour ne parler que des bois de construction, les essais qui en ont été faits à différentes époques par la marine ont donné les meilleurs résultats.

Dès 1748, l'attention du Gouvernement français était éveillée sur l'utilité d'exporter des bois de construction de la Guyane, et en 1750, le savant Godin des Odonois, un des compagnons de la Condamine, décrivait la nature et les qualités des principales espèces, et proposait l'établissement d'un chantier de construction sur un des affluents de l'Amazone; ce travail, continué en 1789 par Lescallier, puis par M. Thomas, sous-inspecteur de la marine en 1816, fut enfin complété en 1823 par M. Dumonteil, officier du génie maritime.

Un chantier d'exploitation fut établi sur les bords de la Mana, et des pièces de grandes dimensions envoyées à nos arsenaux furent expérimentées à Brest.

Le rapport du 22 mai 1826, émit l'opinion : *qu'un grand approvisionnement en bois de Cayenne serait aussi utile qu'avantageux au service des constructions navales.*

Des expériences eurent lieu à diverses reprises pendant une vingtaine d'années, et démontrèrent que les bois de la Guyane employés au radoub ou à la construction des navires, notamment le bois d'angélique (*lecythis ollaria*), concurremment avec le chêne, ou d'autres pièces de bois, étaient en parfait état de conservation, tandis que les autres étaient complétement pourris.

Pourtant, malgré toutes les preuves concluantes qui furent fournies à cette époque, le rapport de la commission d'avril 1846 ne fut pas favorable aux bois de la Guyane, et les expériences abandonnées ne furent reprises qu'en 1852.

Depuis, des chantiers établis au Gabaret (près de Saint-Georges) et sur le Kourou, fournissent à tous les besoins des pénitenciers.

De nombreuses concessions ont été demandées au Gouvernement, près des rives de la Mana, de l'Oyapock, de l'Approuague, du Maroni, etc., et il y a lieu d'espérer que nos colons, imitant enfin leurs voisins de Surinam et de Demerary, livreront bientôt au commerce, outre les pièces propres aux constructions navales, des bois d'ébénisterie et des traverses de chemins de fer plus durables, plus résistantes et plus élastiques que le chêne.

Suivant M. de Saint-Quantin, chef de bataillon du génie, habitant à la Guyane, les bois de charpente de 1re qualité coûtent, à Cayenne, de 80 fr. à 90 fr. le stère; — 2e qualité, 66 fr. à 75 fr. le stère.

Les bois d'ébénisterie coûtent de 35 à 55 fr. les 500 kil.

Un industriel de Paris, M. Riollet, dont nous parlons en commençant notre livre, comprenant tout ce que l'exportation des bois de la Guyane pouvait avoir d'avenir, et l'importance de l'industrie à laquelle elle pouvait donner lieu, a envoyé son frère à la Guyane, et déjà celui-ci lui a expédié un premier chargement de 300 tonnes. En ce moment même, une scierie mécanique est en route pour travailler le bois sur place, de manière à l'envoyer dans les meilleures conditions commerciales.

Le jury du concours général de 1860 appréciant les efforts et les tentatives de M. Riollet, lui a décerné une médaille d'or.

Les forêts de la Guyane sont situées sur les terres hautes, elles commencent à 15 ou 20 lieues des côtes; bien qu'elles soient impénétrables, et que par suite on en ignore l'étendue, on sait qu'elles occupent des espaces immenses.

Elles se composent d'une infinie variété de bois propres à tous les travaux de construction, de charpente, de charonnage, de menuiserie, d'ébénisterie, de teinture, etc.

Ces bois qui pourraient fournir des éléments si précieux au commerce et à l'industrie sont encore, nous l'avons dit, fort peu exploités.

Les plus remarquables que possède l'Exposition sont :

L'angélique (*lecythis ollaria*). Cet arbre, est de grande dimension, fort estimé surtout pour les constructions navales, bon pour quilles, grosses pièces, etc., inattaquable par les insectes et tarets; on s'en sert également pour la menuiserie; les semences fournissert de l'huile — l'acajou femelle (*cedrela odorata*), dont tout le monde connait l'emploi illimité — le balata (*sapota mulleri*), très-grand arbre excellent pour la construction, produisant une sève supérieure à la gutta-percha employée habituellement, et est non cassante à froid et propre surtout à la garniture des cables électriques sous-marins — le bois de rose femelle (*licuria guyanensis*), dont la principale et unique qualité est de répandre une agréable odeur de rose, ce qui le fait employer pour tablettes d'armoires. Une variété de ce bois devient excellente en vieillissant, et prend alors le nom de *sassafras;* nous le reverrons plus loin — la bagasse (*bagassa guyanensis*), son bois est excellent pour les constructions navales — le bois violet ou d'amaranthe (*copaifera bracteata*); cet arbre de grande dimension et très commun à la Guyane, est propre à toute espèce de constructions. On en fait des meubles dont la couleur varie du pourpre brun au pourpre noir s'ils ne sont pas vernis. Ce bois, d'une durée, d'une élasticité et d'une solidité à toute épreuve, est employé dans les colonies anglaises, à la confection des plateformes et crapaudines de mortiers, comme résistant mieux que tout autre aux détonations de l'artillerie; ce serait pour nos chemins de fer une précieuse acquisition — le bois rouge (*houmiria balsamifera*), qui est d'un emploi fréquent dans les constructions à couvert, et fournit des courbes pour les constructions navales, ainsi que le beaume résine houmiri — le bocco (bois de coco) (*bocoa prouacensis*), bois noir, dur, compacte, encore appelé bois de fer, bon pour le pouliage — le bois de lettre moucheté (*piratinera guyanensis*), un des plus beaux bois connus, mais dont l'emploi est restreint à cause de son prix élevé (100 fr. les 500 kil. à Cayenne) et des petites dimensions de la partie mouchetée — le carapa rouge (*xylocarpus carapa*), bois de bonne qualité pour les constructions ordinaires et les constructions navales, son amertume le rendant inattaquable par les insectes; il est léger, facile à polir, et convient parfaitement pour l'ébénisterie. Le fruit du carapa produit une huile à brûler excellente, bonne pour éloigner les insectes; son écorce est vantée comme fébrifuge — le cèdre noir (*laurus surinamensis*), bois de grandes dimensions, précieux pour constructions, incorruptible, inattaquable par les insectes, liant, ferme et léger, par suite préférable à tout autre pour les bordages extérieurs des navires, à la condition toutefois de les clouer en cuivre, l'acide particulier à cette espèce, rongeant très-promptement le fer — le courbaril (*hymenæa courbaril*), abondant à la Guyane, couleur acajou en vieillissant, il fournit de belles courbes pour les constructions navales, et la *résine animée* du commerce; son écorce sert aux Indiens à fabriquer des canots — l'ébène verte, verte soufrée, et verte grise ou noire (*tecoma leucoxylon*), commune à la Guyane. Ce bois a le grain fin et serré, son incorruptibilité, sa dureté, le fait rechercher pour les constructions. Aucune des variétés ci-dessus ne doit être confondue avec l'ébène verte brune des Antilles, qui contient un principe colorant jaune verdâtre, très-abondant, soluble dans l'eau et tournant au brun par les alcalis — le grignon (*bucida buceras*), très-commun à la Guyane. Cet arbre croît à une grande hauteur, il fournit des planches de 30 à 90 cent. de large, et son bois, inattaquable par les insectes, est le plus durable que possède la Guyane pour la construction des bateaux, pourvu que ceux-ci soient doublés et chevillés en cuivre — le gayac (*dipterix odorata*), commun à la Guyane. Le bois, qui coûte 50 fr. les 500 k. à Cayenne, en est dur, solide, éminemment durable et mieux approprié que tout autre à subir une forte pression ; ce qui le fait employer pour arbres et roues de moulin. Le fruit, connu sous le nom de fève de Tonka, sert à aromatiser le tabac ; l'écorce et le bois sont employés comme succédanés du gayac officinal — le moutouchi (*machœrium schomburghii*), grand et bel arbre, beau bois d'ébénisterie, malheureusement assez rare — le panacoco, ou bois de fer (*robinia panacoco rubra*), ce bois, très commun à la Guyane, est noir à aubier blanc, très compacte, excellent pour l'ébénisterie, il est incorruptible ; de plus, son écorce serait employée à des tisanes sudorifiques — le satiné, bois de Féroles (*ferolia guyanensis*); la Guyane possède quatre variétés de ce bois : le moucheté, le rubané, le rouge et le gris. C'est un grand et bel arbre assez commun dans la colonie, qui donne un beau bois d'ébénisterie — le wacapou (épi de blé) (*vouacapoua americana*) ; ce bois, commun à la Guyane, et qui n'y coûte que 50 fr. les 500 kil., est incorruptible et inattaquable par les insectes ; il est renommé pour sa force et sa durée, et est excellent pour les constructions et le sciage.

A côté des diverses essences que nous venons d'énumérer en en indiquant les principales qualités et les principaux usages, on rencontre à la Guyane un grand nombre d'autres arbres et arbustes pouvant fournir à l'industrie de précieux matériaux de construction ou d'ébénisterie, des matières tinctoriales ou des substances aromatiques et médicinales. Si nous nous sommes étendus plus longuement sur les bois qui précèdent, c'est qu'ils se trouvent en abondance à la Guyane et y peuvent donner lieu à une exploitation normale avantageuse au double point de vue de la Colonie et de la Métropole.

Nous allons nous contenter de passer rapidement en revue les autres essences nous réservant dans le travail plus étendu sur la matière, annoncé dans la préface de ce livre, de revenir avec plus de détails sur l'utilité et sur les ressources qu'elles peuvent offrir à l'exploitation.

Voici les noms de ces bois :

Bois canelle — bois gaulettes — bois casse (*cassia acoupovita*) — bois divin — bois de rose mâle — bois crapaud — bois rouge grand bois (*incertæ sedis*) — bois bagot — bois de lettre rouge — *piratinera guyanensis* — cacao grand bois (*bumelia nigra*)

— Couratari (*couratari guyanensis*) — canari macaque, ou marmite de singe — carapa blanc — cèdre bagasse (*icica altissima*) — cèdre jaune (*aniba guyanensis*) — coupi (*acioa dulcis*) — cœur dehors — couaïc — daventi — ébène rouge — encens grand bois (*icica heptaphylla*) — grignon fou — lamoussé — langoussi — maria congo — mincouart (*minquartia guyanensis*) — monchigo — mani (*moronnobea coccinea*) — maho noir (*icica pruriens*) — panapi — pagelet — palétuvier grand bois ou de montagne (*clusia rosea*) — palétuvier rouge (*avicennia nitida*) — palétuvier blanc (*rhyzophora mangle*) — paparou — patagaic — parcouri (*pacouria guyanensis*) — préfontaine — schawari (*saouari glabra*) — sassafras de Cayenne (*licaria guyanensis*) désigné plus haut sous le nom de bois de rose femelle — Saint-Martin — taoub — wapa huileux ou eperu (*eperua falcata*).

Les forêts des basses terres ou d'alluvion ne fournissent guère que des bois de peu de valeur. On y rencontre particulièrement les palétuviers rouge et P. blanc (*avicennia nitida* et *rhyzophora mangle*) qui couvrent les plages de la Guyane. Ces bois sont propres aux constructions navales et aux courbes d'embarcations — et les manguiers (*mangifera indica*) arbre fruitier des plus estimés, à bois dur, lourd, recherché pour la bourrelie, excellent pour le charbon.

Dans la partie algérienne de ce travail nous avons indiqué les besoins de la France, en bois ou produits de toutes espèces, il est donc inutile de revenir sur cette question; dans la partie coloniale nous nous bornerons à donner le chiffre des exportations des produits naturels ou fabriqués, en les reportant à la fin de chaque série de chaque Colonie.

Des bois de la Guyane, si nous passons à ceux envoyés par la Réunion et par nos établissements dans l'Inde, nous avons devant les yeux plutôt une collection scientifique que des spécimens de bois pouvant donner lieu à une exploitation sérieuse.

Au moment où la France prit possession de l'île de la Réunion (alors île Bourbon), les forêts de cette île descendaient jusqu'à la mer. Peu à peu ces forêts ont disparu sous l'envahissement progressif des cultures; elles n'occupent plus qu'une partie fort restreinte des hauts sommets de l'île.

Ces défrichements excessifs ont influé d'une manière fâcheuse sur l'état climatérique de la colonie. Outre qu'il faut attribuer à l'absence d'arbres, les exhalaisons méphitiques que produisent les fortes pluies descendant des montagnes, on y trouve également la cause des sécheresses plus fréquentes qui désolent les campagnes.

L'administration locale s'est émue d'un tel état de choses, et depuis 1853, des mesures sévères ont été prises contre ces abatis mal entendus et contre les déprédations auxquelles ils donnaient lieu. Des ordres même ont été donnés pour le reboisement de l'île.

Malgré le dépeuplement des forêts que nous venons de constater, les bois de la Réunion occupent encore une étendue de 3 à 6 kilom. de profondeur dans la partie sous le vent, autrement dit dans l'espace compris entre la limite extrême des terres cultivées et la chaîne des montagnes de l'île, à 4 ou 500 mètres au-dessus du niveau de la mer, et bien que par le fait d'une exploitation inconsidérée, un certain nombre d'essences aient sensiblement diminué, et que les arbres de grandes dimensions soient assez rares dans l'île, pourtant on y rencontre encore de nombreuses variétés d'essences propres aux constructions navales, à l'ébénisterie, à la sculpture, à la médecine, etc., qui pourraient donner lieu à un commerce important. L'exploitation en est assez facile, et la croissance en est rapide.

L'Exposition permanente possède près de 300 échantillons de ces bois, envoyés en majeure partie par le général Barolet, au nom de l'Administration locale.

Les plus remarquables de ces bois, les plus importants au point de vue d'une exploitation possible sont :

L'andrèse (*celtis madagascariensis*) excellent pour le charronnage et les ouvrages de tour — l'acajou à fruits (*anacardium occidentale*), très commun, propre à la charpente et à la menuiserie. Le fruit contient en quantité un suc dont on fait du vin et du vinaigre, et la noix, dont l'amande est excellente au goût, donne une huile siccative; le suc huileux du péricarpe est employé comme caustique — le bassin (moiré-rouge-blanc-bâtard) (*blackwillia paniculata*) beau bois de premier ordre, très droit, propre à la construction et à l'ébénisterie, semblable au grand natte sans toutefois l'égaler — le benjoin (*terminalia mauritiana*), bois droit de premier ordre, solide, doux et liant, bon pour construction et menuiserie, excellent pour jantes, l'écorce sert à tanner et à teindre les cuirs en rouge.

Le cyprès étalé (*cupressus horizontalis*) excellent bois d'ébénisterie et de charpente — le bois de fer (*sideroxylon cinereum*), bois de premier ordre, droit mais à côtes profondes, très dur, bien veiné, bon pour construction, prend bien le vernis et pourrait servir à l'ébénisterie, très abondant, mais résiste peu à l'humidité — le gaulette (plusieurs variétés), bois très abondant, très droit, dur, plein, nerveux, bon pour charpente, tour, engrenage, charronnage et mâtures de navires, facile à travailler — le bois jaune à grandes feuilles (*ochrosia borbonica*) bois de deuxième ordre, assez droit, solide, bon pour charpente, ébénisterie et tour, facile à travailler, son écorce, quoique à un degré inférieur, a la vertu tonique du quinquina — le jacquier, (*artocarpus jacca*), assez droit, doux, serré et très liant, bon pour l'ébénisterie, le charronnage et le tour, — le lilas (*melia azedarachta*); ce bois pousse très vite et fournit un bois solide et liant, bon pour charpente et charronnage — le manguier (variétés) arbre fruitier des plus estimés, à bois dur, lourd, recherché pour la bourrelerie, bon pour la menuiserie, excellent pour le charbon, — le bois maigre (*nuxia verticillata*) bois de deuxième ordre, assez droit mais à côtes, résistant parfaitement à l'humidité, d'un excellent emploi pour les constructions à terre, bon pour chevrons, se vernit bien, peu combustible (deuxième ordre) — le bois noir (blanc, rouge, noir, etc.) (*acacia lebbeck*) assez droit, noueux, dur, plein, solide, bien veiné, excellent pour le charronnage, l'ébénisterie et les engrenages, donne de bonnes courbes pour chaloupes, il sert à abriter les caféiers — le natte (variétés) bois de premier ordre, commun dans le pays, droit, dur, plein, nerveux, le meilleur des bois de construction de la Réunion, bien veiné, se colore au moyen d'une solution de chaux vive depuis le rosé pâle jusqu'au rouge noir, bon pour l'ébénisterie et la carrosserie — l'olivier noir (*olea chrysophylla*) bien supérieur à l'olivier de France pour le tour et l'ébénisterie, son bois a la dureté de la corne — l'olivier blanc (*olea lancea*) mêmes qualités, très abondant — le bois rouge (variétés) de premier ordre, bois droit, dur, plein et assez liant, mais moins durable que les bois de natte et de bassin, bon néanmoins pour la construction, fournit des bordages pour chaloupes et sert à faire des pirogues — le bois rivière (*leucothoe salicifolia*) grand arbrisseau donnant un beau bois d'ébénisterie — le tourtour (*rhinocarpus longifolius*) arbre originaire de la côte mozambique, fournissant un excellent bois d'ébénisterie — le tamahaca rouge (*calophyllum monophyllum*) et le T. blanc (*C. spurium*) bois de premier ordre employés dans le charronnage pour moyeux, jantes, brancards et flèches, très droits, propres aux constructions navales — le tamarinier des hauts (*acacia heterophylla*), bois très abondant, plein, doux, très liant, bon pour le charronnage et les courbes d'embarcations, d'un travail facile.

Outre les bois que nous venons d'énumérer comme constituant les principales richesses forestières de la Réunion, nous trouvons une variété infinie de bois dont l'emploi est plus ou moins restreint par suite de la rareté des essences, tout en possédant, un grand nombre au moins, des qualités précieuses à divers titres.

L'avocatier (*persea gratissima*) — l'avocatier marron (*tethranthera laurifolia*) — l'ambaville rouge et l'ambaville blanc (*senecio ambavilla*) — l'affouche rouge et l'affouche blanc (*ficus cordifolia* — l'attier-pommier cannelle (*anona squamosa*) — l'aloès (*agave americana*) — l'arbre à pain (*artocarpus incisa*) — l'arbre à marquer — l'anone (*anona reticulata*) — l'acacia blanc (*acacia leucocephala*) — l'acacia fleur jaune — l'adam (*seriphium passerinoïdes*) — l'abricotier (*prunus sinensis*) — le bois amer (*carissa xylopicron*) — de l'acacia Bernier (*acacia dealbata*) — le bombarde (*mithridatea amplifolia*) — le bombarde à feuilles pointues et le bombarde blanc (*tambourissa*) — le blanc (*hernandia ovigera*) et le blanc rouge (*incertæ sedis*) — le bancoulier (*aleurites triloba*) — le bilimbi (*averrhoa bilimbi*) — le bibassier (*eriobotrya japonica*) le bleugeniostoma (*borbonicum et pedunculatum*) — le badamier (*terminalia catappa*) — le balai des bas (*erythroxylon hypericifolium*) — le balai marron (*geniostema lanceolata*) — le bra..le blanc (*seriphium passerinoïdes*) — le branle vert (*salaxis arborescens*) — le bananier à petites feuilles et à grandes feuilles (*casearia fragilis*) — le bonnet carré (*butonica-barringtonia speciosa*) — le baobab (*adansonia digitata*) — le bois de l'Inde (*murraya exotica*) — le bouc (*antidesma madagascariensis*) — le bauhinie (*bauhinia aurantiaca*) — le caféier marron (*coffea mauritiana*) — le café moka (*coffea arabica*) — le cannellier (*cinnamomum verum* ou *zeylanicum*) — le cannellier marron (*laurus cupularis*) — le combava (*citrus aurantium histrix*) — le camphrier (*laurus camphora*) — le citronnier galet (*citrus medica*) — le change écorce (*ludia heterophylla*) — le champac (*michelia champaca*) — le caoutchouc (*ficus elastica*) — le cèdre de la Jamaïque (*guazuma ulmifolia*) — le condori ou corail végétal (*adenanthera pavonina*) — le chêne blanc (*quercus*) — le copalier (*hymenæa verrucosa*) — le catafaye (*xanthoxylon aubertia*) — le bois cassant (*psathura borbonica*) — le bois cassant à grandes feuilles (*psathura ternifolia*) — le chrétien (*acacia heterophylla*) — le bois cochon (*hedwigia balsamifera*) — le chirurgien (*olea cernua*) — le bois de campêche (*hœmatoxylon campechianum*) — le cerisier du Brésil (*eugenia brasiliensis*) — le cerisier cannelle (*eugenia michelii sp.*) — le citron doux (*citrus decumana*) — la casse (*cassia javanica*) — le cocotier (*cocos nucifera*) — le carambolier (*averrhoa carambola*) — le cherimbelier (*cicca disticha*) — le coignassier de Chine (*diospyros kaki*) — le cacaoyer (*theobroma cacao*) — le chandelle borne (*lomatophyllum tessalatum*) — le chandelle à petites feuilles (*memecylon cordatum*) — le clous-bois de rat (*myonima obovata*) — le chenille (*conyza laurifolia*) — le bois demoiselle (*kirganelia elegans*) — l'évis-pomme de Cythère (*spondias cytherea*) — l'évis marron ou éponge (*gastonia cutispongia*) — l'ébène (*diospyros ebenum*) — l'écorce blanc (*fissilia psittacorum*), — le bois fleur jaune (*hypericum lanceolatum*) — le bois flamboyant (*poinciana regia*) — le figuier blanc du pays — le figuier marron (*dombeya species*) — le figuier rouge-marron (*incertæ sedis*) — le figuier grosses figues (*ficus terrigena*) — le filao (*casuarina laterifolia*) — le franchipanier (*plumiera alba*) — le faux lingue (*mussœnda arcuata*) — le grenadier (*punica granatum*) — le giroflier (*caryophyllus aromaticus*).

Plusieurs variétés de goyavier — le fandamane (*prockia theiformis*) — l'hibiscus de Madagascar à fleurs jaunes (*hibiscus choroelados*) — l'hibiscus lilicflorus — l'illipé (*bassia longifolia*) — l'inga javana le bois d'Inde (*incertæ sedis*) — le bois-judas (*cossigna borbonica*) — le jam rosa (*jambosa vulgaris*) — le jambose (*j. vulgaris*) — le jam long *syzygium caryophyllum* et *s. jambolanum*) — le jam malac (*jambosa malaccensis*) — le jujubier (*zizyphus jujuba*) — le joli cœur, bois de merle, manguier marron (*senacia undulata*) — le janvier, évis marron (*poupartia borbonica*) — le losteau rouge à grandes feuilles, le l. à petites feuilles et le l. blanc (*antirhœa verticillata*) — le litchi (*euphoria litchi*) — le longanier (*euphoria longana*) — le lait à cœur rouge — (*tabernæ moutana borbonica*) — le latanier (*latania borbonica*) — la liane blanche (*incertæ sedis*) — plusieurs variét s de mahot — le morinda umbellata — le merle à grandes feuilles et le merle à petites feuilles (*schmidelia integrifolia*) — le muscadier (*myristica aromatica*) — le mangoustan (*garcinia mangostana*) — le mangoustan sauvage (*sandoricum indicum*) — le mabolo (*diospyros mabolo*) — plusieurs variétés de mapou — le mûrier du pays (*morus australis*) — le mûrier marron (*ficus sp.*) — le macaranga (bois violon) — le malborough (*nuxia verticillata*) — le malgache (*desmonium umbellatum*) — le mimosa épineux — le millepertuis (*hypericum lanceolatum*) — le maphate emba (*cuestis glabra*) — le bois de négresse (*phillanthus phyllirœfolius*) — le nèfle bâtard (*myonima myrtifolia* et *jossinia elliptica* et *mespiloïdes*) — le nourouk — l'oranger (*citrus aurantium*) — l'orangine (*triphasia aurantiola limonia trifoliata*) — l'olivier marron (*geniostomia lanceolatum*) — l'oiseau blanc (ou bois de merle) (*schmidelia integrifolia*) — l'ouatier (*bombax malabaricum*) — le bois puant des hauts (*badula borbonica*) — le bois puant (*fœtida mauritiana*) — le papaye marron – plusieurs variétés de pêchers — le bois de pomme (*syzygium glomeratum*) et le pommier marron (*s. cymosum*) — le poivrier (*xanthoxylon aubertia*) — le patte de poule (*toddalia paniculata*) — le perroquet (plusieurs variétés) — le palmiste marron (*areca lutescens*) — plusieurs variétés de pruniers. — le pignon d'Inde (*jotropha curcas*) — le pamplemoussier (*citrus aurantium pampelmos*) — le bois punaise (faux buis) (*grangeria borbonica*) — le pigeon appelé aussi bois de perroquet (*boutonia integrifolia*) — le bois pintade (*badula barthesia*) — plusieurs variétés de quivis — le bois de quatre épices (*myrtus pimenta*) — le rong (*incertæ sedis*) — le ronde ou bois de rongle à grande feuilles (*erythroxylum longifolium*) — le rongle à petites feuilles (*memecylon cordatum*) — le ravensara (*agathophyllum aromaticum*) — le rima (*artocarpus incisa*) — le rocou (*bixa orellana*) — le rempart (*myonima myrtifolia*) — le ravine (*phyllanthus longifolius*) — le reinette (*dodonea salicifolia*) — le rat (*myonima obovata*) — le sable (*sixderoxlon cynereum*) — le sapote negro (*dyospyros sapota negro*) — le sang dragon (*pterocarpus indicus*) — le sandal du pays (*poupartia borbonica*) — le santal de Madagascar *(santalum sp.)* — la sagaïe *(jossinia buxifolia)* — le bois de senteur galet *(olea sp.)* — le senteur bleu *(assonia populnea)* — le bois de source *(urtica longifolia)* — le sappan *(cœsalpinia sepiaria)* — le sabine *(thuya orientalis)* — le schinus *(schinus terebinthaceus)* — le strophanthus *(strophanthus aurantiacus)* — le tan rouge, le tan blanc et le tan des hauts *(weinmannia marostachya)* — le tantan *(ricinus communis)* — le petit tamarin *(phyllanthus sp.)* — le teck d'Arabie *(cordia amphifolia)* et le teck des hauts *(monimia rotundifolia)* — le thangin *(tanghinia venenifera)* — le tabac marron *(conygera anchissæfolia)* — le tambour *(mithridatea tamburissa)* — le vanguier des hauts et le vanguier des bas *(vangusiera edulis)* — le vacoa marron *(incertæ sedis)* — le bois de vache *(leucothoe pyrifolia)*.

MARTINIQUE. — Bien que la Martinique possède des forêts assez étendues qui forment un quart environ de sa superficie, le chiffre des bois exportés de cette colonie ne figure à l'exportation que pour une somme de 228,977 francs, encore ces essences ne sont-elles destinées qu'à la teinture et à l'ébénisterie. Pourtant cette île possède quelques bois remarquables parmi lesquels on compte des balatas, des ébènes vertes, des bois de colas, de noyer, de campêche, etc. etc. Les forêts du Carbet notamment, qui ont jusqu'à six lieues de longueur, renferment les arbres les plus beaux. Mais la difficulté de pénétrer dans ces forêts, situées dans la partie la plus élevée de l'île, à 4 ou 600 mèt. au-dessus du niveau de la mer, s'oppose à une exploitation normale de leurs richesses.

Quelques échantillons des essences les plus remarquables sont déposés à l'Exposition, nous allons en faire connaître les principales qualités le plus succinctement possible, pour ne pas allonger cette section sur laquelle nous nous sommes déjà peut-être un peu trop longuement appesantis.

En première ligne on remarque :

L'acoqua *(incertæ sedis)*, bois dur à grain serré, bien approprié au poli et au vernis, bon pour meubles — l'acouma *(homalium racemosum)*, bois très droit, incorruptible, bon pour les moulins, et constructions sur l'eau — le bois de campêche *(hæmatoxilon campechianum)*, bois dur, pesant, compacte, propre à faire de beaux meubles, n'est guère employé que pour teinture ; l'écorce et la gomme en sont employés par la médecine comme astringents — le colas *(incertæ sedis)*, bois dur, bien veiné, susceptible d'un beau poli, bon pour l'ébénisterie — le condori, ou œil de paon *(adenanthera pavonina)*, grand et bel arbre, bon pour meubles et charpentes — le galba *(calophyllum calaba)*, bel arbre à bois résineux incorruptible, propre à faire des mâtures ; on retire de la graine de son fruit, une huile abondante bonne pour la peinture et le vernis — le gayac officinal (*guajacum officinale*), excellent pour rouets et essieux de poulies, mortiers, ouvrages de tour, etc., bois sudorifique — plusieurs espèces de lauriers (rose des Antilles-canelle-marbré), recherchés par l'ébénisterie et la menuiserie — le poirier (*bignonia pentaphylla*), beau bois d'ébénisterie employé pour meubles — le pelé (*incertæ sedis*), arbre très-commun aux Antilles, excellent pour les meubles de luxe, bois dur, pesant, susceptible d'un beau poli, nuancé de veines agréables, que nous ne saurions trop recommander à l'industrie — le pois doux (*inga dulcis*), bel arbre à bois blanc et dur, excellent pour la construction — le sapotillier (*achras sapota*), bois dur, excellent, mais peu employé en ébénisterie — le tendre à caillou (*acacia scleroxylum*), dont le bois incorruptible, bon pour poteaux, pieux et autres objets propres aux pilotis, émousse les meilleurs outils.

L'acajou femelle, le balata, l'arbre à pain, le bois d'Inde dont nous avons fait connaître les mérites à propos des richesses forestières des autres colonies — l'épineux clavalier des Antilles (*zanthoxylon caraïbæum*), dont le bois est recherché pour la construction — le noyau, beau bois d'ébénisterie, employé pour les petits meubles — le bois de rose (*cordia sebestena*), autrement dit bois de Rhodes, ou sebestier des Antilles, bois propre à la construction et à l'ébénisterie.

A côté de ces bois nous nommerons :

L'abricotier du pays (*mammea americana*) — l'agati grandiflora (colibri végétal) — l'amandier du pays (*terminalia catappa*) — l'angelin (*andira inermis*) — l'avocat (*laurus persea*) — le capitaine (*malpighia urens*), deux variétés de châtaigniers (*sloanea sp.*) — le genipayer (*genipa americana*) — le ciroyer (*rhœdia laterifolia*) — l'haïti jaune (*incertæ sedis*) — le lézard (*vitex divaricata*) — le mancenillier (*hippomane mancinella*) — le montagne (*incertæ sedis*) — le muscadier à suif (*myristica sebifera*) — le quinquina piton (*exostemma floribunda*) — le raisinier (*coccoloba uvifera*) — le rivière *chimarrhis cymosa*) — le bois de bouis (*chrysophyllum glabrium*) — le cacarate (*symplocos martinicensis*) — le crécré (*rhexia rosea*) — l'acacia sp. — le jambosier de malacca (*jambosa malaccensis*) — le palétuvier (*brugniera gymnoriza*) — les bois petites feuilles (*eugenia divaricata*) — le bois tan (*malpighia spicata*).

Guadeloupe. — La Guadeloupe est traversée dans toute sa longueur par une chaîne de montagnes boisées qui renferment quelques précieuses essences, il en est de même de l'île de Marie-Galante dont les chaînes de montagnes qui la traversent sont couvertes de forêts.

La superficie totale de ces bois ou forêts est de 36,596 hectares et les quantités de bois communs exportés s'élevaient à 1,087,993 kil. en 1856.

Nous retrouvons ici la plupart des essences dont nous avons parlé à l'occasion des autres Colonies, aussi nous contenterons-nous de les énumérer rapidement en ne donnant la dénomination botanique qu'autant qu'elle n'a pas été déjà indiquée précédemment.

Ces bois sont :

L'acajou à meubles (*mahogoni*), rare du reste — l'acajou à fruits (*anacardium occidentale*) — l'acajou femelle (*cedrela odorata*) — l'abricotier, l'amandier, l'acacia farnesiana, l'acacia mexicana, l'acouma, le bois blanc ou d'ivoire, le barbaeoa (bois noir) le balata, le bigayo (*incertæ sedis*) — le bromelia karatas (bois de mèche(— le bresillet (*cæsalpinia crista*) — le bresillet faux (*comocladia integrifolia*) — le bois vert, ou ébène verte brune des Antilles (*excæcaria glandulosa*), bois dur, très fort et de longue durée, grain fin et parfaitement approprié au poli et au vernis. Nous le recommandons tout particulièrement à l'industrie. La décoction du fruit est un puissant sudorifique. On en tire une belle couleur verte — le bois d'huile (*incertæ sedis*) — le calaba ou galba, le cabrit (*ægiphila martinicensis*) — le carapa, le bois chandelle (ou santal citrin) (*erithalis fruticosa*), ce bois est compacte, dur, pesant, résineux, les noirs s'en servent pour éclairer leurs cases, il prend un très-beau poli et sert à la confection de boites à ouvrages, pupitres, etc., sa résine est employée en médecine — le bois chandelle (*aymris toxifora*) — le bois colique, le cracra, le cœur vert, le courbaril, le cachiman de montagne et le cachiman morveux (*talauma plumieri* et *anona mucosa*) — le cotelette blanc et le C. noir (*citharexylum quadrangularis*(, bois bons pour instruments de musique — le caconnier (*robinia rubiginosa*), bon bois de tour et de menuiserie — le cannellier blanc (*winterana alba*) — le calebassier (*crescentia cujete*) — le châtaignier montagne (*sloanea massoni*) — le campêche, le cerisier du pays (*malpighia glabra*) — le cypre orangé, ou bois de Rhodes (*cordia gerascanthus*), excellent bois d'ébénisterie commun aux Antilles — l'épineux jaune et l'épineux gris (*xantoxylon caribæum* et *x. trifoliatum*), joli bois d'un fil uni et satiné, très recherché pour les constructions — l'épineux blanc — l'ébène jaune — le doux blanc (*sterculia fœtida*) — le doux cip (*laurus montana*) — le doux mabonne (*laurus sp.*) — le bois de fer (*sideroxylon tenax*), assez commun à la Guadeloupe — le fer marbré (*ferolia variegata*) — le franchipanier (*plumiera alba*) — le gayac, — le gligli — le goyavier à fruits et de montagne — le grosailles, bois dur, résistant, susceptible d'un beau poli, assez commun — plusieurs variétés de gommiers — le gris gris (*bucida buceras*), bon bois pour charpente, menuiserie, ébénisterie, l'écorce sert au tannage des cuirs — le guepois, le genipa américain — le hêtre, assez semblable pour le port au hêtre d'Europe — l'immortel (*Erythrina corallodendron*), ainsi nommé à cause de sa durée — l'icaque à poil (*hirtella americana*) — le bois d'Inde — le bois jaune, commun à la Guadeloupe — le bois jaune d'œuf (*lucuma mammosa*), bon pour l'ébénisterie — le bois de liége — le lilas du pays — le laurier rose du pays — le mabuya (bois caca) (*capparis ferruginea*) — le mabouyapeau (arbre du diable) (*capparis morisonia*) — le mamin — le maurecie, ou bois tan (*malpighia altissima*), bon pour la menuiserie — le mapou gris — le muscadier sauvage — le mahot piment (*hibiscus palustris*) — le mancenillier, bois très-commun aux Antilles, et excellent pour l'ébénisterie; le suc, très-vénéneux, contient une grande quantité de caoutchouc — le mirobolan — le mérisier du pays — le bois négresse — le noyer — l'organo — l'oranger — l'olivier bâtard — le pimenté — le paletuvier gris, le p. rouge et le p. jaune — le pruneau ou violette (*prinos, sp.*) — le poix doux noir et le blanc — le poirier blanc et le rouge — le pistolet (*guarea trichiloïdes*) — le bois petite feuille (*myrcia deflexa*) le perrique — le radegonde — le résolu (*chimarrhis cymosa*) — le bois rouge — le raisinier à fruits, bois dur, plein, massif, bon pour charronnage, constructions et menuiserie — le bois savon — la savonnette des bois (*nissolia arborea*) — le simaobat (*simarouba excelsa*) — le bois de soie (glu d'Amérique) (*sapium aucuparium*) — le sapotillier à fruits (*achras sapota*) — le tendre en gomme (bois chandelle) (*exostemma cariboeum*) — le tamarin à fruits — des bois — le tabac de montagne (*exostemma floribundum* — quinquina piton) le tendre à caillou — le teck (*tectona grandis*) — le violon (*daphne occidentalis*) — le vinette, bois dur susceptible d'un beau poli, assez commun — le vitte — le bambou (*bambusa arundinacea*), employé très avantageusement aux Antilles pour le drainage.

Établissements français dans l'Inde. — Ce que nous avons dit des bois envoyés à l'Exposition par la Réunion s'applique également à ceux provenant de nos établissements dans l'Inde. Les échantillons qu'on en voit figurer dans les vitrines représentent mieux une collection scientifique qu'ils n'indiquent les traces d'une exploitation sérieuse. Cela n'empêche pas toutefois qu'un grand nombre des essences représentées possèdent des qualités sérieuses et précieuses à la fois qui font regretter que l'emploi n'en soit pas généralisé ou les qualités mises à profit. La plupart d'entre elles sont déjà définies dans les paragraphes que nous venons d'énumérer successivement, nous n'avons donc qu'à en rappeler le nom pour que le lecteur se reporte aisément par la pensée aux explications auxquelles elles ont pu donner lieu.

On compte sur le territoire de nos établissements sept variétés d'acacias fournissant en général de bonnes ressources pour la construction, le charronnage et la menuiserie; on y rencontre aussi les essences ci-après: le *baobab* — l'*alangium decapitatum*, bois peu connu mais excellent pour les tourneurs et d'une belle couleur — l'acajou à fruits — l'*anogeissus*, bois peu connu, mais d'un bon emploi dans la construction, il a le grain fin et serré et est extrêmement dur, il atteint des dimensions très considérables et est très droit — l'*areca catechu* — le jacquier, bon bois de menuiserie et d'ébénisterie — l'*atalantia monophylla* — l'*azadirachta indica*, bon bois d'un grain fin, prenant un bon poli, on le cultive pour son écorce très astringente et l'huile de ses fruits est employée en médecine hindoue — le carambolier — le *bassia longifolia*, bois de charpente, de tour et de menuiserie, bois dur, grain fin et serré — le *bauhinia acuminata* — *purpurea* — *parvifolia* — le *berrya ammonilla* ou bois de Trinquemaley — le *bignonia chelonoïdes* — le *borassus flabelliformis* — le *bombax* (plusieurs variétés) — le *butea frondosa*, bois d'une jolie texture bon pour les ouvrages de tour et d'ébénisterie — le *cassia fastigiata* — le *cassia fistula* — le *calyphtrantes jambolana* et *cariophyllifolia* — le *casuarina muricata* — le *casuarina equisetifolia*, excellent bois de charpente et de menuiserie, l'écorce sert de tannin pour les teintures — le *calophyllum inophyllum* — le *celtis orientalis*, bois à zones régulières, très serrées, dur, à grain fin, d'une belle couleur et facile à polir — le *cerbera thevetia* — le *chichrassia tabularis* — le *cicca emblica*, bois très commun, excessivement lourd, dur, d'un grain très fin, susceptible d'un beau poli — le *clerodendrum phlomoïdes* — le *chloroxylon swietenia*, bon bois d'ébénisterie et de menuiserie — le *cordia obliqua* et *C. polygama* — le *cochlospermum gossypium* — le *cupania canescens* et le *molinæa canescens* — les bois de ces arbres sont durs, très serrés et propres aux ouvrages de tour, d'ébénisterie — le *cycas circinalis* — le *cratæva Roxburgii* — le *dalbergia sissoo*, excellent bois très droit, d'un grain fin et serré durant longtemps, bon pour la menuiserie et pour le charronage — et le *dalbergia heterophylla* — le *diospyros sylvatica*, bois très lourd, d'un grain fin et serré, bon pour les ouvrages de tour et d'ébénisterie — le *diospyros lanceæfolia* — *ebenaster* — *ebenum* — l'*erythrina indica* — l'*eugenia racemosa* — le *feronia elephantum*, bois dur à grain serré, bon pour la charpente, l'ébénisterie et le tour — le *ficus religiosa* — *obtusifolia* *indica* — le *ferreola buxifolia* — le *garuga pinnata* — le *guazuma tomentosa* — le *lassa kettamaram* — le *kattupu varasanemaram* — le *kumilimaram* — le *kovalaïmaram* — le *lagerstremia regina*, bois très dur, compacte et lourd, bon pour le tour et la menuiserie — le *laurus glaucescens* — le *malea buxifolia*, bois d'un grain très fin, dur et serré et d'une belle nuance, bon pour le tour — le *mangifera indica* — le *melia azedarachta*, bon pour le charronnage — le *mimusops elingii* — bon bois de menuiserie, d'ébénisterie et de tour — le *mimosa tomentosa* — le *morinda angustifolia* — *tomentosa-umbellata* — *macrophylla* — ces bois sont d'un beau jaune orange à grain fin et serré, et sont bons pour le tour et l'ébénisterie; l'écorce de leurs racines contient un principe jaune très abondant — le *munaïmaram* — le *nephelium longanum*, très beau bois à grain fin et serré, bon pour le tour. Le fruit analogue au lit-chi et très bon à manger — le *parckia biglandulosa*, bois très beau, d'un grain fin, prenant bien le poli, bon pour le tour et l'ébénisterie — le *pavetta indica* — *alba* — l'*odina wodier* — le *pentaptera coriacea*, bois lourd, dur, bon pour l'ébénisterie — le *phœnix spinosa* — le *phyllantus multiflorus* — *emblica*, bon bois d'ébénisterie et de charpente — le *pongamia glabra*, bois blanc assez dur et d'un beau grain — le *premna latifolia* — *integrifolia* (ou arbre à la migraine); les racines et les feuilles en sont employées en médecine hindoue — le *psidium pyriforme* — le *pterocarpus bilolus*, bon pour la grosse charpente — le *pterocarpus massupium*, bois rougeâtre d'un grain très fin, dur et compacte, très lourd, résineux, prend un très beau poli; bon pour les ouvrages de tour, d'ébénisterie et de menuiserie; il produit une gomme peu différente du sang dragon — le *pterospermum lancœfolium*, très beau et très bon bois, bon pour le tour et l'ébénisterie — le *pterospermum suberifolium*, bois fort dur, d'une belle couleur rougeâtre à grain fin et serré, bon pour les ouvrages de la marqueterie — le *salvadora persica* — le *santalum album* — le *sapindus emarginata* — le *savandaleï maram*, arbre de grande dimension, donnant un très bon bois de charpente et de charronnage — le *semecarpus anacardium* — le *spathodea*, très beau bois léger et satiné, bon pour le tour et la menuiserie — le *spathodea chœlonoïdes*, très bon bois, d'un grain fin, prenant un beau poli — le *spathodea crispa* — le *spondias mangifera* — *acuminata* — le *sterculia fœtida* — le *strychnos nux vomica* — le *styrchnos potatorum* — le *syzygium jambolanum*, bon bois, lourd et très dur, employé en charpente et en menuiserie — le *zizyphus jujuba* — le *tamarindus indica* — le *tattaï pungaïmarum*, bois solide et de longue durée, employé pour fenêtres et portes, les fruits, feuilles, écorce et racines sont employées par la médecine hindoue — le *tectona grandis* (plusieurs variétés); nous avons dit plus haut les qualités précieuses de ce bois qui est une variété du bois de Teck, bien connu pour sa force et sa durée : des navires, construits avec ce bois, résistent plus de cent ans — le *terminalia belerica*, le bois de ce grand arbre est très lourd, dur et d'un grain fin; il n'est pas attaqué par les insectes, son fruit sert à tanner les peaux — le *terminalia catappa*, dont les feuilles servent à nourrir le bombyx millita qui produit un cocon très riche en soie nerveuse — le *thespesia populnea*, bois très dur, d'un grain fin, très bon pour le charronage — l'*ulmus integrifolia*, très beau bois à grain fin, serré et très dur, employé pour l'ébénisterie de prix — l'*uvaria longifolia* — le *valessia cymbœfolia* — le *vellimada raïmaram* — — le *vellepalaïmaram*, bois excellent employé à la confection des sabots — le *vitex trifolia* — le *wrigthia tinctoria*, des feuilles duquel on extrait un très bel indigo — et le *zyzyphus xylopyrus* — très beau bois, à grain fin et bon pour le tour.

Après la longue série de bois dont nous venons de donner la nomenclature, l'attention se porte avec intérêt sur les essences provenant du *Sénégal*, de la *Casamance*, du *Gabon* Les explorations faites à diverses reprises dans les forêts de la Cazamance notamment, ont démontré que si elles étaient exploitées, elles pourraient donner des bois excellents pour les constructions navales. C'est de ces bois que se sert depuis longtemps pour ses constructions la marine portugaise, qui n'a jamais eu qu'à s'en louer. Malheureusement, ces bois sont restés jusqu'à présent presque sans emploi. Il y a surtout lieu de remarquer parmi eux le caïlcedra et le gonakié.

L'administration locale du Sénégal parmi d'autres essences a adressé à l'Exposition quelques échantillons ; voici les indications que nous trouvons à ce sujet :

Le benten (en yoloff) — bentaforo (en mandingue) (*bombax pentandum*) bois tendre et léger, bon pour pirogues d'un seul morceau et madriers — le caïlcedra (*khaya senegalensis*) est un arbre gros et élevé, bois très droit, propre à la construction et à la charpente, bon pour la menuiserie et la tablettarie. Son écorce est employée comme tonique amer — le detarr (en yoloff) mambodo (en mandringue) (*detarium senegalense*) très abondant en Sénégambie, propre à la menuiserie, à la tablettérie, à la charpente et aux constructions maritimes — le ghighis (*bauhinia reticulata*) — le gonakié (*acacia adansonii*) arbre de 10 à 12 mètres de haut, très abondant sur les deux rives du fleuve du Sénégal, bois très fin, dur, de longue durée, convenant parfaitement aux constructions navales, pour genoux varangues, allonges et courbes — le koss cephanthus africanus — le n'dimb (en yoloff) (*sterculia cordifolia*) un des plus beaux et des plus grands arbres qui croissent sur les bords de la Casamance et autres rivières de la Sénéganbie, bon pour la construction des grands navires — le *solum* (en yoloff) (*dialium nitidum*) propres aux petites constructions navales — le vène (en yoloff) (*pterocarpus erinaceus*) bois à grain fin, très dur, propre aux constructions navales, d'une grande durée, convient pour le bordage des embarcations; le vène fournit une gomme kino.

Le Gabon est représenté par quelques rares échantillons de bois qui n'en ont pas pour cela moins de mérite.

Ces bois sont :

Le cam-wood (*baphia nitida*) bois très dur employé surtout en teinture, on en fait un grand commerce à la côte d'Afrique — le ceissendet (*incertæ sedis*) bois de haute futaie, d'une grande durée, bon pour construction et ébénisterie, très commun — l'ébène (de *diospyros ebenum*) très commun sur la côte du Gabon où il se vend 60 fr. le tonneau environ (marchandises et argent) — l'évino, très commun, bon pour la menuiserie — l'ilonda et l'intowo, bois pour meubles et constructions — l'ocoumé (*amyris sp.*) commun, excellent pour la construction de pirogues et le placage des meubles — l'ojoli et l'oyamba, très communs, bons pour meubles et constructions — le pandja, très commun, bon pour pirogues et pour meubles — le santal ou sandal rouge et le santal blanc d'Afrique, bois très dur, employé surtout en teinture; on en fait tous les ans au Gabon des chargements considérables.

Pourquoi faut-il qu'à côté de toutes les richesses forestières que nous venons d'indiquer sommairement, nous ne puissions pas voir s'étaler les admirables échantillons que pourrait offrir Madagascar, en bois de toutes sortes et même de senteur, de teinture, etc., si cette île ne persistait à rester fermée à la civilisation qui cherche à la pénétrer et que des raisons de haute politique condamnent avec persistance à un isolement facheux égoïste même, dont, espérons-le, nous verrons enfin le terme.

Nos possessions françaises dans l'Océanie ne sont pas restées en arrière de leurs aînées, et l'Exposition possède des échantillons de bois d'un haut prix, d'une utilité incontestable, à l'exploitation desquels il serait vivement à désirer de voir l'Industrie privée se livrer.

Ces possessions sont la NOUVELLE-CALÉDONIE et O'TAÏTI ou TAHITI. *(Iles Marquises.)*

NOUVELLE-CALÉDONIE. — La Nouvelle-Calédonie est une de celles qui renferment le plus d'éléments de richesses naturelles.

Les bois surtout y sont d'une dureté, d'une solidité incomparables et seraient employés avec succès pour la construction et l'ébénisterie.

Pourquoi, en effet, ne chercherions-nous pas à importer ces bois qui l'emportent sur tous les bois connus et employés, comme le font les Anglais avec leurs bois de l'Australie.

Ces bois se rencontrent principalement sur les montagnes, de Balade au cap Colnett; ils se composent d'essences de toutes natures. Les parties explorées de l'île produisent les essences les plus estimées pour la construction.

C'est dans la direction du sud, à Puebo par exemple, que sont les groupes forestiers les plus importants; à mesure qu'on s'avance vers le nord, les arbres deviennent plus rares et d'une exploitation plus difficile; il en est ainsi à Balade. Vers le cap Colnett, des forêts d'arbres de toutes dimensions s'étendent depuis le rivage jusqu'au sommet des montagnes. — Il y a lieu de panser que si l'on pratiquait des routes jusqu'à la mer, l'exploitation de ces bois deviendrait peut-être assez facile, et les naturels se prêteraient, moyennant rémunération, à ce genre de travail assez approprié à leur caractère.

Les explorations faites jusqu'à ce jour à la Nouvelle-Calédonie, ont déjà fait reconnaître un assez grand nombre d'essences de bois utiles et dont l'emploi pourrait être généralisé avec avantage.

Ces bois sont ainsi dénommés :

Le boupe, d'une belle nuance orange, élevé sans être très droit très utile pour la grosse charpente, peut fournir de forts madriers — le chim, très beau bois et d'un grain très fin, il serait très utile pour la charpente, les pilotis, les affûts et remplacerait l'orme avec avantage — le dète, droit et élevé, blanc, léger et souple, d'un grain fin et brillant, bon pour le charronnage, la charpente et la menuiserie — le guino, couleur lie de vin faible, d'un grain fin, serait excellent pour faire des manches d'outils et propre aux travaux de menuiserie — le houpe ou oupe, bois jaune tendre et non piqué des vers, très beau et facile à polir; les belles embarcations calédoniennes se font avec ce bois, — le mouendene bouack, bois jaune, tendre et bon, Il se travaille assez bien — le pio, très répandu, peut fournir de magnifiques pièces de charpente; rouge, veiné, léger, facile à travailler' d'un grain fin; il est propre à la charpente comme à l'ébénisterie — le pits, appelé tamann à Taïti, est abondant mais contourné; veiné de jaune et de rose, il est excellent pour la menuiserie fine, il produit une sorte de cire très blanche — le tian, bois dur, se travaille et se polit parfaitement, les naturels le fendent pour en faire des lances — le tiegandie bon bois, facile à travailler — le tiériouk, bon bois et facile à polir — le tiégoula, bois très fin et facile à polir, on s'en sert pour échalas et haies.

Indépendamment des bois que nous venons d'énumérer et dont l'Exposition permanente possède des échantillons, il existe encore à la Nouvelle-Calédonie un certain nombre d'essences reconnues utiles mais sur lesquelles nous ne nous arrêtons pas davantage, attendu que ces bois étant difficiles à travailler se piquant facilement des vers, ou étant peu abondants dans la Colonie, ne sauraient donner lieu à une exportation régulière et assurée.

9.

Voici quels sont ces bois :

Le arri — l'avète — le boûi — le bilot — le bent — le déela — le bomenda — le sieonte — le diore — le lagatte — le manange — le naour — le niaouli — le holé-le-pin le kome — le mouendale — l'ouo — le pico — le poriane — le telebo — le tieba — le taouri — le taepe — le tiounda — le tiaoupe — le tape — le tieto — le tiebat — le tienban — le tiebange — le tene-maen — le tiegoui — le tiegedek — le ticoueiegendek — le tiegandie.

O'Taïti ou Tahiti — Comme nous le disions tout à l'heure apporte aux richesses forestières de nos autres colonies son précieux contingent. Un excellent travail de M. Cuzent sur cette possession contient des renseignements consciencieux sur les bois dont l'industrie pourrait tirer parti, nous nous empressons de les analyser. En voici la nomenclature :

Le *cratœva religiosa*, bel arbre à bois blanc venant sur les montagnes — le *leiospermum parviflora*, arbre de fer venant sur les montagnes à 6 ou 800 mètres, dont le bois est blanc et très dur, le *melicytus ramiflorus* bois blanc d'un grain serré et très dur — le *xylosma suaveolens*, bois excessivement dur et très lourd, dont le grain est serré et qui serait d'un excellent usage — le *pittosporum undulatum*, le *paritium tiliaceum* dont une variété, le *thespesia populnea*, sorte de bois de rose, peut s'employer dans l'ébénisterie et la carosserie — le *bombax malabaricum* dont les capsules contiennent une ouate grise fine et brillante — le *grœvia malucocea*, plusieurs variétés d'orangers et de citronniers donnant d'excellent bois pour l'ébénisterie — le *calophyllum inophyllum*, dont nous avons déjà fait connaître plus haut les précieuses qualités comme bois de charpente, de menuiserie, de charronnage et d'ébénisterie — le *dodonea viscosa*, arbre à bois très dur, propre à beaucoup d'usages — le *nephelium pinnatum*, arbre à bois blanc et dur — le *schmidelia*, arbre à bois dur — le *melia azedarach* donnant un bois blanc de bonne qualité ainsi qu'une grande quantité de gomme blonde et douce — le *melia sempervirens* — le *melicope ternata*, arbre à bois blanc et dur — le manguier (*mangifera indica*) — le *spondias dulcis* — le *rhus tahitense*, arbre très commun, à bois blanc, odorant, donnant beaucoup de gomme — le *pomaderris zizyphoïdes*, le plus bel arbre de Tahiti, très commun dans les vallées et donnant un bois blanc et dur, son écorce est aromatique et de couleur rouge foncé — l'*acacia arabica* produisant beaucoup de gomme d'excellente qualité, douce et agréable au goût — l'*acacia insularum* — l'*acacia lebbeck* — l'*acacia myriadena* — le *cœsalpinia tortuosa* — l'*agati grandiflora* — le *castanospermum australe* — l'*erythrina corallodendron* — le *sophora tomentosa* — l'*hymenœa courbaril* — le *terminalia glabra* — le *conostegia glabra* — le *barringtonia butonica*, arbre très répandu le long des plages — l'*eugenia malaccensis* — le *metrosideros villosa* — le goyavier (*psidium pyriferum*) qui est devenu un véritable fléau pour Tahiti, en resserrant chaque jour le rayon des cultures — le *morinda citrifolia* dont la racine donne une teinture jaune — le *nauclea rotundifolia* qui fournit un bois jaune, dur et très sonore — l'*ixora odorata* — le *carissa grandis* — le *tanghinia manghas* bon pour charpentes — le *daphne fœtida* — l'*inocarpus edulis*, très commun, donnant une sève d'un beau rouge de rubis (appelé *toto mape* par les indigènes) qui peut rendre de grands services en teinture — le *cordia orientalis* dont les feuilles donnent une belle teinture rouge — l'*aleurites triloba* — le *croton natans* — le *elæoxylon spiciflorus* — l'*artocarpus incisa*, c'est l'arbre à pain si abondant à Tahiti — le *ficus prolixa* — le *ficus tinctoria* — le *casuarina equisetifolia* — le *cocos nucifera* — le *pandamus odoratissimus*, enfin le *tacca pinnatifida* dont la hampe florale produit la fibre de *pia*, textile déjà employé par l'industrie parisienne.

Outre les bois dont elles produisent de si grandes et si précieuses variétés, nos Colonies peuvent nous fournir une grande quantité de cannes brutes dont plusieurs espèces, travaillées, sont charmantes, les lianes raisin et persil, les myrcia pimentoïdes, le bois d'Inde, l'affouche rouge et le caféier marron, le petit natte, etc., peuvent donner lieu, dans ce genre, à une grande exploitation.

L'Exposition en possède des échantillons très variés, entre autres des cannes brutes et cravaches en rotins aissantes en petit natte.

Plusieurs végétaux arborescents des Colonies donnent une sorte de liége dont les indigènes font des bouchons ou des flotteurs de filets, tels sont le bois de mèche (*bromelia karatas*) qui contient dans sa tige légère une moelle spongieuse dont on fait des bouchons et des plaques à effiler les rasoirs, — le liége (*hibiscus tiliaceus*) de la famille des malvacées qui sert aux noirs, aux usages indiqués ci-dessus.

Nous ne terminerons pas l'énumération déjà pourtant si longue des richesses forestières de nos Colonies sans parler des divers objets fabriqués avec quelques-uns des bois susdénommés, soit par les indigènes soit par les industriels de Paris, dont nous avons cité les noms dans la partie algérienne de ce travail.

Un certain nombre d'ouvrages de tour, des jantes, des roues en bois de fer, en jacquier, en olivier noir et olivier blanc, en bois jaune, en acacia lebbeck, en bois de senteur galet, en grand natte et en ébène, figurent dans la section des bois. On remarque notamment un parquet en bois de jaques, en grand natte et en ébène envoyé par M. P. Boyer de la Réunion, un barillet exposé par M. Ch. Ledentu de la Guadeloupe avec vingt-deux espèces de bois du matouba, des panneaux de bois de lettre moucheté de la Guyane, de ronce de teck de la Réunion, semblable à l'olivier, — de ronce de bois noir — de grand natte, etc.

En avant de ces panneaux est placée une table en bois de porcher, ornée de sculptures dues au ciseau d'artistes indigènes et envoyée par le comité local de Pondichéry. Sur cette table est posée une pagode indienne de Trichenapoly, exposée par M. Godineau à Pondichéry. Cette pagode a été confectionnée par les indigènes avec la racine de l'æschynomenes paludosa.

A la suite de ces meubles et sur la limite de l'Algérie et des Colonies on remarque une magnifique armoire en bois sculpté de tourtour (*rhinocarpus longifolius*) exposée par M. de Madrolle, ébéniste à la Réunion. Cette armoire renferme des personnages indiens représentant les uns le personnel attaché aux palanquins, l'autre, le cortége d'un mariage indien, le tout envoyé par le comité local de Pondichéry. Enfin de chaque côté de ce meuble sont placés une chaise en bois d'olivier sculpté, couverte en agave, et un fauteuil en bois de bith envoyés par le même comité.

En dernier lieu, il nous reste à mentionner MM. Maréchal, Mercier, Jouby et Guibert qui, comme pour l'Algérie, ont mis tout leur art dans la confection de petits meubles, de nécessaires, de caves à liqueurs, de tabatières, de jardinières, etc., en bois des Colonies souvent alliés à ceux de l'Algérie et dont le mariage est du plus gracieux effet.

COMMERCE. — STATISTIQUE.

Les bois importés en France, en 1856, et provenant des Colonies, ont été, valeur :

Martinique		288,977 fr.
Guadeloupe et dépendances		191,079
Guyane		107,348
Sénégal. — *Saint-Louis*		180,830
— — *Gorée*		352,709
Saint-Pierre et Miquelon	Bois communs	15,110
	Avirons de spruce et de frêne	8,445
Établissements dans l'Inde		17,137

EXPOSANTS.

Etablissements français dans l'Inde.

De Kerret à Pondichéry. Collection d'échantillons de bois.
Perrotet id. id.
Société d'agriculture, id. id.

France.

Jouby et Guibert à Paris, 10, rue de Thorigny.
Maréchal, 24, rue des Gravilliers. — Mercier, 24, rue des Gravilliers.

Gabon.

Administration locale. Plusieurs échantillons de bois.
Louis Vidal. Echantillons de bois de santal et d'ébène.

Guadeloupe.

Administration locale. Echantillons de bois divers.
Barrot et Montroux à la Guadeloupe. Echantillons de bois de Teck.
Ch. Ledentu à la Guadeloupe. Baril et confectionné avec vingt-deux espèces de bois du Matouba.
G. Balguérie à la Guadeloupe. Echantillons de bois d'acajou.
Lative à la Guadeloupe. Echantillons de bois.
Mazé, sous-commissaire de marine à la Guadeloupe. Collection d'échantillons de bois. — Mercier à la Guadeloupe. Echantillons de bois. — Mondet, id.

Guyane.

Administration locale. Collection d'échantillons de bois.

Nouvelle-Calédonie.

C.-A. Dubouzet. Trente échantillons de bois de la Nouvelle-Calédonie.

Martinique.

Administration locale. Collection d'échantillons de bois.
Bélanger à la Martinique, id.
Descoublain, id. id.
Pecoul, id. id.
Prunier, id. id.
Raboutet, id. id.

Réunion.

Administration locale. Collection d'échantillons des différents bois de la Réunion, ronce de grand natte de Sainte-Rose veiné, un tableau de grand natte ronceux moiré, spécimens de bois de Madagascar. — Auriol à la Réunion. Cannes brutes et cravaches en rotin.
Chéry à la Réunion. Ouvrage de tour, un plateau en grand natte ronceux.
Deshaies et Cie. Aissantes fabriquées.
Fromentin à la Réunion. Ouvrages de tour.
Général Barolet à la Réunion. Collection d'échantillons de bois de la Réunion.
Henri à la Réunion. Tête de cerf sculptée en bois de natte.
Imhaus à la Réunion. Echantillons de bois et ouvrages de tour.

Jésuites de la Réunion. Ouvrages de tour, spécimens des bois d'ébénisterie travaillés par les jeunes Malgaches de l'établissement de la Ressource.
Lacoste à la Réunion. Bénitier en bois de natte sculpté fouillé dans la masse.
Madrolle à la Réunion. Un buffet à glace, en bois de tourtour.
P. Boyer à la Réunion. Parquet en bois de Jacques, grand natte et ébène.

Sénégal.

Administration locale. Plusieurs échantillons de bois.

IIe SECTION

Textiles autres que le coton et la soie.

Nos établissements d'outre-mer possèdent une grande quantité de plantes pouvant fournir des fibres textiles que l'industrie pourraient employer soit pour la confection de tissus fins ou grossiers, soit pour la fabrication de cordages, soit enfin pour remplacer le chiffon dans la fabrication des papiers. Les produits qui figurent dans cette section méritent toute l'attention; les questions à l'ordre du jour, la loi sur l'exportation des chiffons, les réclamations de la papeterie, les études que l'on poursuit pour livrer à cette industrie des matières premières à bon marché et en abondance, leur donnent un intérêt d'actualité. Déjà, en parlant de l'Algérie, nous avons signalé des essais heureux qui ont été faits sur quelques plantes à fibres textiles; cette section nous offrent de nouvelles preuves que, grâce à la chimie, les craintes de la papeterie sont exagérées, et qu'elle peut, pour se mettre à l'abri des dangers qu'elle redoute, de la liberté commerciale, demander à la science les nouveaux éléments propres à la fabrication du papier et pouvant remplacer avantageusement le chiffon.

Parmi les plantes désignées comme pouvant fournir des pâtes à papier, nous citerons les agaves, vulgairement aloës, l'aouarra *(astrocaryum vulgaris)* propre à faire du papier commun, les bananiers, dont les fils ont été expérimentés avec succès par MM. Gasnier, de la papeterie d'Echarcon, et M. Gratiot, d'Essonne; le *broussonetia papyrifera*, dont les Tahitiens font des tissus, et dont on tire du papier en Chine et au Japon, le *crotalaria juncea*, le *lecythis grandiflora*, le *caladium giganteum*, la passe rose *(alcea rosea)*, le torchon *(momordica operculata)*, dont la partie fibreuse fournit de très bonne pâte à papier, enfin le vacoua *(pandamus utilis)*, dont on tire par le procédé Louvié une excellente pâte. Les Antilles, la Réunion, nos établissements des Indes, ceux du Sénégal et de l'Océanie ont fourni les différents échantillons qui figurent à l'Exposition.

Les fibres des plantes que nous venons de citer sont aussi employées pour faire des cordages ou des tissus ; nous en avons, en outre, quelques autres à citer.

L'ananas sauvage *(bromelia sylvestris)*, qui croît en grande quantité au Gabon, fournit un fil qu'on emploie pour faire des filets, des hamacs et des cordages de luxe ; les feuilles de l'ananas cultivé *(bromelia ananas)* donne aussi un fil pour bourses, sacs, hamacs et effets de luxe ; les échantillons proviennent de la Réunion, de Pondichéry et de la côte occidentale d'Afrique.

L'abaca *(musa textilis)* commun aux Antilles, fournit des fibres de 3 mètr. 50 c. à 4 mètr. de long, possédant des qualités de résistance peu communes, et ui sont employés à fabriquer une partie des belles étoffes de Manille.

Nous désignerons encore :

L'arouma maranta, l'arbre à pain *(artocarpus incisa)*, dont l'écorce est employée à Taïti pour confectionner des étoffes, l'*alétris nervosa*, le *bromelia karatas*, qui sert à confectionner presque tous les filins de la marine marchande des Etat-Unis ; le *Bauhinia tomentosa*, *B. parvifolia*, *B. purperea*, le *Borassus flabelliformis*, le gomba des bois (*Hibiscus gossipinus*), qui sert à confectionner des lignes et filets d'une très grande force et imputrescibles dans l'eau ; les crins végétal provenant de plusieurs espèces de palmiers, plusieurs espèces de chanvre, le *calotropis gigantea*, dont les Indiens font de très beaux tissus, le gombo *(Hibiscus cannabinus)*, pouvant remplacer le chanvre dans toutes ses applications, le mahot à fleurs roses *(Hibiscus textilis rosa sinensis)*, dont les fibres soyeuses atteignent 3 mètres de longueur, le mahot mahotière (*Hibiscus circinatus*), une des meilleures écorces textiles connues, le mahot cousin *(Triumfitta lappula)*, le mahot baba (*Guazuma ulmifolia)*, dont l'écorce sert à faire des cordages très résistants, la mauve de l'Inde (*Malva sylvestris)*, qui s'emploie comme le jute, le *Periploca sylvestris*, le *Tragia cannabina*, avec lequel les Indiens fabriquent de très beaux tissus, l'*urtica nivea*, qui sert à la fabrication de charmantes étoffes, en Chine, au Japon et aux Philippines; le vacoua (*Pandamus utitis P. odorantissimus; P. indica*), abondant à la Réunion où il sert à la confection des nattes et sacs à sucre; enfin quelques yucca complètent la liste bien incomplète des plantes textiles que produisent nos différentes possessions d'outre-mer.

Nous ne saurions terminer ce chapitre, sans mentionner une collection de lianes d'espèces différentes, envoyées par l'Administration de la Guadeloupe, et MM. Trellet, Giaimo et Bozonat de la Guyane; ces lianes, faciles à recueillir tant aux Antilles qu'à la Guyane où elles abondent, servent à faire des liens grossiers pour les bestiaux et les fardeaux; elles pourraient être utilement employées dans la fabrication des mannes à charbon pour les chemins de fer, dont la matière commence à manquer. Le transport de ces lianes peut avoir lieu en abondance et à bas prix.

L'Exposition possède des fils d'agave, préparés au moyen d'un procédé inventé par M. Meroux de Rouen. Ainsi blanchis les fils d'agaves sont remarquables et peuvent remplacer dans beaucoup de cas les plus beaux chanvres ou lins.

L'industrie indigène tire un excellent parti des différents textiles énumérés plus haut, et tous les visiteurs admireront des chapeaux de latanier d'une régularité et d'une finesse de brin extrême, tissés par les femmes de la Réunion, ainsi que des nattes tressées au Gabon (cap Lopès). Les pailles de Pia, provenant de la hampe florale du *tacca pinnatifida*, sont employés avec le plus grand avantage pour la fabrication de divers objets de toilette. C'est avec cette paille que les Taïtiennes font leurs couronnes de fête, si délicates et si remarquables de travail que les plus habiles faiseurs de Paris ne les renieraient certainement pas.

Un fabricant de Paris, M. Luc Abt (rue Richelieu, 66), fabrique avec de la paille de Pia des chapeaux qui, à la beauté joignent le bon marché. Ces chapeaux ne craignent pas l'eau et luttent avec avantage contre les chapeaux de paille d'Italie qui coûtent fort chers et se déforment facilement.

COMMERCE. — STATISTIQUE.

Voici, d'après le tableau général des douanes de France, la valeur des objets appartenant à cette section, importés en France en 1856, et provenant des établissements d'outre-mer :

		nombre.	valeur.
MARTINIQUE.	Chapeaux de paille fine	596	8,940 fr.
GUADELOUPE.	Nattes en tresses	»	12,766
—	Chapeaux d'écorce ou de sparte fins	400	6,000

Réunion. Vannerie	»	7,492
— Cordages en fibres de coco	»	7,492
Sénégal-Gorée. Nattes ou tresses pour paillassons	»	41,720
Établissements de l'Inde. Nattes ou tresses pour paillassons	»	10,582
— Vannerie	»	7,636

EXPOSANTS.

Assinée.

Administration locale. Textiles divers.
Casse. Id.

Gabon.

Administration locale. Textiles divers.
Vidal (Louis), armateur au Hâvre, id.

Guadeloupe.

Administration locale. Collection de textiles divers.
Balguerie, id.
Desbonnes. Agave gigantea, mahot piment, mahot tabac, etc.
Paul (Jules). — Abaca, hibiscus circinatus.
Sargenton. Fibres de cacaoyer et autres textiles.

Guyane.

Administration locale. Textiles et filés.
Deschamps. Id.
Giaimo (E.). Textiles et filés. — Giaimo et Bozonat, id.
Louvier-Saint-Mary. Textiles et filés.
Mélinon. Id.
Trillet. Id.

Inde.

Administration locale. Collection de textiles, de filés et de tissus.
Commission locale. Id. id.
Lubry Row. Id. id.
Perrottet. Id. id.

Martinique.

Administration locale. Collection de textiles.
Bélanger. Id.

Mayotte et Nossibé.

Collection de textiles.

Réunion.

Administration locale. Collection de textiles.
Décline. Id.
D'Ennery. Id.
Imhas. Id.
Lamix (F. de). Id.
Imhaus. Id.
Motel. Id.
Pouget. Id.
Richard. Id.
Roch, à Saint-Denis. Passerose. Id.
Sartre. Id.

Taiti.

ADMINISTRATION LOCALE. Textiles divers.
C. ROBERT. Id.

IIe SECTION

Cotons, tissus et filés de coton.

Dans la première partie de ce travail, en parlant des essais faits en Algérie pour implanter dans cette possession, la culture du coton, nous avons indiqué (pag. 29), les besoins de l'industrie, besoins qui grandissent sans cesse, tandis que la production reste à peu près stationnaire ; il importe donc que partout où le cotonnier croît facilement, sa culture prenne un grand développement; plusieurs de nos colonies pourraient trouver dans cette production une nouvelle source de richesses. Ainsi, dans les Antilles, par exemple, les colons trouveraient certainement dans la culture du coton, des bénéfices plus assurés et plus beaux, que ceux que la canne à sucre leur procure. Du reste, les plus belles qualités de coton longue soie, paraissent être originaires de ces colonies. Une notice inédite, que M. Aubry-Lecomte, conservateur de l'Exposition permanente, a bien voulu nous communiquer, nous montre les Antilles comme la terre natale du coton : « Non-seulement il y croît à l'état sauvage dans les mornes, sur les rocs et sur les bords de la mer, mais les types que cette terre favorisée semble produire le plus facilement, sont précisément ceux des plus belles espèces.

« Qu'on l'appelle coton de la Barbade, Mexicain, Péruvien « ou Georgie, c'est le coton des Caraïbes, celui dont ils tis- « saient leurs vêtements, leurs hamacs et les voiles de leurs « pirogues. Cette plante textile était en si grande abondance « dans leurs îles, que Christophe Colomb s'en fournit chez « eux en 1493, et en fit la base des tributs qu'il leur imposa.

« Dès leur arrivée, nos premiers colons se firent planteurs « de tabac et de coton. Ils eurent le bon esprit d'imiter la « nature et les sauvages qu'ils remplaçaient, c'est-à-dire de « semer exclusivement les graines des meilleures espèces « indigènes ; *Sorel rouge*, *fins vert Martinique*, *Siam blanc*, « *Couronné*, *Guadeloupe*...

« Aussi, dès 1696, les cotons des Antilles, et en particulier, « celui de la Guadeloupe, jouissaient-ils de la plus grande « renommée sur les marchés de l'Europe, et obtenaient-ils « des prix supérieurs à tous les autres. » (*Notice inédite sur le coton par M.* AUBRY-LECOMTE.)

L'avidité des colons, l'importation d'espèces rustiques, le mauvais choix des graines, des fraudes commerciales tarirent dans sa source, cet élément de richesse agricole et de commerce maritime, et précipitèrent la ruine de l'industrie cotonnière; malgré les efforts du département de la marine et des colonies, les colons se livrèrent entièrement à la culture de la canne à sucre, et bientôt, la production du coton tomba de 1,400,000 à 16,000 kil.; et encore, au lieu d'espèces recherchées, n'tait-ce plus qu'un lainage grossier et du prix le plus bas.

« Pendant le temps que les colons de nos Antilles lais« saient ainsi, volontairement, se tarir cette source de ri« chesses, quelques émigrés de Bahama, qui avaient été cher« cher des semences à la Guadeloupe, importaient la culture « du coton Géorgie dans la Caroline du sud et les îles du « littoral.

« Telle est l'origine du fameux coton *Sea Island* ou « *Georgie longue soie,* un des plus grands éléments de la for« tune des Etats-Unis, dont la production atteint maintenant « le chiffre annuel de 4 millions 1/2 de kilog., et qui se vend « de 8 à 12 francs le kil.

« Mais, la nature a imposé elle-même des limites à cette « production : les qualités si recherchées du *Sea Island* dégé« nèrent et disparaissent même, à une lieue ou deux dans l'in« térieur des terres; la brise maritime est nécessaire à cette « espèce, et cela explique pourquoi nos Antilles sont éminem« ment propices à sa culture. » (*Notice inédite, etc.*)

La production de l'espèce si recherchée du *Sea Island*, se trouvant limitée et ne pouvant en Amérique s'étendre davantage, puisque les Antilles se trouvent dans des conditions exceptionnelles, et éminemment favorables pour cette production, il est à désirer que la culture du coton longue soie prenne la plus grande extension. Du reste, l'Administration a fait tous ses efforts pour engager les colons dans cette voie, et elle a pris des mesures pour assurer aux planteurs un débouché à des produits, qui doivent un jour être pour les Antilles françaises, l'élément principal de leur richesse agricole et de leur commerce maritime.

Les spécimens de cotons de la Guadeloupe envoyés aux chambres de commerce de France, ont donné les résultats les plus satisfaisants, et le *Siam blanc et le Georgie* étaient estimés, en 1855 et 1856, de 7 fr. 30 c. à 8 fr. 50 c. A l'Exposition universelle de 1855, des mousselines et organdi tissés par la maison Dolfus-Mieg, avec ces cotons, ont obtenu deux médailles de 1re classe.

L'envoi de la Guadeloupe à l'Exposition permanente, (M. Grellet-Balguerie, exposant), se compose d'abord d'échantillons de cotons en laine, graines, capsules, etc., provenant de soixante espèces et variétés de cotonniers fins, tant sauvages que civilisés, indigènes de la Guadeloupe.

Des cotons longue soie (Sea Island), des cotons indigènes, des Siam blancs, premier type, des sorel rouge, des cotons courte soie figurent ensuite, envoyés, soit par l'administration locale, soit par des planteurs, dont nous donnons la liste plus loin.

La collection des cotons fins et tissés est des plus remarquables; MM. Delbart, à Lille, Picerone, Jeannisson de Tarare' ont présenté des filés de qualité extra. Les résultats du tissage ne sont pas moins remarquables que ceux du filage, et quelques étoffes atteignent un degré de finesse extraordinaire. Des pièces de mousseline offertes par M. Jeannisson à S. M. l'Impératrice, et provenant de cotons de la Guadeloupe, ne pesaient que 300 grammes, tout en mesurant 20 mètres de surface.

Des organdis et des mousselines de très-belle qualité, ont été fabriqués, avec des cotons de M. Grellet-Balguerie, par MM. Dolfus-Mieg et Ce.

L'industrie cotonnière de la Martinique est représentée par les cotons en laine de MM. de Thoré et Bélanger, et les cotons filés de MM. Schlumberger et Ce de Guebvilliers. La matière première provenant de M. de Thoré, et semblable à celle des Géorgie Upland, peut-être employée aux mêmes usages que le Louisiane, mais son rendement est supérieur.

L'Administration locale de la Guyane, ainsi que MM. Hertel, Bourda, Lesage, Mélinon, Virgile, etc., ont exposé des cotons longue soie, courte soie, jaune, de belle qualité et qui, rendus en France, peuvent être vendus aux prix ordinaires du commerce.

MM. Imhaus, Tourris, Chatauvieux, janvier, Paget, Manès, etc. de la Réunion, ont envoyé des cotons en laine, des variétés longue soie et courte soie, des cotons filés, ainsi qu'un devant d'autel brodé au crochet, et des bas tricotés en coton récolté dans la colonie.

L'industrie cotonnière des Indes françaises est bien représentée par des cotons en laine de plusieurs variétés, ainsi que par des tissus indigènes envoyés par la Société d'agriculture de Karikal, le comité de l'Exposition de Pondichéry, MM. Parrasourama et Ce, Lépine, Potier et Ce de Pondichéry.

Dans la section des filés, nous citerons d'abord un échantillon de fil nankin (M. Mélidor Magry, de Pondichéry, exposant) d'une finesse remarquable et semblable à la filoselle; puis des échantillons de filé de coton d'envoi de M. Gnanaprassanaik, qui méritent d'attirer l'attention des personnes compétentes; ces échantillons sont d'autant plus remarquables qu'ils ont été filés par les femmes indoues, à la main et avec des rouets fort grossiers.

Le coton croît spontanément au Sénégal où il est utilisé par les indigènes pour la fabrication des tissus qu'ils consomment; pour devenir l'objet d'un commerce d'exportation il ne manque à ce coton (variété courte soie) qu'une culture plus soignée, plus intelligente. En présence des efforts que les Anglais font dans leurs établissements de la côte d'Afrique pour créer une industrie cotonnière, on peut se demander pourquoi la France qui possède au Sénégal, les éléments de cette culture, ne fait pas des efforts plus soutenus pour la propager, l'étendre et la perfectionner; les nombreux échantillons envoyés par l'Administration locale attestent des résultats qu'on pourrait obtenir; ces échantillons sont des cotons courte soie d'une force remarquable, ainsi que des étoffes de fabrication indigène, parmi lesquelles on remarque des pagnes unis et brodés, des écharpes de Kaarta, des bandelettes dont se servent les négresses pour maintenir leur madras, ainsi qu'un dampé, sorte de couverture employée par les Signarès et les riches négresses; ces tissus sont assez bien travaillés; cependant rien de plus primitif que le métier employé par les indigènes; au milieu de bocaux renfermant des échantillons de coton, l'administration a placé un tisserand sénégalais confectionnant avec le petit métier Yoloff, d'une simplicité et d'une rusticité primitives, une des étoffes que nous venons de mentionner; étoffes que la fabrique de Rouen imite pour expédier sur la côte occidentale d'Afrique; ce tisserand et son métier font partie de la section ethnographique où nous les retrouverons plus loin.

Enfin, pour terminer ce chapitre, il nous reste à citer un

échantillon de coton venant de Taïti (envoi de M. Hurtel), et un de Whydah (côtes occidentales d'Afrique) de l'envoi de M. Régis.

COMMERCE. — STATISTIQUE.

Voici pour les années 1854, 1855 et 1856, les quantités de cotons produits par nos établissements d'outre-mer.

	1854.	1855.	1856.
Martinique..............	470 k.	906 k.	3,963 k.
Guadeloupe	568,900	59,098	240,382
Guyane française........	6,875	6,250	6,375
Réunion................	1,000	1,000	»
Pondichéry..............	»	»	1,860

En 1856, l'exportation pour les Colonies et l'Étranger des établissements de l'Inde, en Guinées, et autres toiles à carreaux a été de 220,356 kil. valant 4,847,832 fr.

EXPOSANTS.

Établissements français dans l'Inde.

COMITÉ DE L'EXPOSITION. Une nappe de table en coton.
COMMISSION LOCALE DE PONDICHÉRY. Paliacats de Pondichéry.
GUANAPRASSANAIK. Filés de coton.
J. LEPINE, pharmacien de marine. Étoffe teinte au Camarina.
Mélidor MAGRY à Pondichéry. fil nankin.
DE NOZEILLE à Pondichéry. Coton en laine.
PAROUSSOUMAGUETTY. Pièce de kindin de quatre fils.
PARASSOUMARA et Cie. Une pièce de toile bleue dite Guinée, et PARASSOUMARA-AMALRIC et Cie. Deux pièces de toile dite Guinée.
PERROTTET à Pondichéry. Variétés de cotons.
POTIER et Cie. Toile à voile.
SOCIÉTÉ D'AGRICULTURE DE KARIKAL. Indiennes et cambaye de Karikal.

Guadeloupe.

ADMINISTRATION LOCALE. Variétés de cotons. — ANGELIN, id.
BALQUERIE à la Guadeloupe. Echantillons de soixante espèces et variétés de cotonniers fins tant sauvages que cultivés, indigènes de la Guadeloupe. Plusieurs autres échantillons. — BOCAGE. Variétés de cotons. — BONNEVILLE, id. — BONNET, id.
DELMART, filateur à Lille. Cotons filés et tissés. — DESMOYERS. Variétés de cotons.
GRANGER (l'abbé). Cotons filés et tissés.
JEANNISSON, id.
MAISON CENTRALE DE CORRECTION. Variétés de cotons. — MONÈGRE, id. — MURIER, id.
PAULIN (veuve). Variétés de cotons.
PERRIOLAT, id.
Pic aîné à la Guadeloupe. Cotons filés et tissés.

Guyane.

ADMINISTRATION LOCALE. Variétés de cotons.
BOCRDA, id.
HERTEL DE COURNOYER, id.
LESAGE, id.
MELINON, id.
VERGILE, id.

Martinique.

Bélanger. Variétés de cotons.
De Thoré. Variétés de cotons, cotons filés. — De Thoré et Bélanger. Variétés de cotons.

Réunion.

Chateaurieux. Variétés de cotons.
Mme Dasso. Bas de coton tricotés.
Imhaus. Variétés de cotons.
Janvier. Cotons en graines.
Melle Marie Kajo. Devant d'autel en coton brodé au crochet.
E. Manès. Variétés de cotons et filés.
Ch. Payot. Variétés de cotons.
Tourris frères, id.

Taïti.

Hertel. Echantillon de coton.

Sénégal.

Administration locale. Variétés de cotons — Dampé sorte de couverture employée par les signares et les riches négresses — Pagnes de Galam, pagnes blancs unis pour deuil dans toute la Sénégambie, pagne de Senoudebou (Boudou) brodé en soie, pagnes de Cayor, pagnes de Walo — Bandelettes dont se servent les négresses pour maintenir leur madras — Pagnes tissés à Gandiole dans le Cayor, pagne tissé à Senoud ban — Samba sembé — Echarpes de Sénoudébou et de Galam, écharpe de Kaarta — Pagnes tissés à Saint-Louis.

Whydah (Côtes occidentales d'Afrique).

Régis. Coton C. S. du Dahomey.

IVe SECTION

Ouates et Soies végétales.

Cette section comprend quelques produits végétaux qui peuvent un jour être l'objet d'un commerce avec la France; mais jusqu'à présent, ces objets rentrent plutôt dans les collections d'objets de curiosité; voici du reste, d'après les notes que nous devons à l'obligeance de M. Aubry Lecomte, la nomenclature et l'emploi que ces produits végétaux peuvent avoir dans l'industrie.

Soie de fromager (*bombax ceiba*). Le duvet peut être employé pour le feutrage; quant au bois il est employé comme liége dans quelques Colonies. Les échantillons proviennent de la Guyane et de la Martinique.

SOIE DE BENTENIER(*bombax heptaphyllum*). Cette soie, qui provient de la Martinique, est employée comme ouate; les essais qui ont été faits pour la filer n'ont pas été couronnés de succès,

OUATE VÉGÉTALE (*Bombax pentandrum — Eriodendrum anfractuosum*). Cette ouate est généralement employée par toutes les classes de population de l'Inde; l'Exposition possède en outre un échantillon de fil fait partie d'ouate et partie de coton, ainsi qu'une serviette tissée avec ce fil. Les échantillons exposés proviennent de la Réunion et de Pondichéry.

SOIE VÉGÉTALE (*asclepias volubilis*). La soie produite par cet arbuste, qui croît à l'état sauvage, est peu employée; l'échantillon exposé a été envoyé par l'Administration locale de Pondichéry.

SOIE AIGRETTE (*Echites grandiflora*). Envoyée par M. Pain, de la Guadeloupe, pourrait être employée dans la fabrication des fleurs.

DUVET VÉGÉTAL OU PATTE DE LIÈVRE (*ochroma lagopus*). Les gousses de cette plante, qui appartient à la famille des bombacées, produisent deux qualités de ouate; l'une à l'intérieur de la gousse, qui remplace l'édredon, et pourrait devenir l'objet d'un commerce important; l'autre à l'extérieur, qui trouverait son emploi dans le feutrage. Les échantillons exposés proviennent de la Guadeloupe et de la Martinique.

SOIE VÉGÉTALE du *beaumontia grandiflora*. L'arbrisseau qui la produit est sarmenteux, remarquable par l'ampleur, le nombre et l'arome de ses fleurs. Son fruit, de 0,33 de long et 0,06 à 0,08 de largeur, contient une foule de graines comprimées, imbriquées et terminées par une aigrette plumeuse longue de 0,02 à 0,03 c. Originaire de l'Inde, cet arbrisseau croît en abondance dans les lieux élevés du Chittagon et du Silhet, au-delà du Gange. L'aigrette pourrait être employée avantageusement dans la fabrication des fleurs artificielles. Les échantillons ont été envoyés par l'Administration locale de la Réunion, et M. Bélanger, de la Martinique.

POMPONNE OU FLEUR A LA VIERGE (*asclepia curassavica*). L'échantillon provient de la Guadeloupe où la pomponne est employée comme ouate pour les vêtements.

FIL DE CALOTROPE (*calotropis gigantea*). Les aigrettes qui couronnent les graines de cette plante fournissent un fil employé dans l'Inde à la fabrication des tissus, et qui mêlé au coton, sert à faire de charmantes étoffes; l'Exposition possède plusieurs échantillons de fil et de tissus mélangés provenant de Pondichéry. Le calotropis gigantea est aussi très commun au Sénégal.

Caragate ou barbe espagnol (*tillandsia usnoïdes*). Crin végétal, qui pousse en parasite sur les arbres des pays intertropicaux est employé pour rembourer par les tapissiers et les selliers; l'échantillon exposé provient de la Guadeloupe.

Massette (*typha augustifolia*). Cette bourre de jonc est le produit de terrains marécageux à la Réunion et dans les Indes, où on l'emploie à la confection de matelas et oreillers. Mélangée, dans la proportion de 50 p. 100 avec des poils d'animaux, elle pourrait être utilisée dans la préparation des feutres.

EXPOSANTS.

Établissements français dans l'Inde.

Administration locale. Soie végétale de l'asclepias volubilis.
Frappier à Pondichéry. Ouate végétale.
Manès, id. id.
Perrottet, id. Echantillon de fil et une serviette en ouate et coton, échantillon de fils et tissus fabriqués avec l'aigrette du calotropis gigantea et le coton, massette (bourre de jonc).

Guadeloupe.

G. Balguerie. Caragute, sorte de crin végétal.
Pain. Soie aigrette, duvet végétal, patte de lièvre.
Paul (Jules). Echantillon d'ouate de pomponne.

Guyane.

Philibert Voisin. Soie de fromager.

Martinique.

Bélanger. Duvet végétal, patte de lièvre, soie végétale.
L'abbé Goux. Soie de fromager et de bentenier.

Réunion.

Administration locale. Ouate et soie végétales.
Mhaus. Massette (bourre de jonc).

10

Ve SECTION.

Matières tinctoriales et tannantes.

Cette section n'est certes pas une des moins intéressantes à étudier. L'art de la teinture occupe une très-grande place parmi les arts industriels, et depuis longtemps la France brille au premier rang des Etats européens pour la perfection des produits qui sortent de ses manufactures ; l'Exposition offre, à ceux qui se livrent à l'art de la teinture un champ immense d'observations et d'études, à l'Administration une des branches d'industrie les plus importantes et pour les simples visiteurs gens du monde, qui sont environnés de toutes parts de ses résultats, un objet d'admiration.

En effet, non-seulement on n'emploie qu'à un très petit nombre d'usages, les matières filamenteuses avec la teinte qu'elles présentent dans leur état naturel, mais ces différentes matières dont se composent les tissus, qu'elles proviennent du règne animal ou végétal, n'ont en général par elles-mêmes que très peu d'affinités avec les matières colorantes. De là est né un art qui, tout en remontant à une époque reculée et malgré les progrès immenses qu'il a fait depuis le siècle dernier, se perfectionnera encore grâce à l'appui des sciences chimiques, et à l'introduction de nouvelles matières provenant de contrées éloignées pendant longtemps inexplorées.

La préparation des peaux et cuirs est aussi une branche non moins importante de l'industrie française, qui emploie de nombreux ouvriers, et fournit non-seulement un des objets les plus usuels de la consommation, mais encore du commerce avec l'Etranger.

Les matières tinctoriales et tannantes importées en France atteignent annuellement, comme nous l'avons dit à propos de l'Algérie, le chiffre de vingt-cinq millions environ.

Les matières appartenant à cette section, sont nombreuses; aussi, pour en faciliter l'étude, croyons-nous utile d'appliquer l'ordre alphabétique. Quant aux renseignements qui accompagnent chaque produit, nous les devons à M. Aubry Lecomte, qui a bien voulu nous communiquer les notices inédites et les rapports officiels qui accompagnaient chacun des envois faits à l'Exposition, soit par les Administrations locales, soit par les exposants producteurs.

Arech (*arecka catechu*). Tannin puissant. L'amande sert à préparer une sorte de cachou qui se vend à Pondichéry 0 fr. 75 c. le kil. — Provenance : Pondichéry, Guadeloupe et Nossi-Bé.

Acacia Leucophoea. L'écorce est employée comme tannin. — Provenance : Pondichéry.

Andrèse (*celtis Madagascariensis*). L'écorce est un astringent puissant, bon pour le tannage. — Provenance : Réunion.

Acacia Farnesiana. L'écorce de la racine contient du tannin et est employée en teinture — Provenance : Guadeloupe.

Bablah (*acacta adansonii*). Les gousses sont employées au tannage et à la teinture. — Provenance : Sénégal.

Bois de rose (*andromène*). La poudre ou la sciure de bois peut être utilement employée en teinture. — Provenance : Réunion ; ce bois est très abandant à Madagascar.

Bois noir (*acacia lebbeck*). L'écorce est employée pour la teinture en noir ; elle donne un rouge brun foncé qui se fixe sans mordants sur la laine en couleur de tannée et avec le chromate en couleur de café brûlé. — Provenance : Réunion.

Balisier (*canna indica*). La graine donne une belle couleur pourpre qui, si on parvenait à la fixer, serait précieuse pour les arts. — Provenance : la Guadeloupe.

Benjoin faux. (*terminalia mauritania*). L'écorce sert à tanner et à teindre les cuirs en rouge ; la décoction pécipite les sels de fer en noir. — Provenance : Réunion.

Bignonia chica. Les feuilles donnent une belle rouge carminée ; la sève qui découle de la plante, à la moindre blessure faite au bois, donne une belle couleur orange. — Provenance : Guyane.

Butea frondosa. L'écorce de la tige et des racines donne une gomme astringente qui peut-être employée comme matière tannante. — Provenance : les Indes.

Bancoulier (*aleurites triloba*). L'écorce et les débris de noix du bancoulier donnent des couleurs auxquelles on reproche d'être ternes ; cependant les noix traitées par l'acool donnent une belle teinture rouge ; la décoction de l'écorce avec les sels de fer donne une couleur olive qui se fixe bien sur la laine. La teinture rouge obtenue par le traitement des débris de noix par l'alcool peut servir de vernis dans l'ébénisterie, et présente, dans ce cas, quelque intérêt. — Provenance : la Réunion, Taïti.

BOIS JAUNE *(ochrosia borbonica)*. « Bois léger, d'un assez bel orangé jaune. La décoction est d'un beau jaune d'or et laisse déposer des flocons roux par le refroidissement, que les acides éclaircissent et que les alcalis font passer au rouge assez foncé. L'alun orange légèrement la couleur, les sels de fer, de cuivre, le chromate de potasse et la gélatine n'indiquent pas le tannin. La laine alunée se teint en jaune orangé rabattu que l'ébulition rabat beaucoup plus encore. Avec le bichlorure d'étain, la laine se teint en jaune orangé. Les deux chlorures réunis donnent une assez belle couleur jaune, mais en élevant un peu la température. La soie alunée se colore en orangé jaune rabattu. » (Renseignements donnés à l'administration de l'Exposition, par M. E. Decaux, sous-directeur de Gobelins). — Provenance : la Réunion.

BOIS TABAC *(exostemma floribandum)*. Connu dans nos Colonies sous les noms de : quinquina piton, quinquina de montagne, quinquina Badier, quinquina de Saint-Domingue, écorce de Sainte-Lucie, bois tabac, etc. Cet arbre, très commun dans les Antilles, n'a jusqu'à présent été employé qu'à faire du charbon. L'écorce peut fournir à l'art du teinturier diverses nuances de rouge, depuis le rouge saumon jusqu'au rouge brun. Dans la pratique, en introduisant dans le bain un sel alcalin, on peut obtenir la couleur mauve et rose de Chine; les sels à réaction acide, au contraire, détruisent la couleur rouge et donnent le jaune maïs et le jaune d'or. Un article de M. Serre, dane la *Revue coloniale*, donne de très intéressants détails sur ce bois et ses applications industrielles. — Provenance : la Guadeloupe.

BOIS DE NATTA *(imbricaria maxima)*. L'écorce est très riche en tannin. — Provenance : la Réunion.

COCHENILLE *(coccus)*. Bien que la cochenille soit un produit animal, elle est placée dans cette section, afin de ne pas scinder les grandes catégories commerciales. Originaire du Mexique, transporté à Saint-Domingue en 1700, cette culture a été essayée d'abord à Marie-Galande. De nouvelles tentatives ont été faites à la Guadeloupe en 1842 et 1844; les produits obtenus rivalisent avec les plus beaux produits du Mexique, et cette industrie pourra devenir une source de richesse pour la colonie; nous ne pouvons exprimer qu'un regret, c'est qu'elle ne prenne pas plus d'extension. — Provenance : la Guadeloupe.

ÇAÏLCEDRA (*khaya senegalensis*). L'écorce colore l'eau bouillante en rouge brun trouble. Les étoffes alunées se teignent en orange jaune rabattu; le sel de peroxide fer teint en olive et le bichromate de potasse donne une couleur café brûlé assez bien nourrie. — Provenance: Cazamance.

CATALPA (*hibiscus populneus*). Le graines et fruits passent pour donner une matière colorante rouge. — Provenance: Martinique.

CURCUMA. Connue dans le commerce sous le nom de *safran des Indes* ou *terre mérite*, la racine du curcuma est employée dans la teinture en jaune.

CASUARINA (*casuarina equisetifolia*. Peut être employé avec avantage comme mordant, tant pour fixer que pour augmenmenter les teintes dans la teinture garance; peut servir dans la teinture sur laine et sur soie, et se fixer avec ou sans mordants aluneux. La couleur est solide, sinon éclatante, et peut être utilisée avec avantage pour former des fonds destinés à faire ressortir des fonds. — Provenance: Pondichéry, la Réunion; très commun à Taïti et dans les îles d'Océanie.

CASUARINA (*casuarina muricata*). Contient les mêmes principes que le précédent et peut lui être substitué. — Provenance: Indes.

CASSIA TORA. La graine donne par la décoction un suc visqueux que l'on emploie dans la teinture bleue; mêlée à l'indigo, elle aide à obtenir une belle teinte. — Provenance. Pondichéry.

CALOPHYLLUM inophyllum. L'amande donne, dit-on, une couleur blanche. — Provenance: Taïti.

CAMPÈCHE (*hæmatoxilon campechianum*). Très employé dans la teinture violette, noire, solitaire, gris biron, etc., etc. — Provenance: la Martinique.

CARNAUBA (*corypha cerifera*). L'acide picrique du carnauba est employée dans la fabrication des fleurs artificielles pour obtenir une couleur jaune très belle et inaltérable. — Provenance: la Guyane.

EPINEUX JAUNE (*zanthoxylum caribæum*). — Provenance: la Guadeloupe.

FICUS TINCTORIA, *mati* des indigènes de Taïti. La graine contient un suc laiteux qui, avec les alcalis, produit une belle couleur jaune. Mêlé aux feuilles du *cordia sebestena*, le suc du *ficus tinctoria* donne naissance à une matière colorante d'un rouge vif; les indigènes l'emploient à Taïti pour teindre les tissus; la matière colorante est belle, les arbres qui la produisent sont abondants; il serait à désirer qu'on pût l'introduire dans l'industrie française sans en atténuer l'éclat.—Provenance : Taïti.

Gomme gutte (*stalagmites cambogioïdes*). La gomme gutte, d'un beau jaune doré, est employée pour les lavis et la miniature. — Provenance : la Guyane.

Genipa (*genipa americana*). Le fruit contient un suc qui teint en violet fort brun ou noirâtre. — provenance : la Guyane.

Henné (*lawsonia inermis*). Voir à la partie algérienne, p. 37. Provenance : Sénégal, où il se nomme Foudenn.

Indigo (*indigofera tinctoria*). Matière tinctoriale d'une grande importance ; la France en importe de 15 à 20 millions par an. Pondichéry et nos établissements des Indes en produisent depuis près d'un siècle ; les indigos provenant de la Guyane française peuvent soutenir la comparaison avec les meilleures qualités connues ; enfin, quelques échantillons d'une grande beauté méritent de fixer l'attention, comme résultats des essais de fabrication auxquels s'est livré M. Leroy, pharmacien au Sénégal. — Provenance : la Réunion, la Guyane, les Etablissements français dans l'Inde et le Sénégal.

Lianes de boeuf (*danaïs fragrans*). Les naturels de Madagascar en retirent de la racine, suivant M. Dupetit-Thouars, un belle couleur rouge dont ils teignent leurs pagnes. — Provenance : la Réunion.

Lucée. Les feuilles de cet arbre, de la famille des myrtes, servent à la Guyane pour teindre en noir. Si l'industrie peut les employer avantageusement, il sera facile de s'en procurer de grandes quantités à un prix peu élevé. — Provenance : la Guyane.

Lac-dye. La gomme laque est produite par le *coccus-lacca*, qui vit sur un grand nombre d'arbres des genres Ficus, croton, valica, butea, etc.; les provinces centrales et sud de l'Inde en produisent en abondance.— Provenance : les Indes.

Mangueir (*mangifera indica*). L'écorce peut fournir une matière tinctoriale à l'industrie. — Provenance : la Réunion.

Mapou (*mapouria guianensis*). Appelé collorado par les Espagnols ; l'écorce fournit une belle couleur rouge qui sert à teindre les hamacs. — Provenance : la Martinique.

Morinda umbellata. La racine fournit un beau jaune qui, combiné avec le bois de sappan, donne une couleur rouge qui s'altère très difficilement. Les sels alcalins font également passer au rouge le suc jaune de la racine. — Provenance : Pondichéry.

Moureiller ou bois tan (*malpighia spicata*). L'écorce contient beaucoup de tannin. Les fruits fournisent un suc recherché pour le tannage des cuirs. La décoction donne un coloré rouge orangé que le bichlorure d'étain précipite en orangé. Les sels de fer et principalement le peroxide, déterminent un abondant précipité noir. — Provenance : la Guadeloupe.

Mirobolan (*terminalia chebula*). Employé comme tannin ; sert à la préparation de l'encre et comme mordant dans la teinture en rouge. — Provenance : la Réunion.

Mapé (*inocarpusi edulis*). La gomme de Mapé est une nouvelle matière colorante qui peut devenir un produit fort utile dans la teinture et rivaliser avantageusement avec ceux qu'on emploie journellement. En variant les dissolvants et les moyens de fixage employés dans les manufactures, on peut obtenir dans la teinture des étoffes une série de nuances d'un vif éclat : rouge vif carminé, rose carminé et pâle, jaune d'ocre, lilas, jaune, pourpre violacé, etc. — Provenance : Taïti.

Orseille (*roccella fuciformis, R. tinctoria montagnei*). Lichen tinctorial recueilli soit sur des roches au cap Vert, soit sur des arbres du littoral des provinces d'Angole et de Benguela. Le lichen des arbres est d'un mérite supérieur au lichen de roche pour la teinture des laines et des soies. L'industrie en emploie des quantités considérables, et les chargements trouvent en France et en Angleterre un débouché prompt et facile. — Provenance : Côtes orientale et occidentale d'Afrique.

Pois doux. — (*mimosa inga*). Des feuilles et de la graine on retire une sorte de cachou. L'écorce est employée dans la tannerie. — Provenance : Guadeloupe.

Paletuvier de montagne (*clusia venosa*). L'écorce est riche en acide gallique, et sert aux Chinois dans la teinture en noir. — Provenance : la Guadeloupe.

Palétuvier. (*rhizophora mangle*). L'écorce donne un tan très propre à la préparation des peaux. La décoction de l'écorce est d'un rouge orangé ; l'alun la change en café brûlé demi-teinte ; les sels de cuivre, de protoxide de fer et le chromate de potasse en marron ; les peroxides de fer en brun verdâtre ; enfin, l'acide gallique précipite en noir bleu.

La Guyane peut en fournir un grand nombre de chargements à des prix peu élevés. — Provenance : La Guyane et le Sénégal.

POIS MASCATE OU POIS NOIR (*alysicarpus styracifolius*). Des essais heureux ont été faits pour extraire la brillante couleur noire du tégument de ce haricot. — Provenance : Réunion.

PALISSANDRE VIOLET DE MADAGASCAR. La poudre ou sciure de ce bois peut être utilement employée en teinture.

ROCOU (*bixa orellana*). La graine donne un rouge fort estimé dans les arts et l'industrie, et qui fait l'objet d'un commerce très important. — Provenance : la Guadeloupe, la Guyane, la Réunion et Pondichéry.

SANTAL D'AFRIQUE. Ce bois est employé en poudre pour les orangés rouge. On en fait tous les ans des chargements considérables au Gabon. — Provenance : le Gabon.

SAYAVER (*oldenlandia umbellata*). La racine fournit une belle matière colorante ronge analogue au principe colorant de la garance. Elle est employée dans les Indes aux mêmes usages et sert à teindre les célèbres turbans rouges de Madras. — Provenance : Pondichéry,

TAN ROUGE (*veinmannia macrostachia*. — Provenance : la Réunion.

COMMERCE. — STATISTIQUE.

L'importation en France des matières tinctoriales et tannantes, provenant de nos colonies a été, en 1855, de :

	quantités.	valeur.
MARTINIQUE. Bois de teinture et d'ébénisterie......	»	228,977 fr.
— Rocou........................	9,000 k.	18,000
GUADELOUPE. Bois de teinture et d'ébénisterie......	»	191,079
— Rocou........................	84,518	169,036
GUYANE. Rocou........................	455,457	910,914
RÉUNION. Lichens tinctoriaux..................	68,148	64,914
— Cachou en masse..................	4,254	6,381
SÉNÉGAL. — *Saint-Louis.* Bois de teinture, etc.....	»	180,830
— — Lichens tinctoriaux......	6,624	6,295
— *Gorée.* Bois de teinture, etc.........	»	352,709
ÉTABLISSEMENTS DANS L'INDE. Bois de teinture, etc.	»	17,173
— Cochenille.........	310,025	6,200,500

EXPOSANTS.

Etablissements français dans l'Inde.

Pondichéry.

ADMINISTRATION LOCALE. Plantes et matières tinctoriales diverses,

BOUILLÉ. Areck.

COMMISSION LOCALE. Oldenlandina umbellata.

JULES LEPINE. Cochenille, plantes et matières tinctoriales diverses.

MORAS. Laque en batons, en grains et en écaille, lac dye et étoffe teinte avec cette préparation.

OUBRAYA POULLE. Echantillons d'indigo.

Karikal.

ADMINISTRATION LOCALE. Indigo en pains.

Guadeloupe.

ADMINISTRATION LOCALE. Plantes et matières tinctoriales diverses.
G. BALGUERE. id.

Réunion.

ADMINISTRATION LOCALE. Plantes et matières tinctoriales. — AURIOL. id.
BARBE et RETOUT. id. — BORMIÈRE et LEMMETTAIT. id.
DELER. id.
LOUIS ELIE. id. — D'EUNNERY. id. — DES ETANGS. id.
DE FLORIS. id.
GERARD. id.
IMAHUS. id.
LE MAIRE DE SIANT-PAUL. id.
MANÈS. id.
Ve SICRE. id.
BONNET. id.
DAVER et FILS. Cochenille.
DE GOUTARD. id.
PERRIOLLAT. Pâte de rocou et graines.
RIFFAUD. Plantes tinctoriales.

Nossibé.

CALEFAN BEN ALI. Matières tinctoriales.
A. POULAIN. id.

Martinique.

ADMINISTRATION LOCALE. Collection de plantes et matières tinctoriales.
BELANGER. id.

Sénégal.

Et comptoirs de la côte occidentale d'Afrique.

ADMINISTRATION LOCALE. Echantillons de plantes et matières tinctoriales.
DOUANES. Henné.
REGIS. Orseille d'arbres et orseille de roche.

Guyane.

ADMINISTRATION LOCALE. Plantes et matières tinctoriales.
DAUBRIAC. Plantes et matières tinctoriales. — DESTELLE, id. — DUMOULIN. DUMOUTET, id.
GODIN. Plantes et matières tinctoriales.
JANHOLTZ. Id.
MANÈS. Id.
MÉLINON. Id.
RONAT. Id.
VOISIN (Philibert). Id.

Taïti.

ADMINISTRATION LOCALE. Echantillons de plantes et matières tinctoriales.
CUZENT. Id.
FORSTER. Id.

VIe SECTION

Baumes. — Gommes. — Résines et Vernis.

Quelques-uns des produits appartenant à cette section sont l'objet d'un important commerce, et sont très employés dans les arts et l'industrie ; il suffit de citer la gomme arabique, la gomme du Sénégal, le caoutchouc, la gomme copale, la gomme laque, le benjoin pour en montrer toute l'importance.

La gomme arabique qui découle des *acacia vera* et *arabica* est assez rare dans le commerce ; la gomme du Sénégal et la gomme de Galam la remplacent dans les usages industriels. La gomme du Sénégal découle principalement de l'*acacia sénégalensis* ; quant à la gomme de Galam, M. Baudrimont lui attribue une autre origine, il pense qu'elle provient de l'*accacia vera*. La gomme est le premier et le plus riche de tous les produits du Sénégal, qui en fournit chaque année deux ou trois millions de kil.

L'industrie emploie très utilement le caoutchouc, dont les propriétés ont été découvertes en 1736 par La Condamine. La Guyane et la côte occidentale d'Afrique en fournissent en abondance ; en 1853 et 1854, le Gabon en a donné d'énormes quantités, mais de qualité inférieure par suite du mode vicieux de préparation employé par les naturels. Les procédés cependant tendent à s'améliorer et on commence à trouver à Cama des échantillons semblables à ceux de Para. La matière, première, du reste, est excellente et les immenses forêts qui avoisinent notre comptoir peuvent être une source inépuisable pour le commerce intelligent.

L'Exposition possède de nombreux échantillons de sève de balata, ainsi que des objets fabriqués avec cette matière. Cette substance parait appelée à un grand avenir industriel ; elle tient le milieu entre le caoutchouc et la gutta-percha qu'elle semble devoir remplacer exclusivement pour fabrication des fils télégraphiques sous-marins. La sève de balata ne casse pas à froid, et résiste à toutes les épreuves qui détruisent radicalement la gutta-percha. L'application industrielle de la sève de balata a valu une médaille d'argent au dernier concours, à MM. Serre et Levert ; l'Exposition possède de charmantes photographies faites sur des feuilles minces de sève de balata, ainsi que des vases de toilette, des bols et autres objets de fantaisie de très bon goût.

Les principales matières qui figurent dans cette section sont :

La gomme d'acajou (*anacardium occidentale*) qui fournit un vernis pour les meubles et remplace dans certaines circonstances la gomme arabique. Nos colonies de la Guyane, de la Guadeloupe et de la Martinique peuvent en fournir des quantités considérables;

Les gommes du Sénégal et de Galam, dont nous avons parlé;

La gomme arabique, provenant de Pondichéry et de Taïti;

La gomme de bois noir (*acacia lebbeck*) employée comme vernis et provenant de la Réunion;

La gomme du bancoulier (*aleurites triloba*), le colibri végétal (*agati grandiflora*), venant de Taïti;

La sève du balata (*sapota mulleri*) très commune à la Guyane, ainsi que la résine de balata employée aux mêmes usages que le brai et dont les indiens se servent pour calfater leurs pirogues; la gomme résine de bois gommier (*bursera gummifera*) employée comme encens dans les églises et remplaçant la colophane dans ses applications industrielles. La Guyane, la Guadeloupe et le Gabon peuvent en fournir en abondance;

Le benjoin (*styrax benjoin*) employé dans la parfumerie et provenant de Pondichéry;

La gomme résine courbaril (*hymenea courbaril*) employée en industrie pour les vernis. — Provenance : la Guyane;

La résine copale (*guibourtia*); le Gabon et les côtes occidentales d'Afrique produisent les meilleures;

Le caoutchouc (*hevea guyanensis*) que fournissent nos colonies de la Guyanne, de la Guadeloupe, du Gabon et de Taïti;

Le vernis de Coumaté (*vatairia guyanensis*) ou bois à dartres de la Guyane, qui fournit un excellent vernis, indélébile une fois sec;

La gomme de cactus (*cactus opuntia*), sans emploi avantageux;

Le Carnauba (*corypha cerifera*). Les feuilles de ce palmier de la Guyane fournissent une poussière céracée qui, fondue avec un peu de suif, forme une cire verdâtre dont on fabrique des bougies;

La résine du *calophillum tamanu*, la gomme extensible, la gomme de fromager (*bombax pentandrum*), la gomme de *feronia elephantum*, la résine élémi ou encens de la Guyane (*icica viridiflora*), le chadec (*citrus decumana*), provenant de nos colonies de la Réunion, de la Guyane, de Taïti ou de Pondichéry;

La gomme laque (*lac-dye*) dont nous avons déjà parlé dans le chapitre précédent à propos de la couleur rouge qu'elle fournit ;

La résine Mani (*moronobea coccinea*), commune à la Guyane où elle sert à goudronner les cordages et embarcations, et à fixer le fer des flèches des indiens ;

La gomme de Monbin (*spondias dulcis*) qu'à la Guadeloupe on emploie souvent à l'état frais en guise de colle forte ;

Le vernis à meuble fabriqué avec l'alcool de canne à sucre, provenant de la Réunion.

Quelques résines figurent aussi à l'Exposition et proviennent de la Nouvelle-Calédonie ; enfin des établissements français dans l'Inde ont exposé des goudrons de Teck et d'Avadari.

COMMERCE. — STATISTIQUE.

Les marchandises provenant de nos Colonies, importées en France, en 1856, ont été :

Sénégal.

		quantités.	valeur.
Saint-Louis.	Gommes pures, exotiques	1,568,498 k.	2,195,897 fr.
	Résines de copal et dammar	4,784	11,482
	Caoutchouc brut ou fondu, en masse	2,470	8,645
Gorée.	Caoutchouc et gutta-percha	10,384	38.094

EXPOSANTS.

Gabon.

Administration locale.
Mazurier.
Régis.

Guadeloupe.

Administration locale. Echantillons de baumes, gommes, résines et vernis.
G. Balguérie. Id.
Mercier. Id.

Guyane.

Administration locale. Echantillons de baumes, gommes, résines et vernis.
De Saint-Quentin. Id.
Giaimo et Bazonnet. Id.
Philibert Voisin. Id.

Etablissements dans l'Inde.

Administration locale. Echantillons de baumes, de gommes, résines et vernis.
Commission locale. Id.
Moras. Gomme laque en grains, plaques et bâtons.

Nossi-Bé.

Bavastre. Liasse à caoutchouc.

Nouvelle-Calédonie.

Pancher. Résines.

Martinique.

Bélanger. Echantillons de baumes, gommes, résines et vernis.
Pecoul. Id.

Réunion.

Administration locale. Echantillons.
Blay-Moreau et Cie. Vernis à Meubles.
Imhaus. Gommes élastique et de bois noir.
Manès. Résine

Sénégal.

Administration locale. Echantillons.

Taïti.

Administration locale. Echantillons de baumes, gommes, résines et vernis.
Cuzent. Id.

VIIe SECTION

Matières oléagineuses et savonneuses.

Les produits les plus importants de cette section sont : les arachides, l'huile de coco, le dika, l'huile de palme, l'huile de ricin, le sésame, etc.; après avoir donné quelques détails sur chacun de ces produits qui intéressent plus particulièrement le commerce et l'industrie, nous terminerons par la nomenclature des différentes matières oléagineuses et savonneuses secondaires qui figurent à l'Exposition.

La France importe chaque année une quantité assez considérable d'arachides. Il y a quinze ans, cette culture était à peine connue sur la côte d'Afrique; mais, depuis quelques années elle a pris un développement qui tend à s'accroître encore. La graine d'arachides est oléagineuse et comestible, elle fournit une huile saine, agréable au goût, peu rancescible, et qui sert aux usages de la table, aux arts et à l'industrie. Le Sénégal en fournit 30 ou 35 mille tonneaux par an ; les populations des provinces d'Angole et de Benguela en envoient de riches chargements et le Gabon, lui-même, où l'apathie des naturels semblait s'opposer à toute tentative de ce genre, commence à montrer sur nos marchés de beaux specimens. Nos autres colonies possèdent des arachides de belle et bonne qualité, mais le peu d'étendue de leur territoire ne leur permettra jamais de soutenir la concurrence de la côte d'Afrique qui est appelée dans ce genre à tenir le premier rang. Les échantillons exposés proviennent du Sénégal, de la côte occidentale d'Afrique, de la Martinique, de la Guadeloupe, de la Réunion, de la Guyane et des Indes.

L'amande de coco produit une huile consistante et blanche employée avec avantage dans la fabrication des savons de toilette et qui est devenu depuis quelques années, pour nos établissements des Indes, l'objet d'un commerce assez étendu. Les spécimens exposés proviennent de la Martinique, de l'Inde, Pondichéry et Karikal, de la Guyane et de Taïti.

Le dika est le produit d'un manguier (*mangifera gabonensis*, Aubry Lecomte) de la famille des térébinthacées, très-commun sur la côte d'Afrique depuis Sierra Léone jusqu'au Gabon. Le fruit contient un noyau dont l'amande blanche, oléagineuse, agréable au goût et analogue au cacao, sert à préparer le *pain de dika* qui, associé à d'autres aliments, forme une partie de la nourriture des naturels. Le docteur O'Rorke en a décrit ainsi les principales applications industrielles : « Par une simple ébullition, ou par la chaleur et la pression, on extrait de 60 à 70 p. 0/0 de graisse solide du pain de dika. Cet oléagineux en tout analogue au beurre de cacao par l'aspect, le goût, la solidité et l'odeur, fusible à 40°, est saponifiable ; il donne une belle flamme blanche, sans odeur ni fumée, et presque sans résidu. Des bougies fabriquées avec ce produit brûlent avec un éclat bien supérieur à celui des plus beaux échantillons stéariques, seulement son degré très-bas de fusibilité nécessite l'enrobement par l'acide stéarique, ou mieux son mélange avec l'acide sébacique ou le Carnauba.

« En résumé, le pain de dika doit acquérir une grande importance commerciale. La partie oléagineuse sera employée pour la fabrication des bougies et des savons ; enfin, la médecine y trouvera un excellent succédané du beurre de cacao. »

L'huile de palme sert à la fabrication du savon jaune, marbré et blanc et des bougies que les fabriques de Paris obtiennent par la distillation. Avant 1832, ce produit n'était pas connu en France, mais il l'était en Angleterre. Aujourd'hui ce commerce donne de 50 à 60 mille tonneaux de frêt par an, et pourrait donner dix fois plus, car le littoral de l'Afrique est couvert d'immenses forêts de palmiers dont un petit nombre seulement est en exploitation. Les échantillons exposés proviennent de la côte occidentale d'Afrique, de Cazamance et du Gabon.

Les propriétés médicales de l'huile de ricin sont trop connues pour devoir les rappeler ici ; les Indes, Pondichéry, la Guyane, la Réunion peuvent en fournir à la France qui, chaque année, en importe des quantités assez importantes.

La graine de sésame (*Sesamum orientale*) fournit une huile excellente, comestible quand elle est pressée à froid, et employée avec succès dans la fabrication des savons et l'éclairage. Nos établissements de l'Inde commencent à donner une grande extension à la culture du sésame ; plus difficile que celle de l'arachide, cette culture n'a pas encore pris beaucoup de développement sur la côte occidentale d'Afrique. Les spécimens exposés proviennent de la Martinique, de la Réunion, de Pondichéry, de la Cazamance et de la côte occidentale d'Afrique.

Les autres matières oléagineuses, provenant de nos colonies et figurant à l'Exposition, sont :

L'aroua (*astrocargum vulgare*), la noix d'acajou (*anacardium occidentale*), l'acacia amara (*mimosa abstergens*), l'huile d'aouara, plusieurs variétés d'huile de bois, des huiles de graines de béraf ou yombosse (*cucurbita miroor*) espèce de melon qui fournit des huiles excellentes pour l'éclairage et l'alimentation ; le beurre de galam (*bassia butyracca*), la noix de bancoul (*aleurites triloba*), la graine de barcloux (*ravelana guyanensis*), le ben ailé (*moringa pterigosperma*), le soump du Sénégal (*balanites œgyptiaca*), l'illipé (*bassia longifolia*), le *buchanania latifolia*, le *bombax pentandrum*), le *bassia gabonensis*) (deux variétés provenant du Gabon), la graine de cotonnier (*gossypium arboreum*), le baume vert (*calophyllum calaba*), le carthame (*carthamus tinctorius*), l'huile de comou (*œnocarpus bacaba*), l'huile de coupi ou achioua (*couepia dulcis*), l'huile de chardons, l'huile de carapa (*carapa guyanensis*), l'aty tamanu ou bois Marie (*calophyllum inophyllum*), la noix de coula, les graines de catalpa (*hibiscus populneus*), les graines de plusieurs variétés d'elœocarpus (*E. tuberculatus. E. ganistrus. E. rugosus*), le citron de mer ou elosy zegué, la graine du *feronia elephantum*, la graine de l'*hibiscus cannabinus*, la graine d'icaque (*chrysobolanus icaco*), les huiles de *jatropha montana* et de *jatropha gossipifolia*, l'huile de lin (*linum usitatissimum*), la noix de mpôga, l'huile de *melia azedarach*, l'huile de maripa, l'huile de mocaya, la graine de *nigella sativa*, la cire du *myrica cerifera* qui ne se trouve que dans l'intérieur de la Guyane; l'ouabé (*omphalea diandra*), l'olonda oïga. l'owala, la graine de pavot blanc (*papaver somniferum album*), le pignon d'Inde (*curcas purgans*), la carapatte ou palma-christi (*ricinus major. R. communis. R. viridis*), l'amande du palmiste à colonne (*areca oleracea*), l'huile de patawa (*œnocarpus patawa*), la noix de pentadesma ou stearine végétale, l'huile de soleil (*helianthus annuus*), la graine du savonnier (*sapindus saponaria*), la noix de touloucouna (*carapa touloucouna*), l'huile de tabac (*nicotiana tabacum*), l'huile de tha cotté; enfin le jajamadou, provenant de la graine du muscadier à suif (*virola sebifera*) qui se trouve en abondance à la Guyane et pourrait être d'un bon usage pour la fabrication des bougies et du savon.

COMMERCE. — STATISTIQUE.

Les matières oléagineuses et savonneuses provenant des colonies, importées en France, en 1856, ont été de :

Sénégal.

		quantités.	valeur.
Saint-Louis.	Arachides et noix de Touloucouna . . .	3,494,121 k.	2,620,581 fr.
	Graines de Moutarde et autres.	12,469	8,105
Gorée.	Amandes.	31,602	25,281
	Arachides et noix de Touloucouna.	5,051,917	3,788,938
	Graine de sésame.	26,005	19,502
	Huile de palme.	427,871	213,936

Etablissements dans l'Inde.

	quantités.	valeur.
Graine de sésame.	3,558,606	2,518,954
Huile de coco, etc.	673,119	336,559

EXPOSANTS.

Côtes occidentales d'Afrique.

Assinée, Gabon, Grand-Bassam.

Administration locale. Produits oléagineux.
Gaillard, id.
Régis, id.

Guadeloupe.

Administration locale. Oléagineux. — Administration des Douanes, id.
Angelin, id.
Bonnet, id.
Castaing, id.
Daniel French, id. — Dayer, id.
Isis Desbonnes, id.
L. de Durat, id. — Lacoste. id.
Pic aîné. id.
Sargenton, id.

Guyane.

Administration locale. Produits oléagineux.
Daubriac, id.
Jardin de Beduel, id.
Monier, id.
Philibert Voisin, id. Pouget, id.
Trillet id.
Vincent, id.

Martinique.

Administration locale. Oléagineux.
Belanger, id.
Lelorrain, id.

Nossibé.

Mézence. Produits oléagineux.

Réunion.

Administration locale. Produits oléagineux.
Deler, id. — Desrusseaux, id.
Grelot, id.
Inhaus, id.
Manès, id.
Peyruzat, id.
Roumand, id.
Toulorge, id.
Vergoz. id. — Vinchant, id. — Vibelizier, id.

Sénégal et Gorée.

Administration locale. Produits oléagineux. — Administration des Douanes, id.
Prom et Morel, id.

Taïti.

Guzent. Oléagineux.
Hort, id.

VIIIe SECTION

Farines et Fécules.

En général, nos colonies produisent peu de céréales ; mais les racines et tubercules farineux y sont nombreux; quelques-uns entre autres, forment la base la plus importante de la nourriture des indigènes, et pourraient, cultivés en grand et exploités industriellement, fournir un aliment sérieux au commerce de nos établissements d'outre-mer.

Cependant les céréales ont occupé autrefois une place importante dans les produits de la Réunion. La colonisation des plaines des Cafres et des Palmistes semble devoir ranimer bientôt cette culture. L'hectare produit, suivant la qualité du terrain, de 1,000 à 1,500 kilogr. — L'Exposition possède de belles farines de la Réunion.

Les mauvaises recoltes, la maladie qui a sévi sur quelques-uns de nos produits végétaux ont même fait essayer l'acclimatation en France de quelques-uns de ces racines et tubercules farineux.

Les plus importants produits de cette section sont :

L'arrow-root, fécule de *maranta-arundinacea*, employée dans l'art culinaire et recherchée pour l'alimentation des enfants et des convalescents. — Provenances : la Réunion, la Guyane, la Guadeloupe, la Martinique et les Indes.

Taïti et Pondichéry ont envoyé deux autres espèces d'arrow-root; le premier arrow-root de Taïti provenant du pia (*tacca-pinnatifida*) le second arrow-root indien extrait du *maranta indica.*

Le chou caraïbe (*arum esculentum*) ou taro, la plus riche en amidon de toutes les plantes tropicales, fournit 33 0/0 de fécule blanche, fine et très-agréable.

Les chataignes que renferment les fruits des *Artocarpus seminifer et integrifolia*, donnent une fécule alimentaire très-estimée.

Les patates douces (*batatas edulis. B. Heterophylla. B. Macrozhiza*) végètent vigoureusement dans nos colonies et servent à l'alimentation des hommes et des animaux. Ce sont, avec les colocases et les ignames, les racines exotiques les plus importantes à naturaliser et à vulgariser en France dans l'intérêt des classes agricoles. Les patates fournissent 20 0/0 de fécule ou 17 0/0 d'alcool supérieur.

Les bananes donnent une fécule très-agréable, très-nourrissante et se digèrant très-facilement.

La chayotte (*Sechium edule*) la cousse couche (*Dioscorea sativa*) le camanioc (*jatropha lœflingii*) fournissent encore des fécules alimentaires. Une collection remarquable d'ignames de plusieurs variétés figurent dans les envois de la Guyane. Du reste toutes nos colonies en fournissent en abondance; sur la côte occidentale d'Afrique on peut en faire des chargements entiers.

Nossibé, la Réunion, la Guadeloupe, la Martinique, Taïti, Pondichéry, le Gabon, la Guyane, exposent de la farine de manioc (*Jatropha manihot*), qui porte dans le commerce, lorsqu'elle a été purifiée, le nom de tapioka. On en fait un grand usage dans l'alimentation et nos colonies peuvent en fournir des quantités très-considérables.

Toutes nos colonies produisent des quantités considérables de maïs, surtout la côte occidentale d'Afrique. Les farines de semoule, qu'on en tire par le procédé Betz-Penot, sont de qualité supérieures.

Les sorghos fournissent aussi une excellente farine, employée souvent sur la côte d'Afrique dans la confection des couscous.

Les manguiers qui abondent dans nos colonies, le toloman (*canna edulis*) peuvent encore donner d'excellentes fécules; enfin, nous terminerons cette nomenclature un peu aride de produits très-intéressants par le sagou (*Raphia farinifera*). La fécule, préparée avec la moelle de ce palmier qui croît dans les Indes occidentales, est l'objet d'un commerce important avec l'Europe. On fait avec le sagou des potages, gelées, tablettes, pastilles et on s'en sert beaucoup dans la préparation du chocolat.

N'oublions pas non plus les millets qui, sur la côte d'Afrique, constituent à peu près la seule nourriture des habitants.

COMMERCE. — STATISTIQUE.

D'après les tableaux officiels, le produit des cultures des colonies, pour 1856, a été :

	valeur nette.
MARTINIQUE. Manioc, ignames, choux caraïbes, couscouches, patates, bananes, etc	2,347,000 fr.
GUADELOUPE. Manioc..........................	1,956,469
GUYANE. Manioc, maïs, bananes, etc..........	278,215
RÉUNION. Maïs, manioc, songes et patates.......	6,066,000

Aucune désignation particulière dans les tableaux de la douane ne nous permet de connaître les quantités importées en France.

EXPOSANTS.

Inde.

ADMINISTRATION LOCALE. Echantillons de farines et de fécules.
J. FILATAUX, id.
J. LEPELLETIER, id. — J. LÉPINE, id.
TARDIVEL, id.

Guyane.

ADMINISTRATION LOCALE. Echantillons de farines et de fécules.
BETZ-PENOT, id.
MELINON, id.
POUGET, id.
SŒURS DE ST-JOSEPH, id.
VOISIN, id.

Guadeloupe.

ADMINISTRATION LOCALE. Echantillons de farines et de fécules.
ANGELIN, id.
DESBONNES, id.
GUESDES, id.
MARY D'ARCY, id.

Martinique.

ADMINISTRATION LOCALE. Echantillons de farines et de fécules
BÉLANGER, id.
RUFZ DE LAVISON, id.

Nossibé.

Jean KEUR-HELLEVILE.

Réunion.

ADMINISTRATION LOCALE. Echantillons de farines et fécules. — AURIOL, id.
E. BŒUF, id.
DAUPHIN-SÉLINA, id. — DESPREZ, id.
L. ELIE, id. — DES ETANGS, id.
André FÉRY, id. — FRAPPIER, id.
LEVASSEUR (Champborne), id.
MAIRIE DE SAINT-PAUL, id. — MANÉS, id.
SŒURS DE ST-JOSEPH, id. — Mme Ve SICRE, id.
THIBAULT, id.
VERMEIL et Cie, id. — J. DE VILLECOURT, id. — DE VILLELE, id.

Taiti.

ADMINISTRATION LOCALE. Echantillons de farines et de fécules.
CUZENT, id.
TOUIRA, id. — TAVAHÈTE-MATAVAC, id.

Sénégal.

ADMINISTRATION LOCALE. Echantillons de farines et de fécules.

IXe SECTION

Sucres.

Le sucre est le principal produit de nos possessions d'outre mer; il constitue pour la Martinique, la Guadeloupe, la Guyane, la Réunion et Sainte-Marie-de-Madagascar, le plus important article d'exportation. Pendant la période quinquennale de 1852 à 1856, la moyenne annuelle des quantités de sucres arrivées dans les ports de France et provenant des colonies a été de 80,275,140 kilogr.; la moyenne de la mise en consommation pendant la même période a été de 79,237,984 kilogr. En 1857, la quantité de sucre brut importée et acquitée a été de 84,961,781 kilogr.; en 1858 de 116,245,177 kilogr.; en 1859 de 93,289,700 kilogr.

Malgré l'importance de ces résultats, l'industrie sucrière dans les colonies poursuit l'Administration de ses plaintes en prétendant qu'on ne procure pas à son produit tout le prix dont la métropole peut la favoriser; tandis que, de leur côté, les consommateurs de la métropole disent: en consommant le sucre des colonies nous le payons plus cher que si nous pouvions consommer du sucre du Brésil et des Indes; car, indépendamment des droits de douane, l'Administration lève, par le monopole, un impôt sur chaque kilogramme de sucre, au profit du producteur colonial.

D'un côté comme de l'autre, les plaintes sont fondées; cependant, disons le tout d'abord, la situation actuelle tend à se modifier, et le programme impérial, tracé dans la lettre du 5 janvier dernier adressée par S. M. l'Empereur au Ministre d'Etat, doit modifier les relations commerciales qui existent entre la France et ses colonies.

« Le régime colonial (1) s'est fondé sur la base d'un double monopole que tout pays fondateur entendait exercer à son profit, en sa qualité d'inventeur, de conquérant, de maître. »

C'est-à-dire que les colonies ont toujours été considérées comme instituées pour opérer la consommation des produits

---

(1) Discours du Ministre du Commerce à l'assemblée du conseil d'agriculture, des manufactures et du commerce, le 19 janvier 1836.

de la métropole en échange des denrées que le sol métropolitain ne lui fournissait pas, et qui, livrées à l'état brut, alimentaient les manufactures et la navigation française (1).

Les principes de liberté commerciale posés dans la lettre du 5 janvier nous font entrevoir un nouveau régime colonial; les colonies et la métropole se trouvent aujourd'hui dans une situation semblable à celle où l'Angleterre se trouvait lorsqu'elle se décida à entrer dans la voie des réformes. « Qui a causé, disait à cette époque lord John Russell, l'état de détresse actuel de nos colonies? *C'est la protection dont elles ont joui jusqu'à ce jour.* La protection engourdit l'activité et l'intelligence; elle a eu les effets les plus désastreux sur l'agriculture coloniale. D'un côté elle a empêché les colons de rechercher et d'apporter dans les cultures des méthodes perfectionnées, de l'autre, elle a contribué à maintenir les salaires dans les colonies à un taux exagéré. » Et il ajoutait avec juste raison : Stimulez les colons par la concurrence, et leurs cultures se perfectionneront!

Un article très remarquable inséré dans la *Revue Algérienne et Coloniale* du mois de juin 1860, indique comme renseignement, les résultats économiques de l'émancipation commerciale des colonies anglaises (2). Les conséquences heureuses et profitables à tous, des mesures qui ont accompagné cette réforme, doivent donc engager l'administration française à entrer dans a même voie.

Les partisans de la vieille législation commerciale prétendaient qu'en abandonnant le système protecteur l'Angleterre marchait à sa ruine, que par le *free trade* (commerce libre) le commerce serait anéanti, ainsi que l'industrie et l'agriculture, les colonies ruinées et la navigation perdue;

(1) Loi du 9 août 1845 : Interdiction aux colonies de la Martinique et de la Guadeloupe de recevoir *directement de l'étranger pour la consommation intérieure* des marchandises étrangères autres que celles spécialement dénommées dans ladite loi ; — même disposition appliquée à l'île de la Réunion par ordonnance Royale du 18 octobre 1846.

Loi du 21 septembre 1793 (art. 3 et 4) réserve exclusive attribuée aux navires français de tous les transports outre la métropole et les colonies.

Ordonnance du 5 février 1826 (art. 12) et du 18 octobre 1846 (art. 5). — Défense d'exporter à destination autre que la France, les sucres, cafés et cotons provenant du crû des colonies. — (REVUE ALGÉRIENNE ET COLONIALE. — Août 1860.)

(2) Résultats économiques de l'Émancipation Commerciale des colonies anglaises, par M. Amero. — (Rev. Alg. et Col. juillet 1860.)

or, il se trouve que jamais l'agriculture ne fut si prospère, qu'en dix ans les importations et les exportations ont doublé, que les colonies importent et exportent davantage, que la construction des navires a doublé et que les revenus de la douane et des contributions ont augmenté.

Ainsi, par exemple, pour les sucres, voici quels ont été les effets de la réforme.

« Les droits sur le *sucre* étranger étaient, avant 1844, de 60 sch. par quintal et absolument prohibitifs, et de 25 sh. 2 d. sur le sucre colonial. En 1844, les droits sur le sucre étranger (produit par le travail libre) furent abaissés à 35 sh. 8 d. d., et l'an d'après, en 1845, à 23 sch. 4 d.; et celui sur les Colonies à 14 sh. En 1848, les sucres furent assimilés à une même taxe de droits décroissants.

« Voici quelle a été la consommation en tonnes :

	sucre colonial.	sucre indigène.
1843-44 (anciens droits..........	207,000 t.	44
1845-45..........................	249,000	3,000
1846-47..........................	236,000	62,000
1848-49..........................	261,000	51,000
1849-50..........................	278,000	57,000
1853-54..........................	318,000	74,000 (1)

Puisqu'il y a augmentation de production et d'importation sur le sucre, on est en droit de conclure que le planteur anglais trouve pour ses produits, sur le marché de Londres, un prix suffisamment rémunérateur eu égard au prix de revient.

« Pour que le planteur colonial trouve aujourd'hui un prix rémunérateur de ses sucres (dit M. Améro dans la *Revue algérienne et coloniale*) (2) alors que le prix de vente a baissé pour lui, sur la place de Londres, de 12 francs par quintal, il faut qu'il ait lui-même diminué ses frais de production dans une mesure correspondante; il faut qu'il produise à aussi bas prix que les planteurs de Cuba et du Brésil, qui font la loi sur le marché. C'est précisément ce qui a eu lieu; il est facile de démontrer que l'acte de 1846, ainsi que les diverses mesures qui l'ont accompagné, ont eu pour effet de réduire considérablement les frais de production du planteur, et que le prix de revient du quintal de sucre dans les Indes occidentales anglaises est descendu, comme à Cuba,

(1) *Joseph Garnier*. Éléments de finances.
(2) Juin 1860, Résultats économiques de l'émancipation, etc.

aux environs de 18 francs. C'est donc une diminution de 12 francs par quintal qui a été obtenue dans l'espace de dix ans. Deux mesures ont contribué surtout à ce résultat, d'abord l'autorisation qui fut accordée aux Colonies, comme compensation de l'acte de 1846, de recevoir sur leurs propres marchés des marchandises étrangères, sans aucune préférence pour les produits similaires anglais; puis l'abolition des lois de navigation, qui acheva de délivrer le commerce colonial des entraves sous lesquelles il avait gémi si longtemps, et lui ouvrit une nouvelle ère. On conçoit, en effet, quel immense avantage c'est pour l'agriculture de pouvoir se procurer tous les objets d'exploitation et de consommation au plus bas prix possible, surtout quand, d'un autre côté, par suite des réformes intérieures opérées au sein des colonies anglaises, l'industrie et le commerce se trouvèrent soulagés d'une somme considérable de droits locaux. Lord Grey, dans l'ouvrage qu'il a publié sur l'émancipation commerciale des Colonies, dit positivement que les divers impôts dont le cultivateur colonial se trouve ainsi allégé peuvent être évalués à la somme qu'aurait produite un impôt sur le sucre colonial d'environ 5 sch. (6 fr. 25) par quintal. C'est donc un véritable dégrèvement de 6 fr. 25 c. par quintal dont le producteur bénéficia sur le prix de revient; en d'autres termes, il put livrer le quintal de sucre à 6 fr. 25 c. meilleur marché sur la place de Londres. »

L'émancipation commerciale des Colonies françaises permettrait sans doute d'arriver au même résultat, et une réforme serait aussi profitable à la Métropole qu'à ses Colonies. En effet, « les conditions de salaire étant à peu près les mêmes dans les Colonies françaises et anglaises (1) il ne doit y avoir d'autre différence dans le prix de revient que celle qui résulte de l'émancipation commerciale dont jouissent les dernières, et que nos Colonies ne possèdent pas.

« Le prix de revient du quintal de sucre, dans nos Antilles, est de 24 à 25 francs. L'émancipation commerciale dégrèvant, comme nous l'avons vu, les frais de production de 6 à 7 francs, il s'ensuit que les colonies anglaises doivent produire ce quintal au prix de 18 francs environ. »

L'émancipation commerciale dégrèvant la production des Colonies françaises d'une même somme, nos cultivateurs co-

(1) *Revue algérienne et coloniale*, 7 juin 1860. M. Améro, Resultats économiques de l'émancipation, etc.

loniaux pourraient produire au même prix que les Anglais.

L'espace qui nous est réservé pour chacune des productions coloniales ne nous permet pas de nous étendre davantage ; nous nous résumerons donc :

Tandis que les Colonies se plaignent de ne pouvoir, avec le régime colonial, produire à un prix suffisamment rémunérateur, le consommateur français se plaint de payer le sucre colonial plus cher qu'il ne paierait le sucre étranger ; la solution de ce problème nous paraît être dans l'application des principes qui régissent aujourd'hui les Colonies anglaises, c'est-à-dire l'émancipation commerciale des Colonies et la liberté des échanges.

Les sucres qui figurent à l'Exposition sont :

Des sucres hors ligne de la Réunion ; des sucres claircés de la Guadeloupe, de la Martinique et de la Réunion ; des sucres égouttés, purgés par les appareils centrifuges, turbinés, cuits à basse température, provenant de nos Colonies des Antilles et de la Réunion ; enfin des sucres de troisième et quatrième catégories des mêmes Colonies, ainsi que de la Guyane, Mayotte, Nossi-Bé et Taïti.

COMMERCE. — STATISTIQUE.

Le mouvement des sucres pendant l'année 1859 a été :

Sucre brut acquitté (Colonies)	93,289,700 k.
Id. (Etranger)	59,646,400
Total	152,936,100
Sucre réexporté en raffiné	69,884,000
Sucre consommé	83,052,100
Sucre indigène livré à la consommation	102,153,271 k.
Sucres indigènes et exotiques livrés à la consommation	185,205,371

Enfin le net des perceptions (drawbach déduit) s'est élevé à 94,046,000 francs.

EXPOSANTS.

Guadeloupe.

1re *Catégorie.* — BONNET. Sucre claircé. — G. CASTAING, id. — DE CHAZELLES, id. — MAUGENDRE, id. — SYLVESTRE, id.

2e *Catégorie.* — BONNET. Sucre égoutté. — DE CHAZELLES, id. — SOCIÉTÉ DES USINES CENTRALES, id. — SYLVESTRE et LEVASSOR, id.

3e *Catégorie.* — DE CHAZELLES. Sucre égoutté. — SYLVESTRE et LEVASSOR, id.

Guyane.

3e *Catégorie.* — BESSE. Sucre brut. — LES SOEURS DE SAINT-JOSEPH, id.

•*Catégorie.* — ADMINISTRATION LOCALE. Sucre brut égoutté.

Martinique.

1re *Catégorie.* — Guiolet et Quennesson. Sucre clairdé.
2e *Catégorie.* — Guiolet et Quennesson. Sucre clairé.
3e *Catégorie.* — Belly. Sucre brut. — Du Chastel. Sucre égoutté. — Usine La Rochetière. Sucre brut. — Liot. Sucre égoutté. — Pecoul, id.
4e *Catégorie.* — Assier-Monrose. Sucre brut. — Assier de Pompignan. Sucre brut égoutté. — De Beauregard. Sucre brut. — Chenbaux. Sucre brut égoutté. Duchastel. Sucre brut. — Duvallon. Sucre brut egoutté. — Levassor de Bonne-Terre, id. — Leyritz. Sucre brut. — Robin, id. — Ropz de Lavison, id.

Mayotte.

3e *Catégorie.* — Société des Comores. Sucre turbiné. — A. Thomas. Sucre brut.
4e *Catégorie.* — Hallez. Sucre brut. — Société des Comores, id.

Nossi-Bé.

4e *Catégorie.* Antie, Sucre brut. — Fardoux. id.

Réunion.

Catégorie hors ligne. — Adam et Fouque jeune. Sucre à gros grains dit chaudron. — Théodore Deshayes, id. — Guy de Ferrières, id. — Lecoat de Kervéguen, id. — Pitel et Chassériaux, id. — Routanray, id. — Thomy-Lory, id. Viguerie, id.
1re *Catégorie.* — Hibon de Choppy. Sucre clairé ou terré. — Veuve Sicre de Fontbrune, id. — Viguerie, id.
2e *Catégorie.* — Barbe et Gérout. Sucre clairé. — Eugène Bonnier, id. — Bérel frères, id. — Clain frères Sucre purgé par les appareils centrifuges. — Duboise. Sucre cuit à basse température. — Dehaulme, id. — Établissement de la Basse-Terre. Sucre clairé. — Etchegaray, id. — Établissement Beaufond, id. — Hoareau, id. — Imhaus et De La Chapelle. id. — Laisné, id. — Murat. Sucre cuit à basse température. — Jules Pignolet. Sucre clairé. — Henry Pignolet, id. — Rontaunay. Sucre cuit dans le vide. — Valmyre-Riquebourg. Sucre clairé. — Vergoz, id., sucre turbiné. — Wetley. Sucre clairé.
3e *Catégorie.* — Anicet-Orré. Sucre turbiné, brut. — Apolydore-Lesport, id. Beaufonds de Guigné aîné, id. — Joseph Duboisé, id. — Bureau de Vaulecomte, id. — Giot, id. — Hoareau-Lasourge, id. — Hibon et Choppy, id. — Pierre Guy-Lesport, id. — Joseph Lelièvre, id. — Lacourgue, id. — Manès, id. — Murat, id — Veuve Sicre, id. — De Tourris et Ménardière, id. — Veuve De Villèle, id.
4e *Catégorie.* — Anicet-Orré. Sucre brut. — Aubert, id. — Beaufonds de Guigné, id. — Boutin, id. — Adrien Bellier, id. — Charles Des Bassyns, id. — Eugène Bonnier, id. — Choppy frères, id. — Duboissé, id. — Delisle frères, id. — Établissement de la Terre-Basse, id. — Veuve Gauthier, id. — Pierre De Guigne, id. — De Guigné frères et Mallein, id. — De Greslan, id. — Gardin et Cie, id. — Hibon et Choppy, id. — Hoareau, id. — Jugnant et Dor, id. — Lory et Mazérieux, id. — Lecoat de Kervéguen, id. — Laserve, id — Loricourt-Dehbaulbe, id. — Manès frères, id. — Manès, id. — Norbert-Dehaudme, id. — Pierre Noel, id. — Pichon de Bory, id. — Perrichon de Beauplan, id. — Charles Robin, id. — Rosemond-Hoareau, id. — Sauger, id. — Tourris et Cie, id. — Félix Tourris, id. — Tourris frères, id. — Vergoz, id.

Taïti.

4e *Catégorie.* Chef du district de Huahine. Sucre brut. — Cozent, id. — Lerouge et Johnson, id. — Marama, id.

Xe SECTION

Alcools. — Vins. — Conserves. — Confiserie.

Ainsi que nous l'indiquons dans ce travail, nos colonies produisent un grand nombre de végétaux, dont plusieurs, à part leur emploi possible dans les arts et l'industrie, donnent des fruits exquis qui, de jour en jour, entrent davantage dans les habitudes de la consommation, sinon toujours à l'état frais, du moins, sous forme de conserves.

Les procédés d'Appert appliqués à la conservation de ces fruits, en leur laissant tout leur arôme et toute leur fraîcheur, permettent en effet de les exporter, et d'en faire l'objet d'un commerce important.

L'industrie coloniale a su également tirer parti de plusieurs de ces végétaux, arbres fruitiers, vanille, canne à sucre et sorgho pour fabriquer de délicieuses liqueurs de table, et entre autres des rhums ou tafias, sûres à l'avance de trouver en France un débouché important, qui tend tous les jours à prendre un plus grand développement, malgré les progrès de la confiserie et de la distillerie métropolitaines, dans l'imitation de plusieurs de ces liqueurs.

Du reste, pour un motif que nous ne nous expliquons point encore, la Martinique, la Guadeloupe, et dans une proportion bien moindre qu'elles, la Réunion, sont à peu près les seules de nos possessions d'outre-mer, qui aient songé à utiliser au point de vue de leur commerce et de leur industrie, et sous forme d'alcools, de conserves, etc., des végétaux, que la plupart de nos autres colonies possèdent également.

Les chiffres que nous donnons à la statistique suffisent pour faire apprécier d'un coup d'œil, l'importance qu'a prise dans ces derniers temps, l'importation de ces denrées sur les marchés français, et pour indiquer la part que pourraient prendre en accroissement d'importation, nos autres possessions, dont le sol produit des végétaux similaires à ceux de la Martinique et de la Guadeloupe.

Voici quels ont été, d'après la dernière statistique officielle, par colonie et pour l'année 1856, le chiffre et la valeur des importations en France, des produits ressortissant à la série qui nous occupe.

Martinique.

	quantités.	valeur offic.
Fruits conservés par la méthode Appert...........	11,025 k.	9,925 fr.
Sirops, confitures et bonbons....................	6,764	12,175
Eau-de-vie de mélasse (tafia ou rhum)............	2,781,627	1,668,976

Guadeloupe.

Sirops, confitures et bonbons....................	4,077	7,339
Eau-de-vie de mélasse............................	886,281	531,769

Réunion.

Eau-de-vie de mélasse............................	35,405	21,243

Néant pour nos autres établissements, bien que nous voyons figurer dans les vitrines de l'Exposition, quelques échantillons de liqueurs de rhum, et de conserves.

Il ressort des chiffres qui précèdent que la fabrication des rhums ou tafias dans les colonies susdénommées y constituent, après les sucres dont nous avons parlé plus haut, une des branches les plus importantes et les plus productives de commerce avec la Métropole et que cette fabrication comme l'importation en France du produit fabriqué, ne saurait être trop encouragé ; c'est ce qu'a parfaitement compris le jury lors du dernier concours agricole, en décernant une grande médaille d'or pour ses rhums à M. Dariste de la Martinique et une médaille d'argent à M. Thébault-Nollet qui depuis longtemps déjà se livre à l'importation en France des produits de la Martinique, frais ou conservés et principalement des meilleurs rhums de cette provenance. Ajoutons que les rhums de la Martinique égalent ceux de la Jamaïque.

A côté des rhums de M. Dariste et de M. Thébault-Nollet, nous devons signaler ceux de MM. Rousseau ainsi que les excellentes liqueurs de MM. Laporterie, Morin, et Fouché, qui semblent rappeler le faire de Mme Amphoux.

Si nous mentionnons également les rhums de M. Chenaux qui n'ont obtenu aucune médaille, c'est que ce fabricant est habitué dans les Expositions à obtenir des récompenses; mais, le jury spécial des alcools, ayant admis en principe le rejet des vins et liqueurs aromatisés, M. Chenaux a dû être mis hors concours pour cette erreur de fabrication.

Nous parlions tout à l'heure de M. Thébaut Nollet; la vitrine qu'il occupe à l'Exposition permanente, renferme une collection complète des nombreux produits de la Martinique, entre autres, des rhums et tafias, des crèmes de vanille, de monbins, de créole, des ananas et des citrons frais, des gelées et pâtes de goyaves, des sirops de calebasse, des chadéques ou pamplemousses confites et surtout, des ananas conservés dans leur jus dont le parfum est délicieux.

A côté de cet importateur, figurent avec avantage les produits de M. Guesde de la Pointe à Pître, représenté à Paris par M. Jourdan.

Ananas conservés, sirop d'ananas, crème de Manmay et de Monbin, de café, d'ayapana, rhums, tafias, bitter, conserves de chadéques, de petits citrons, de quassia, de pommes de cythère, de mangot, d'icaques, de papayes, confitures d'oseilles de Guinée, de goyaves, etc., tous ces produits réprésentent une grande partie des diverses liqueurs ou des conserves à l'exportation desquelles se livre le commerce, et dont nous ne détaillerons pas davantage la liste, renvoyant pour la compléter aux produits indiqués ci-dessous, à côté des noms d'Exposants.

COMMERCE. — STATISTIQUE.

La liste des importations des Colonies en France est donnée ci-dessus.

EXPOSANTS.

Guadeloupe.

ADMINISTRATION LOCALE. Achars, pickls cerises conservées, goyabery (liqueur pommes surètes confites.

G. BALGUERIE. Liqueurs diverses.

BOGAERS. Crême d'ananas, curaçao, Eugénine, liqueur créole de Jam Rosa, crême de mandarine, de magnolia, de mombin de noyau, crême et liqueur de vanille.

FORESTAL. Liqueurs diverses.

GUESDE. Suc d'ananas, crême de noyau, gros sirop.

MANOZIÉ. Liqueurs diverses.

PEYRAUD. Sirop de capillaire de calebasse.

SYLVESTRE. Liqueurs diverses.

Guyane.

A. COUY. Echantillons.

PÉNITENCIERS DE ST-GEORGES. Alcool de sorgho. — PUSCH (l'abbé). Echantillons.

SŒURS DE ST-JOSEPH. Echantillons.

VINCENT. Alcools de mangues. — Philibert VOISIN. Cacao (jus fermenté.)

Etablissements de l'Inde.

ADMINISTRATION LOCALE. Conserves de fruits et alcools.

Jules LÉPINE. Echantillons de fruits conservés.

PERROTTET, id. id.

Martinique.

ADMINISTRATION LOCALE. Collection de fruits conservés, d'alcools de cannes à sucre.

BOUDOU. Eau-de-vie de mangots.

CHENAUX. Alcool de cannes à sucre. — CURTAN et BROQUA. Ananas au vin d'ananas.

DARISTE. Rhum, — DE CHASTEL. Echantillons.

FABRE FRÈRES. Eau-de-vie d'oranger, crème, vin et liqueur d'oranges. — FOUCHÉ, beaume humain; curaçao, crême de créole, mirobolan, crême de Mexico, crême de Moka.

LAPOQUIOTTE. Ananas au naturel, marmelade de goyaves.

MORA ET Cie. Echantillons. — MORIN FILS. Alcool de tafia, crême de fleurs d'abricots, beaume des Américains, crême de chocolat, créoline des trois ilets, chili à la vanille, mexico à la vanille, crême vin et liqueur d'oranges, crême de pommes roses.

PARIS DESJORDON. Échantillons. — Jacques PEU-DUVALON. Id. — PEYRAUD. Ananas au vin d'ananas, vin d'ananas, bananes au sirop, citrons au sirop, goyave et corossol, crême, vin et liqueur d'oranges, pois d'Angole.

RABOUTET-MILIUS. Echantillons. — ROUSSEAU. Id. — RUFZ DE LAVISON. Conserves d'abricots.

THÉBAUT, à la Martinique. Echantillons. — THÉBAUT-NOLLET. Importateur des produits de la Martinique, 53, rue de Seine, à Paris. Collection de rhums, tafias, ananas conservés et frais, pamplemousses, sucre.

VERGERON frères. Cacao, café.

Nossibé.

Jean KEUR. Arack de cannes à sucre.

Réunion.

ADMINISTRATION LOCALE. Conserves de fruits.

AURIOL. Conserves.

Ve DES ETANGS. Achars, pickls, gelée de bibaces, de goyaves, citrons doux au sirop, gelée d'Evis, gelée et conserves de mandarine, pâte de pêches, prunes malgaches,

DESHAYES et Cie. Alcool de sirop. — DUGUIGNE. Conserves.

LA ELIE. Conserves.

A. FARIN. id.

GÉRINGER. Liqueur d'acacie, crême d'ananas, liqueur de bibace, curaçao, citron Gallet, liqueur de Combava, eau-de-vie, imitation Cognac, gaz, liquide fabriqué avec l'alcool de cannes à sucre, kirsch, liqueur mandarine. — GERSON. Liqueur d'acacie.

IMHAUS. Conserves et liqueurs

LOUQUES et Cie, id.

Mlle MARIE. Achars, pickls, pulpe de tamarin. — MORANGE. Alcool de sirop de cannes, alcool de cannes désinfecté.

PÉRICHON. Achars, pikles, vin rouge et blanc de Salazie.

SAINTE-COLOMBE. Crême de bibace, eau-de-vie de bibaces, eau-de-vie de patates douces, crême de Ravensara, crême de Vangassaye.

VICHON-LAMAR. Bibaces au jus.

Taïti.

ADMINISTRATION LOCALE. Liqueur de bananes.

HORT. Bananes confites.

LEROUGE et JOHNSON. Tafia.

NOLLENBERGER. Rhum de cannes de sorgho.

XIe SECTION

Cafés.

Sous le nom de café, on désigne dans le commerce la semence de plusieurs espèces du genre *coffea* qui appartient à la famille des *rubiacées*, tribu des cofféacées.

L'espèce principale (*coffea arabica*), celle qui fournit le meilleur café du commerce, est originaire de l'Arabie Heureuse. Van Horn la transporta à Batavia, en 1690, et delà à Amsterdam, en 1710. Elle fut apportée en France d'Amsterdam, en 1713, par Pancras, et offerte à Louis XIV. M. Ressons, lieutenant général d'artillerie en donna la même année au Jardin du Roi, un pied venu de Hollande. En 1720, un autre pied élevé dans les terres de ce jardin, fut transporté aux Antilles par le capitaine Declieux qui, pendant la traversée où l'on souffrit de la soif, partagea chaque jour avec le jeune cafeyer sa faible ration d'eau. De ce pied sont venus tous ceux que l'on cultiva ensuite à la Martinique, à la Guadeloupe, à Cayenne, à Saint-Domingue et dans les îles adjacentes. Les pays orientaux les tirèrent directement d'Arabie, d'où ils furent transportés à l'île Bourbon, vers 1717; cette île, l'Ile de France, Saint-Domingue en produisirent bientôt une assez grande quantité pour faire face aux besoins de la France et fournir au commerce avec l'étranger. La perte de Saint-Domingue en 1789, qui en fornissait 80 millions de livres, la défaveur où est tombée cette culture à la Martinique et à la Guadeloupe, qui en expédiaient 16 ou 17 millions de livres, enfin l'accroissement prodigieux qu'a pris la consommation du café, sont cause que la France est aujourd'hui tributaire de l'étranger pour une très grande partie des cafés dont elle a besoin.

Dans le commerce le meilleur café et le plus recherché est celui du Moka, celui de Bourbon vient ensuite. Parmi les cafés d'occident, celui de Cayenne a une bonne réputation.

D'après M. Baudrimont, dans son dictionnaire de l'industrie commerciale, agricole et manufacturière, on connaît dans le commerce, deux sortes de café de Bourbon, le *fin* et *l'ordinaire*; le premier est en petites semences, assez bien assorties de grosseur, de couleur variable, jaune ou verte; peu pelliculé, à sillon peu profond et d'une odeur suave; le second est mal assorti de forme et de couleur; son odeur est moins agréable que celle de la première.

Le café de Cayenne est peu convexe, irrégulier, d'un vert sombre et recouvert d'une pellicule très-apparente qui en modifie la couleur en la faisant paraître nacrée.

Le café de la Guadeloupe est allongé, assez volumineux, d'un vert grisâtre sombre et presque jamais pelliculé.

Le café de la Martinique est assez gros, ovale, plat d'un côté où se trouve le sillon qui est large, surtout vers le milieu de sa longueur et quelquefois contourné; son odeur est agréable, sa saveur peu prononcée.

Le café Moka est excessivement variable dans sa forme, sa sa grandeur et sa couleur; mais il est généralement plus arrondi ou plus roulé que les autres cafés, son odeur forte et agréable est surtout caractérique. Bien des semences sont encore recouvertes de l'endocarpe, d'autres sont pelliculées. On remarque, dans le café moka, un grand nombre de semences qui sont arrondies, et dont les bords involutés forment un sillon profond, différent du sillon caractéristique. La forme de ces semences est due à l'avortement de celle qui devrait se trouver dans l'autre moitié du fruit, ce qui a permis cette disposition particulière.

COMMERCE. — STATISTIQUE.

On importe en Europe, annuellement 100 à 120 millions de kilog. de café; la France en consomme environ 20 millions de kilogr.

L'étendue des terres consacrées à la culture du café et le produit de cette culture dans nos colonies ont été, en 1856 :

	nombre d'hect	produit.	
Guadeloupe.	2,206	3,156,018	
Guyane française.	215	31,950	
Martinique.	625 hect.	207,450	kil.
Réunion.	2,395	518,975	

Il a été importé en France, provenant de nos Colonies, en 1856, les qualités suivantes de café :

	quantités.	valeur.
Etablissements dans l'Inde.	254,556	199,203
Guadeloupe.	182,650	292,240
Martinique.	10,260 kil.	16,416 fr.
Réunion	461.621	738,593

EXPOSANTS.

Réunion.

ADMINISTRATION LOCALE. Variétés de café.
E. BONNIER, id.
H. CADET, id.
De FLORIS, id. — FRAPPIER. id.
Pierre de GUIGNÉ, id.
IMHAUS, id.

JALLOL, Variétés de café.
A. de LANUX, id. LAFFITE, LORICOURT DE HAULME, id. LOSSAUDIÈRE, id.
MUTEL, id.
REILHAC, id.
TRÉHOUART D'HENNERY, id.
VALUNTRE-RIQUEBOURG, id.

Etablissements français dans l'Inde.

COMITÉ LOCAL. Café

Martinique.

ADMINISTRATION LOCALE. Variétés de café.
CHATEAUVIEUX, id. — Cuvé Goux, id.
LELORAIN, id.

Guadeloupe.

ADMINISTRATION LOCALE. Variétés de café.
BONNET, id.
FOUCART, id.
Charles LEDENTU, id.
MICHAUX, id.
NÉGRÉ, id.

Guyane.

ADMINISTRATION LOCALE. Variétés de cafés.
GOUDIN, id.
SŒURS DE ST-JOSEPH, id.

Nossibé.

Jean KEUR. Café.

Taïti.

CUZENT. Café.
HURTEL, id.

Gorée.

H. PROM (Bordeaux). Café.

Gabon.

ADMINISTRATION LOCALE. Variétés de cafés.

XIIe SECTION

Cacaos.

On donne, dans le commerce, le nom de cacao, à la graine du cacaoyer (*theobroma cacao*. L. de la famille des *malvacées* de Jussieu et des *buttnériacées* de Brown). Le cacaoyer croît spontanément au Mexique et dans les contrées voisines de l'Amérique méridionale; il est surtout cultivé dans les provinces de Caracas, de Venezuela, ainsi qu'aux Antilles où il donne d'immenses produits. Il a été transporté aux îles de France, et de la Réunion, où il a parfaitement réussi.

Le cacaoyer est de taille moyenne; ses rameaux nombreux, grêles et allongés, sont garnis de feuilles alternes, petiolées, lisses, glabres, accompagnées de stipules, et se renouvelant sans cesse, en sorte que l'arbre ne paraît jamais dépouillé. Les fleurs rougeâtres, réunies en petits faisceaux, naissent en général sur le tronc et les grosses branches; ces dernières sont les seules qui donnent des fruits, les premières étant généralement stériles; les fruits, de deux à trois décimètres de longueur, sont des capsules ovoïdes, à surface mamelonnée, à parois épaisses et marquées de dix côtes longitudinales, contiennent de vingt-cinq à quarante graines recouvertes d'une pulpe aigrelette et ayant la grosseur et la forme d'une petite fève.

Dans le commerce, le cacao se présente sous forme d'une amande ovoïde, aplatie, irrégulière, longue d'environ deux centimètres, recouverte d'un épisperme fragile, d'un brun gris jaunâtre, terreux, au-dessous duquel se trouve une cuticule très mince, qui n'est pas toujours apparente et qui recouvre immédiatement l'amande qui est brune, odorante, et possède une saveur fade et légèrement âcre.

L'amande du cacao renferme une matière grasse, soluble dans l'éther froid et dans l'alcool bouillant, et qui porte, lorsqu'elle est isolée, le nom de *beurre de cacao*. C'est cette matière qui donne le liant à la pâte de chocolat qui se fait avec le cacao.

Quoiqu'il n'y ait, botaniquement parlant, qu'un seul cacaoyer, on distingue, dans le commerce, un assez grand nombre de variétés de cacao, désignées en général par le nom de la contrée d'où elles proviennent. La plus estimée est le *cacao caraque* qui se récolte sur la côte de Caracas; elle vaut un tiers de plus que les autres. Le caraque est volumineux, épais, recouvert d'un épisperme irrégulier, terreux, d'un gris jaunâtre; la saveur de la semence est légèrement astringente; son odeur est quelquefois ambrée.

Le cacao de l'île Bourbon (Réunion) est généralement d'un petit volume, arrondi et recouvert d'un épisperme peu adhérent.

Le cacao de Cayenne est d'une forme peu régulière; « ce qui est peut-être dû, dit M. A. Baudrimont, au mélange de plusieurs espèces botaniques, notamment de celles du *théo-*

broma guyanensis. WILD. » L'épisperme de ce cacao est grisâtre.

Le cacao de la Martinique est ovale, aplati, plus large du côté du hile que du côté opposé, légèrement concave, de couleur rougeâtre; sa chair violâtre a une saveur peu agréable.

Quelque soit, du reste, l'espèce, le cacao doit être bien nourri, dense, d'une couleur vive, d'une saveur et d'une odeur agréable.

COMMERCE. — STATISTIQUE.

L'étendue des terres consacrées à la culture du cacao et le produit de cette culture dans nos colonies, ont été, en 1856 :

	nombre d'hect.	produit.
Martinique	423 hect.	160,685 kil.
Guadeloupe	122	68,929
Guyane française	102	30,600
Réunion	10	1,100

Il a été importé en France, provenant de nos colonies, en 1856, les quantités suivantes de cacao :

	quantités.	valeur.
Martinique	444,546 kil.	400,091 fr.
Guadeloupe	40,956	36,860

EXPOSANTS.

Réunion.

BELLIER-MONNTHOSE. Cacao en grains.
De FLORIS, id.
HUBERT-DELISLE, id.
IMHAUS id.
JAILLET. Bœurre de cacao.
Ve SICRE, id.

Guadeloupe.

ADMINISTRATION LOCALE. Chocolat surfin.
G. CASTAING. Variétés de cacaos.
DOUENEL, id.
MERCIER, id.

Martinique.

ADMINISTRATION LOCALE.
DESTAING, Pâte de cacao.
LELORRAIN.
MORIN (fils). Chocolat surfin.
PEYRAUD.

Guyane.

ADMINISTRATION LOCALE. Cacao en graines.
GODDIN, id.
RONAT, id.

Gabon.

ADMINISTRATION LOCALE. Cacao en grains.

XIIIe SECTION

Épices, Condiments, Aromates.

Parmi les produits les plus importants de cette section, nous signalerons tout d'abord :

La cannelle, c'est l'écorce du *laurus cinnamomum*, originaire de Ceylau, de la Chine et de quelques endroits des Indes orientales; il a été transporté au Brésil, à la Guyane et aux Antilles. La cannelle du commerce est en écorces minces, dépourvues de leur épiderme, roulées dans la direction de leur axe, d'un fauve rougeâtre, d'une odeur particulière (rappelant quelquefois l'odeur de la punaise) et d'une saveur sucrée et brulante. Parmi les variétés, celles dont la couleur est la plus vive, la saveur sucrée, l'odeur la plus agréable et dépourvue de celle de la punaise, sont préférables. La cannelle de Ceylan est la plus estimée; la Guyanc possède une variété particulière qui s'en rapproche beaucoup.

Le gingembre (*amonum zingeber*) est la souche d'une plante de la famille des amomées; on ne l'emploie guère en France que comme médicament; en Angleterre il sert de condiment, attendu qu'il possède une saveur poivrée propre à relever les mets, et une odeur fort agréable lorsqu'elle n'est pas trop intense.

Le girofle est la fleur non encore épanouie du *caryophyllus aromaticus* L., arbre de la famille des myrtinées. Tout le monde connaît le girofle et ses usages; le meilleur est bien nourri, entier, sec, d'une saveur brulante et d'une odeur très forte.

La muscade (*myristica aromatica*). Semence du volume d'une petite noix qui, dans l'état naturel, est renfermée dans une coque recouverte d'une arille rouge et laciniée que l'on nomme *macis*. La muscade a une odeur aromatique très prononcée et une saveur chaude. Elle contient une matière grasse aussi consistante que le suif et que l'on nomme beurre ou *huile épaisse de muscade*.

Le piment, fruit du *myrtus pimenta* L., qui croît dans l'Amérique méridionale et les Antilles. Le piment, dans l'état où on l'apporte, en sphérique de la grosseur d'un pois, ridé, brunâtre; sa saveur est chaude, son odeur a quelque analogie avec celle du girofle et de la muscade.

Le poivre (*piper nigrum aromaticum*); son usage est trop connu pour que nous ayons à nous en occuper.

Le patchouly (*pogostemon*), d'une odeur très prononcée, pénétrante et persistante, et qu'on emploie pour préserver les vêtements des insectes qui pourraient s'y fixer et les détruire.

La vanille (*vanilla aromatica*) est produite par l'*épidendum vanilla* L., de la famille des orchidées, qui croît sans culture dans l'Amérique méridionale. C'est, tel qu'on le trouve dans le commerce, un fruit long de 20 à 25 centimètres et de 5 à 10 millimètres d'épaisseur. Il est brun, jaunâtre par places et fortement strié en longueur, ce qui est dû au rapprochement des parties par la dessication. Son odeur est suave.

Il existe dans le commerce deux expèces de vanille : la vanille proprement dite que nous venons de décrire et le vanillon dont la longueur est d'environ 15 centimètres; il est très peu estimé.

La fève tonka, semence du *coumarouna odorata*, possède une odeur de mélilot qui persiste fort longtemps; on en fait usage pour aromatiser le tabac à priser.

Le vétiver (*andropogon squarrosus*) rhyzome d'une graminée ressemblant beaucoup au chiendent. Son odeur forte le fait employer pour préserver les vêtements de l'approche des insectes.

Les autres produits de cette section qui figurent à l'Exposition sont : l'ambrette ketmie odorante (*hibiscus abelmoschus*), le betel (*piper betel chavica bette*), le carri, le canany odorant (*uvaria aromatica*), la moutarde (*sinapis*), le poivre malaquette (*amomum grana paradisi*), le poivre de Cayenne, le bois de Crave (*agatophyllum aromaticum*), le safran (*curcuma longa*), le wampi (*cookia anisetta*).

COMMERCE. — STATISTIQUE.

L'étendue des terres consacrée à la culture des épices, condiments etc, ainsi que le produit de ces cultures, dans nos colonies, ont été, en 1856 :

		quantités		produits.	
GUADELOUPE	Girofles	4	hect.	519	kil.
GUYANE FRANÇAISE	Girofles	621		58,387	
	Poivre	1		100	
	Cannelles, muscades	1		69	
RÉUNION	Girofles	729		251,750	
ETABLISSEMENTS DANS L'INDE. —	*Pondichéry*. Betel	45	hect.	198,758	kil.
—	*Karikal* . . Betel	17		32,968	
—	*Poivre*. . . Poivre	»		19,200	

L'importation en France, en 1856, des divers produits de cette section, provenant de nos colonies à été de :

			quantités.	valeur.
GUYANE FRANÇAISE.	Girofles.	Clous	30,856 kil,	158,762 fr.
		Griffes	3,508	3,508
RÉUNION.		Clous	304,983	1,572,423
		Griffes.	88,211	88,211
		Vanille	816	204,000
SÉNÉGAL. *Saint-Louis.*	Graine de moutarde. . . .		12,469	8,105
ETABLISSEMENTS DANS L'INDE.	. Poivre.		151,861	212,605

EXPOSANTS.

Côtes occidentales d'Afrique.

ADMINISTRATION LOCALE. Variétés d'épices.

Diverses Colonies.

BONIÈRE. Variétés d'épices.
LEMETTAIS. id.

Gabon.

RÉGIS. Variétés d'pices.

Réunion.

ADMINISTRATION LOCALE Variétés d'épices.
CARMINIAC, id.
DELISLE, id. — DELOR. id.
D'EMMERY, id. — ELIE, id.
FERRAND, Id. — FRANÇOIS, id. — DE FLORY, id. — FRAPPIER, id.
HUBERT-DELISLE, id.
IMBAUS, id.
MANÈS, id. — MARIE, id. — MANLIUS, id.
NOÉ COQUELIN, id.
PATU DE ROSEMOND, id.
Ve SICRE, id.
TOURRIS frères, id.
VERGOZ, id. — VINSON (Elie). id.

Sénégal.

ADMINISTRATION LOCALE. Variétés d'épices.

Taïti.

FEUTRAY. Variétés d'épices.

XIVe SECTION.

Matières médicinales.

Les Colonies produisent un grand nombre de matières médicinales qui font l'objet d'une commerce suivi avec la France; voici la nomenclature de celles qui figurent dans les vitrines de l'Exposition :

Ayapana (*Eupatorium ayapana*) — argémone (*argemona mexicana*) — absinthe (*artermisia absinthium*) — *chyranthes aspera* — *artemisia maderaspatana* — *acasia farnesia* — areck ou cachou (*areca catechu*) — noix d'acajou (*anarcardium occidentale* — *A. semecarpus*) — écorce d'acajou amer (*cedreta odorata*) — ambaville (*hubertia ambavilla*) — *agave mexicana* (racines), andrèse (*celtis madagascariensis*) — ansel ou fenouil puant (*anethum graveolens*) — huile, graines et gomme d'*azadiralhta indica* — *asclepias polifera* — *A. volubilis* — *ammonia vesicatoria* — *adenanthera pavonina* — *allamanda cathartica* — *A. verticillata* — *acalypha indica* — *argyreia malabarica*, *A. bracteata* — alcoolat d'*andropogon shœnanthus* — bois cassant (*psathura borbonica*) — bois de Quivit (*quisivia ovata*) — bois jaune (*ochrosia borbonica*) — bois de Saint-Martin (*bitiera febrifuga*) — bois vert, ébène verte brune (*excœcaria glandulosa*) — bois à pians. (*fagora pterota*) — baume de copahu (*copaïfera officinalis*) — bois noir (*acacia lebbeck*) — bois de Rome (*rubus borbonicus*) — bonduc (*guilandina bonducella*) — bois de reinette (*dodonea angustifolia*) — bois de fer (*sideroxylon borbonicum*) — bois balé (*quarea hichilloïdes*) — bois rouge à feuilles de laurier (*elœodendron orientale*) — bois d'oiseau (*geniostoma*) — balisier (*canna indica*) — bois maigre (*nuxia verticillata*) — graines et gomme de Ben (*moringa pterigosperma*) — bonnet carré (*barringtonia butonica speciosa*) — bimalate d'ammoniaque; — graines et huile de *butea frondosa* — bombarde (*mithridatea tamburissa*) — benjoin faux (*terminalia mauritiana*) — graisse de Bassia-D'javé; — bois amer (*carissa xylopicron*) — graines de Bambou (*bambusa arundinacea*) — fruits et graines de *bryonia. B. rostrata. B. scabra. B. collosa. B, grandis* — écorce et racines de *calotropis gigantea ant asclepias gigantea* — *cucumis colocynthus* et pseudo colocynthis — curcuma en poudre; centaurée (*coutoubea spicata*) — carmentin, herbe au charpentier (*justicia pectorales* — *capraria biflora* — thé des Antilles, thé muraille, thé manioc — *cascavelle* — liane réglisse — *abrus precatorius* — *cassia officinalis. C. brasiliensis. C. fistula. C. fœtida seu arcuata* — caïlcedrine, (*caïlcedra, khaya senegalensis* — racines de cannellier (*cinnamonium verum*); — combo (*myristica sebifera sp.*) — coriandre (*coriandrum sativum*) — *cerbera odallam. C. Thevetia* — petit pignon (*croton tiglium*) — cumin officinal (*cumizum cyminum*) — épineux jaune (*cytisus spinosus*) — contrayerva) (*dorstenia contrayerva*) — hatchich (*cannabis indica*) — citron (*citrus aurantium*) — acide citrique; citrate de chaux; citrouille; sirop de calebasse (*crescentia cujete*) — tiges et sirop de capillaire (*adiantum rhizophorum*) — *cynanthum extensum*) — citronnelle (*andropogon citriodorum*) — cannelle des bois (*laurus cupularis*) — carombolle marron (*bulbophyllum nutans*) — corossol (*anona muricata*) — *cluytia collina* — bulbes de *crinum latifolium* — *carapa touloucona* — datura metel (*datura alba*) — datura noir (*datura fastuosa*) — datura luisant (*datura lucida*) — ébène verte-grise (*bignonia leucoxylon*) — *euphorbia tirucalli. E. rosea. E. hypericifolia* — *erythronium indicum* — faham (*angræcum fragans*) — fleurs jaunes (*hypericum lanceolatum. H. augustifolium*) — lingne (*mussœnda arcuata*) — *ficus indica* — guenondeck (*celastrus senegalensis*) — *gendarussa vulgaris* — goyavier (*psidium pyriferum*) — guerit-vite — *siegesbeckia orientalis* — *gracilaria lichenoïdes* — *gardenia dumetorum. G. spinosa* — hydrocotyle (*hydrocotyle umbellata. H. asiatica*) — herbe à trement (*ionidium strictum*) — *hernandia sonora* — *ipomea turpethum* — ipeca du pays (*secomone emetica*) — ipeca nègre (*viola ipecacuanha*) — *jatropha gossypifolia* — kawa-kawa (*piper methyticum*) — liane de Salam; liane vomique; liane arabique (*clematis mauritiana*) — liane sans feuilles (*sarcostemma mauritiana*) — liane de bœuf (*danaïs fragans*) — *lochnera rosea* — *meltronica superba* — melisse indienne (*hyptis capitata*) arbre saint (*melia azedarach*) — *mylabres punctæ. M. pustalatæ* — sulfate de magnésie; mapou (*andromeda pyrifolia*) — grand matévé (*potalia amara*) — *monentelés pterocaulon* — graine de moutarde (*sinapit sp.*) — *melanthium indicum* — niaouli des nouveaux Calédoniens (*melalenca leucodendron*) — *nerium odorum* — ogina-gina (*stalagmites gabonensis*) — oseille de Guinée (*hibiscus sabdariffa*) — oranger (*citrus aurantium*) — odouvin — *pongamia glabra* — ricin (*palma-christi*) — dentelaire sarmenteuse (*plumbago scandens. P. rosea. P. zeylanica*) — pattes de poule (*toddelia aculeata. T. paniculata*) — pavot (*papaver somniferum*) — pomme pain (*achras sessifolia*) — liane à cœur (*pareïra brava*) — potasse impur — suroxalate de potasse — patte de lézards (*lycopodium viridulum. L. umbrosum*) — persicaire (*polygonum serratum*) — prêle (*equisetum*) — poivrier (*piper geniculatum*) — papaye (*carica papaya*) — poivre long (*piper longum aromaticum*) — poivre cubèbe (*piper cubeba*) — *physalis flexuosa. P. somnifera* — *plumeria alba* — *pistia stratioïtes* — quinquina piton (*exostemma floribundum*) — quiquina luisant (*E. nitidum*) — quinquina caraïbe (*E. cariboeum*) — quinquina de Cayenne (*quassia amara*) — ravensara (*agathophyllum aromaticum*) — sureau (*leea sambucina*) — carbonate de soude (soude brute) — *strychnos nux vomica. S. potalorum*) — sablier élastique (*hura crepitans*) — salsepareille (*smilax salsaparilla*) — salsepareille de l'Inde (*hemidesmus indicus*) — croc de chien (*smilax borbonica* ou *anceps*) — *simarouba officinalis* — *solanum trilobatum. S. Jacquini* — tamarin (*tamarandus indica* — tabaschir, concrétions siliceuses du bambou — vendion (*trigonella fœnum græcum*) *tylophora asthmatica* ou *asclepias vomitaria* — *valeriana jatamansi* — vernonie (*vernonia anthelmintica*) — vetiver (*anatherum muricatum*) — vulnéraire — *vitis roxburghii, V. setosa. V. carnosa* — vomiguier (*ignatia amara*).

COMMERCE. — STATISTIQUE.

Les matières médicinales qui figurent comme importées en France, en 1856, et provenant des Colonies, sont :

		Quantités.		Valeurs.
Martinique.........	Casse sans apprêt.........	193,790 kil.	—	290,685 fr.
Réunion...........	Cachou en masse..........	4,254	—	6,381
Sénégal. *Saint-Louis.*	Graines de moutarde, etc...	12,469	—	8,105

EXPOSANTS.

Gabon.

Administration locale. Collection de matières médicinales.

Guadeloupe.

Administration locale. Collection de matières médicinales.
Balguerie. id.
Daver et fils. Collection des matières médicinales. — Dubois, id. — Desbonnes, id.
Lacoste. id.
Pain. id.
Riffaud. id.
Sargenton. id.

Guyane.

Administration locale. Collection de matières médicinales.
Duchez et Gondin. id.
Herard. id.
Martin, id. — Melinon. id.
Trillet. id.
Vincent. id.
Voisin (Philibert). id.

Etablissements de l'Inde.

Administration locale. Collection de matières médicinales.
Commission locale. id. — Collas, id. — Comité local; id.
Jules Lépine. id.
Pharmacie du Gouvernement. id.
Société d'agriculture et de commerce, id.

Martinique.

Administration locale Collection de matières médicinales.
Belanger. id.

GIRARDIAS. Collection de matières médicinales.
P.-A.-P. GUAY. id.
PRÉOUL. id.
PEYRAUD. id.

Nouvelle-Calédonie.

LATOUR. Collection de matières médicales.
ROCHAS. id.

Réunion.

ADMINISTRATION LOCALE. Collection de matières médicinales. — ADIER, id.
BAROIS. id.
CHANCOOURT-RIQUEBOURG. id. — CHATEAUVIEUX, id.
DELAVEAU. id. — DELAIRE, id. — D'EMMERY, id.
GROSSET. id. — GRÉLOT, id.
HÔPITAL MILITAIRE. id.
IMBAUS. id.
JAIGLET. id.
F. DE LANUS. id.
LABELE et SELEC. id.
MAIRIE DE SAINT-PAUL. id. — MUTEL, id. — MAILLARD, id.
E. MANÈS. id.
Noé COQUELIN. id.
PÉRICHON. id.
ROUMAND. id.
Veuve SICRE. id.
TOULORGE. id.
VERGOT. id.

Sénégal.

ADMINISTRATION LOCALE. Collection de matières médicinales.
CAVATOU. id.

Taïti.

CUZENT. Collection de matières médicales.
Emile NOLLEMBERGER. Id.
O'RORKE. Id.

XVe SECTION

Graines alimentaires et autres.

Déjà, à propos des farines et fécules classées dans la 8e section, nous avons passé en revue les principales graines alimentaires, une simple nomenclature des objets exposés nous permettra de compléter cette partie intéressante des productions coloniales ; toutefois nous appelerons plus particulièrement l'attention sur les blés du Sénégal et de la Nouvelle-Calédonie, des orges provenant aussi de la Nouvelle-Calédonie, ainsi que sur une collection très intéressante de pois variés de la Guadeloupe et de la Martinique.

Le riz (*oriza sativa*) mériterait à lui seul un chapitre spécial, si nous devions indiquer en détail tous ses usages économiques; ils sont nombreux et variés; comme aliment, il est d'un usage général; on l'emploie en médecine; dans l'industrie il fournit un bon encollage pour l'apprêt des tissus; en Chine on confectionne avec, divers objets d'art; par la fermentation, il donne une boisson qui peut être assimilée à la bière ou au vin; par la distillation on en retire de l'alcool; enfin avec sa paille, préparée et tressée, on fait de jolis chapeaux de femme.

La France reçoit des quantités considérables de riz qui, d'après les états de douanes, s'élèvent en moyenne à 5 ou 6 millions par an.

Voici la nomenclature des graines alimentaires ou autres, exposées dans les vitrines.

Colibri végétal *(agati grandiflosa); andropogon nardus; benincasa cerifera;* blé dur *(triticum sativum)* du Sénégal; froment de l'île à Morfil; blé barbu et sans barbe, et froment de la Nouvelle-Calédonie; *cicer arietinum;* trois variétés de *cynorusus;* plusieurs espèces de courges; *cucurbita maxima, C. melanosperma.* Des dolics *(dolichos lablab, D. yoya); Eleusine caracana; cytisus cajanus;* une très grande variété de haricots de la Réunion, du Sénégal et de la Martinique; le gombo *(hibiscus esculentus);* les holcus sativus, H. spicatus, H. vulgare; des mils, *(panicum typhoïdeum, P. italicum, P. germanicum, P. miliaceum, P. sinense).* Des maïs de plusieurs espèces; des orges de la Réunion et de la Nouvelle-Calédonie; une grande variété de pois, pois de 20,000 francs, du Brésil, de Jérusalem, d'or, noirs mascate, chique, etc.; le *poa viscosa,* les *phaseolus* trilobatus, P. radiatus, P. mungo; les paspalum scrobiculatum, P. frumentaceum; une collection de trente-quatre espèces de riz de Pondichéry; une autre de deux cent soixante-douze espèces de l'Inde; des riz en paille et décortiqués de la Martinique, de la Réunion, de la Guyane, de Taïti, d'Assinie, de Nossi-Bé et de la Nouvelle-Calédonie; enfin, pour terminer, une collection variée de sorghos *(sorghum saccharatum, S. cafrorum, S. capillare,* etc.).

COMMERCE. — STATISTIQUE.

Les importations en France, en 1856, des produits de cette section provenant des colonies ont été :

	Quantités.	Valeurs.
Réunion. — Riz en grains................	1,415,251 kil.	— 566,100 fr.
Établissements dans l'Inde. — Riz en grains.	62,377	— 24,951

En outre, l'exportation de Karikal pour l'étranger et les colonies françaises a été pour le riz en 1856, de 1,841,148 francs, c'est-à-dire près de la moitié du total des exportations.

EXPOSANTS.

Assinée.

Administration locale. Graines.

Gabon.

Administration locale. Echantillons de graines alimentaires.
Aubry-Lecomte id.

Guadeloupe

Angelin. Echantillon de graines alimentaire.
Administration locale. id.
Balguerie. id.
Bélanger. id.
Desbonnes. id.

Etablissements dans l'Inde.

Administration locale. Echantillons de graines alimentaires.
Comité local. id.
Comité de Podichéry. id.
Lépine. id.
Perrottet. id.

Martinique.

Bélanger. Echantillon de graines alimentaires.

Nossibé.

Kalifan-ben-Ali. Graines.
Jean Keur, id.
Mezence, id.
Poulain, id.

Nouvelle-Calédonie.

Comité local. Echantillons de graines alimentaires.
Pancher. id.
Les Pères missionnaires. id.

Réunion.

Administration locale. Echantillons de graines alimentaires. — P. Alexis, id.
Boeuf. id.
N. Coquelin. id.
Frappier. id.

De Lanux. id.
Lagourgue. id.
Manès. id. — Maillard, id.
Riquebourg. id.
Thibaut. id.

Sénégal.

Administration locale. Echantillons de graines alimentaires.
Correz. id.

Guyane.

Gondin. Echantillon de graines alimentaires.
Melinon. id.

Taïti.

Administration locale. Echantillon de granes alimentaires.
Cuzent, id.

XVIe SECTION

Tabacs.

Originaire d'Amérique, le tabac (*nicotiana tabacum*) a été introduit en Europe vers le milieu du XVIe siècle ; mais bien qu'il soit naturalisé, la fabrication en importe encore des quantités considérables chaque année ; les sortes cultivées en France, par exemple, ne produisent que des tabacs de qualité très ordinaire, et qui demandent à être mélangés à des crus étrangers ; la Hongrie, la Hollande, Tombéky, la Macédoine, la Syrie, l'Argolide, l'Algérie, l'île de Cuba, la Virginie, la Maryland, la Colombie, la Chine, Java, Porto-Ricco, le Brésil, la Nouvelle-Grenade, etc., sont les principaux marchés où s'approvisionnent les manufactures impériales qui ont le monopole absolu de la fabrication du tabac et des cigares.

Nos colonies produisent en général des tabacs de qualité supérieure ; ainsi l'exposition de cette section est des plus remarquables ; des échantillons nombreux de tabacs en feuilles, de tabacs fabriqués, de cigares très bien confectionnés font l'admiration des visiteurs ; cependant l'importation en France n'est pas très élevée.

La Guadeloupe, depuis deux ou trois ans, paraît avoir des tendances sérieuses à se livrer à cette culture, que l'Administration est, du reste très disposée à encourager.

La culture est plus étendue à la Réunion ; les tabacs récoltés se consomment dans le pays, mais s'ils se présentaient sur les marchés européens, ils lutteraient certainement avec avantage avec les plus belles sortes de varinas.

La collection des tabacs de l'Inde possède des variétés réellement remarquables. Une reprise de cette culture est tentée par l'Administration locale qui l'a confiée à M. Perrotet; tout porte à espérer que le succès couronnera ces tentations et que nos établissements y trouveront une nouvelle source de prospérité.

L'étendue des terres consacrées à la culture dans les colonies de la Martinique, de la Guadeloupe et de la Réunion étaient en 1856, d'après les notes statistiques publiées par l'Administration :

	nombr. d'hectar.	produits.
Martinique	345	12,600 k.
Guadeloupe	7	6,848
Reunion	327	600,660

COMMERCE. — STATISTIQUE.

Les quantités de tabacs importées en France et provenant des colonies, en 1856, ont été de :

	quantités.	valeur.
Martinique	7,051 k.	21,153 fr.
Établissements dans l'Inde	1,894	12,122

EXPOSANTS.

Guyane.

ADMINISTRATION LOCALE. Tabacs en feuilles.

Guadeloupe.

AMINISTRATION LOCALE: Tabacs à fumer et à priser.
BALGUÉRIE, id.
CHAULET, id.
Mlle FRATER, id.
LALATTE, id.
MERCIER, id.
PENITENCIER DES SAINTES, id.
SAINTE CROIX DE MARSAU, id.

Établissements dans l'Inde.

COMITÉ LOCAL. Tabacs en feuilles.

Martinique.

ADMINISTRATION LOCALE. Tabacs en feuilles.

Mayotte.

CAMBOSIE, Tabacs à fumer et à priser.

Réunion.

Administration locale. Tabacs à fumer et à priser.
Pierre Alexis, id.
E. Bœuf, id. — Boutin, id. — Bassan, id.
Cochard, id.
Pierre Calvert, id.
Ducasse, id. — Denis Pontgérard, id. — Delpit, id.
Louis Elie, id.
De Floris, id.
Hoareau, id.
Inhaus, id.
Lacaussade, id. — Joseph Lefort. id. — Legarnisson fils. id. — Langlois aîné, id.
Martin, id. — Manès, id. — Morange, id.
Pouget, id.
Henri Robert, id. — Alexis Robert, id. — Léopold Reilhac, id.
Valentin, id.

XVIIe SECTION.

Herbiers et spécimens de la Flore coloniale.

Cette section possède entre autres deux herbiers très complets et très intéressants que les hommes d'étude conseilleront avec goût. Ce sont les herbiers de la Nouvelle-Calédonie de MM. Vieillaud et Painchez ; ils contiennent non-seulement un spécimen de toutes les familles que nous avons signalées en parlant de la Nouvelle-Calédonie (pages 131 et suivantes), mais encore un très grand nombre d'espèces nouvelles.

Nous appellerons encore l'attention sur un herbier de la Réunion contenant un herbier cryptoganique très curieux ; enfin une collection de fruits de la Réunion et de la Martinique, modelés en cire et représentant très-parfaitement tous les fruits de nos Colonies ; cette collection de fruits est l'œuvre de mademoiselle Arnoux, de la Martinique.

Il y a dans la section qui nous occupe le germe d'une collection qu'il serait très-désirable de voir s'accroîtr, par des herbiers de toutes nos colonies, aussi complets que celui de la Nouvelle-Calédonie.

DEUXIÈME SÉRIE.

MINÉRAUX.

Nous devons à l'obligeance de M. Salomon, inspecteur de colonisation, qui a procédé au classement des produits minéraux de l'Algérie et des Colonies à l'Exposition permanente, le relevé des substances métalliques et non-métalliques les plus intéressantes de nos établissements d'outre-mer ; nous le donnons textuellement.

SÉNÉGAL.

Les minerais de cuivre de Loangy et d'Ambriz, consistent principalement en des carbonates verts (malachite) dont les morceaux, parfois d'un certain volume, pourraient présenter pour la décoration un intérêt analogue à celui des malachites de Sibérie.

Les terres aurifères de Kéniéba et d'autres points, — les quartz également aurifères de Kéniéba, — les sables lavés, 'or en paillettes, et l'or travaillé par les indigènes, (une vitrine est complétement garnie de ces objets).

Diverses autres roches d'un intérêt moindre.

GUYANE.

Les minerais de fer et le kaolin de Baduel.

Les terres aurifères de l'Arataye, de l'Approuague, du Courouaïc, les paillettes et les pépites d'or, parfois d'un volume notable, retirées de ces gisements, les quartz aurifères, les Diorites, granites, gneiss, et autres roches d'un moindre intérêt.

GUADELOUPE.

Le soufre de la Solfarare, les trachytes altérés avec pépites, les sables de fer titané roulés par les ruisseaux, les ocres, les pouzzolanes et terres diverses, dont quelques-unes servent à d'utiles emplois.

La Réunion.

Des laves, des pouzzolanes, des cuivres volcaniques, des sables de diverses sortes, contenant une quantité notable de fer titané, des ocres de diverses couleurs, des fragments de madrépores et des coquilles employés à la fabrication de la chaux.

La Nouvelle-Calédonie.

Quatre vitrines sont remplies de produits minéraux envoyés de cette Colonie.

Ces produits comprennent : du soufre, du titane, du manganèse, du fer à différents états, principalement du fer chromé, et des oxydes susceptibles d'un traitement profitable.

Le système des serpentines et des euphotides paraît y être puissamment développé. — On y rencontre du quartz en abondance et à divers états, du feldspatt et des kaolins dont on pourra tirer un bon parti ; divers min éraux qui accompagnent ordinairement les serpentines, tels que l'asbeste, la céréolite et d'autres matières argiloïdes souvent colorées d'une teinte verte d'émeraude très-brillante, des amphiboles, des diorites, du talc, du mica, du jade, du moins, et des matières qui ont avec lui de très grands rapports.

Les matériaux pour construction présentent des grès, du calcaire.

Enfin, la matière de la houille s'y rencontre sur plusieurs points et les gisements paraissent offrir des richesses considérables, parfaitement susceptibles d'exploitation et d'une très suffisante qualité.

COMMERCE. — STATISTIQUE.

Il a été importé en France, en 1856, provenant des colonies :

		Quantités.	Valeurs.
Martinique.	Cuivre pur de première fusion........	29,820 kil.	— 59,640 fr.
Guadeloupe.	Fonte brute.....................	126,056	— 18,758
	Cuivre pur de première fusion......	26,090	— 51,180

TROISIÈME SÉRIE.

ANIMAUX ET PRODUITS ANIMAUX.

PREMIÈRE SECTION.

Cuirs et Peaux.

La France est bien loin de fournir une quantité suffisante de peaux pour ses besoins ; elle en tire des quantités considérables de l'étranger ; les bœufs de l'Afrique, de l'Amérique, constituent une importante partie de la fabrication du cuir ; nos colonies en envoient d'assez grandes quantités ; ces peaux nous arrivent toutes fraîches ou séchées. En revanche, la France renvoie aux colonies des peaux préparées, et des ouvrages en cuir et peaux pour des sommes très-considérables, et qui, en 1856, se sont élevées :

Exportation de France aux Colonies.

GUADELOUPE	Peaux préparées	25,915 fr.
	Ouvrages en peau et en cuir	1,560,020
GUYANE	Peaux préparées	11,731
	Ouvrages en peaux et en cuir	220,716
MARTINIQUE	Peaux préparées	131,576
	Ouvrages en peau et en cuir	2,752,908
RÉUNION	Peaux préparées	105,571
	Gants	62,880
	Sellerie	147,048
	Autres ouvrages en peau et en cuir	1,093,944
SÉNÉGAL. *Saint-Louis*	Ouvrages en peau et en cuir	432,612
Gorée	idem id.	58,920
SAINT-PIERRE et MIQUELON.	Chaussures	44,661

Quant aux peaux que la France importe de ses colonies, voici, pour 1856, le relevé des tableaux des douanes :

Importation des Colonies en France.

		Quantités.	Valeurs.
ÉTABLISSEMENTS DANS L'INDE.	Peaux brutes, grandes, sèches	57,672 kil.	103,810 fr.

GUADELOUPE. Peaux brutes, grandes...	fraîches..	48,636	—	48,656
	sèches...	2,235	—	4,023
GUYANE............ Id............	fraîches..	29,999	—	29,999
	sèches...	8,914	—	16,045
MARTINIQUE......... Id............	fraîches..	111,737	—	111,757
	sèches...	10,229	—	18,122
SAINT-PIERRE et MIQUELON. Cuirs verts..........		17,662	—	11,386
SÉNÉGAL. *Saint-Louis*......, Peaux brutes, grandes, sèches...........		492,803	—	547,045
Gorée...... Peaux brutes, grandes, sèches		156,838	—	281,981

La Réunion a envoyé à l'Exposition une collection d'échantillons de peaux et cuirs préparés dans le pays: ce sont des cuirs jaunes et noirs, des veaux lissés, des cuirs blancs, de la peau blanche, des peaux de cabri et de chèvres, toutes bien préparéés et présentant tous les caractères de produits commerciaux de bonne qualité.

Enfin, on remarque un échantillon de cuir tanné avec l'écorce de mangle, envoyé par le pénitencier de la Guyane.

EXPOSANTS.

Guyane.

PÉNITENTIERS. Cuir tanné à l'écorce de Mayle.

Réunion.

BERTAIER. Cuirs jaune et blanc.
LA KERMANCE. Cuirs jaune, noir, veau lissé, peau blanche et cuir blanc.
ROUSSEL. Cuirs noirs et blanc, peau de cabri et peaux de chèvres.

IIe SECTION.

Fourrures.

Quelques lignes nous suffiront, et au delà, pour indiquer les produits de cette section qui figurent à l'Exposition permanente; ceux qui manquent, si nous devions les énumérer, nous demanderaient plus de place; il serait à désirer que cette collection se complétât.

Quant à présent, nous n'avons guère à citer qu'un tapis en peau de genette du Gabon, et un très-beau tapis en peau de singe colobe appartenant à M. Aubry-Lecomte.

IIᵉ SECTION

Laines et poils.

Pour la partie économique de cette section, nous renvoyons le lecteur à ce que nous avons dit dans la première partie de ce travail (Algérie, pages 75 et suivantes) ; quant aux produits coloniaux exposés, nous n'avons guère à citer que l'exposition de la Réunion ; exposition, du reste, des plus intéressantes à étudier, car elle présente des échantillons très-remarquables de mérinos et de charmoise, provenant d'animaux importés dans cette colonie, dans le but d'améliorer les races originaires du pays.

EXPOSANTS.

Réunion.

CHATEAUVIEUX. Laine lavée.
DELUTE aîné. Laine cardée.
FRAPPIER. Mérinos. — F. DE LANUX.
INHAUS. Laine brute.
LEVASSEUR. Laine cardée. — LOBY. Mérinos.
MANÈS (E.). Laine ordinaire préparée. — MANÈS (G.). Laine cardée. — MICHEL DE GUIGNÉ. Laine préparée. — MOTTEL. Mérinos croisés. — MURAT frères. Laine préparée.
NOEL-COQUELIN. Laine cardée.
TOURIS frères. Laine brute.
VINCENT. Charmoise préparée et laine ordinaire lavée.

IVᵉ SECTION

Cires et Miels.

La production du miel, qui a eu une certaine importance dans nos colonies, tend à disparaître partout où la culture de la canne à sucre a pris une certaine importance ; les abeilles se détruisant en venant se jeter, par milliers, dans les chaudières où l'on évapore le *vesou*. Cependant, l'Exposition possède encore de forts beaux échantillons provenant de la

Réunion, de la Guyane, de la Martinique, de la Guadeloupe, de la Casamance et du Gabon.

Des cires provenant des mêmes colonies figurent aussi dans les vitrines; ce produit s'importe en France, en quantités assez importantes, des côtes occidentales de l'Afrique; le Gabon est un lieu d'entrepôt où les navires peuvent s'approvisionner.

COMMERCE. — STATISTIQUE.

En 1856, il a été importé en France :

			Quantités.	Valeur.
SÉNÉGAL. —	*Saint-Louis.*	Cires jaune et brute......	48,222 kil.	96,444 fr.
—	*Gorée.*	d° d°..........	9,672	19,344

EXPOSANTS.

Réunion.

ADMINISTRATION LOCALE. Cires et miels. AUBERT, id.
CHATEAUVIEUX, id. — CITRADE, id.
GAUTHIER dit GUÉGAIRE, id.
IMHAUS, id.
F. DE LANUX, id.
SUMÈRE, id.

Guyane.

ADMINISTRATION LOCALE. Cires et miels.
FOURRÉ, id.
VINCENT, id.

Martinique.

ADMINISTRATION LOCALE. Cires et miels.
L'abbé GOUX, id.

Guadeloupe.

ADMINISTRATION LOCALE. Cires et miels.
CLAYSSEN, id.
MICHAUX id.

Sénégal.

ADMINISTRATION LOCALE. Cires et miels.

Nossi-Bé.

ADMINISTRATION LOCALE. Cires et miels.

Ve SECTION

Soies.

Nous avons dit déjà (Algérie, page 78), combien il serait utile que la France put s'approvisionner à bon marché de matières premières ; son industrie étant arrivée à un degré de perfectionnement auquel nulle autre puissance n'a pu encore atteindre. Elle est cependant dépassée pour le bon marché, sur les marchés étrangers, par les produits de l'Angleterre, qui tire du Bengale des soies en quantités et à des prix relativement très bas. Il est donc à regretter que les essais faits aux Indes, sous la direction de M. Perrottet, de Pondichéry, n'aient pas obtenu plus de succès : le climat des Indes est essentiellement favorable à cette production, et si elle prenait un grand développement, nous pourrions en tirer des quantités assez grandes, et à des prix assez réduits, pour nous permettre de confectionner des tissus unis ou quadrillés, dans des conditions semblables aux similaires anglais.

Des tentatives faites à la Guyane ont été plus heureuses, et M. Michely a très-bien réussi dans des éducations en plein air, qui ont donné des produits remarquables dont les échantillons figurent à l'Exposition.

Une collection très intéressante de *bombyx* du Ricin et de l'Ailiante est due à M. Guérin-Menneville, qui fait les efforts les plus louables pour acclimater et propager ces espèces utiles.

La vitrine contenant les produits de cette section, renferme des spécimens très beaux échantillons de soieries fabriquées dans les Indes, des soies de la Réunion, de la filature de Sainte-Suzanne, des poches du Bombyx Radama, données par M. Imhaus, de la Réunion, ainsi que des cocons de vers à soie (Bombyx Arrendia) trouvés sur du ricin, à la Guadeloupe.

COMMERCE. — STATISTIQUE.

Il a été importé en France, en 1856 :

	Quantités.	Valeur.
RÉUNION. Tissus de soie......................	»	29,122 fr.

EXPOSANTS.

Inde.

PERROTTET. Soies.

Guadeloupe.

CLAYSSEN. Soies.

Guyane.

MICHELY. Soies.

Réunion.

FILATURE DE SAINTE-SUZANNE. Soies.
IMHAUS, id.

VIe SECTION.

Ivoires.

Dans le commerce et dans les arts industriels qui emploient l'ivoire, on fait une grande différence entre l'ivoire que fournit l'éléphant d'Afrique, et celui que donne l'éléphant des Indes. Le premier est beaucoup plus estimé, parceque les défenses sont plus grosses, et qu'il est plus dur et d'un grain plus serré. Le Sénégal, et particulièrement le Gabon, sont les entrepôts du commerce de l'ivoire; de magnifiques échantillons figurent à l'Exposition. Ce sont d'abord des défenses d'éléphant d'une grosseur remarquable, ainsi que les dents d'hippopotame, qui donnent un ivoire qui surpasse en finesse et en dureté celui de l'éléphant; malheureusement ces dents sont creuses, et, dès lors, on ne peut les employer qu'à de petits ouvrages.

COMMERCE. — STATISTIQUE.

		Quantités.	Valeur.
SÉNÉGAL. — *Saint-Louis.*	Dents d'éléphants.........	3,410 kil.	22,801 fr.
— *Gorée.*	Ivoire......................	3,889	27,612

VIIe SECTION.

Plumes.

Les plumes servent à divers usages dans l'industrie; les unes pour l'écriture, d'autres pour la literie, enfin, celles de quelques oiseaux sont recherchées pour ornements.

Ces dernières seules doivent nous occuper ici ; l'Exposition possède de très-beaux échantillons de plumes d'autruche, de marabout, d'aigrettes, soit pour l'ornementation des éventails, soit pour les chapeaux et coiffures de femmes. Ces plumes sont employées ou dans leur état naturel, ou colorées artificiellement. Parmi les objets de curiosités, figurent des parures en plumes, remarquables par la variété et l'éclat de leurs couleurs ; ces plumes sont préparées par les sauvages de l'Afrique ou de l'Amérique, et employées comme ornements.

VIIIe SECTION.

Specimens de la France Coloniale.

Comme pour la Faune algérienne, nous avons à regretter que la Faune coloniale soit très-incomplète encore ; cependant, parmi les specimens exposés, quelques-uns méritent une attention toute particulière. Ainsi, dans une des vitrines consacrées aux objets de cette section, figurent deux têtes de gorilles appartenant à M. Aubry Lecomte. Le singe gorille (*troglodytes gorilla*) appartient au genre *chimpanzé*, espèce de quadrumane dont la conformation extérieure est très-rapprochée de celle de l'homme. Il n'a été trouvé encore que dans l'intérieur de l'Afrique, dans les forêts du Sénégal ; les têtes exposées ont été rapportées du Gabon, ainsi que celles qui existent au Muséum de Paris. Le gorille atteint de cinq à six pieds, il se tient facilement sur ses jambes ; ses membres ne sont pas disproportionnés comme ceux de quelques autres espèces du même genre. La force du gorille est très-grande, et lui permet de marcher et de grimper avec beaucoup d'agilité. Doux dans son jeune âge, il perd en vieillissant ses bonnes dispositions, qui sont remplacées par des instincts farouches ; alors il ne craint pas d'attaquer l'homme, et armé d'un bâton, il attaque ou se défend avec beaucoup d'énergie, de violence et de courage.

La France ornithologique des côtes occidentales d'Afrique est fort bien représenté par des envois du Gabon et de la Casamance ; une vitrine renferme une collection très variée d'oiseaux au plumage étincelant, parmi lesquels nous citerons entre autres :

Le *chrisoccoxyx smaragdinens* — les *cancrophaga senegalensis* et *C. rufiventer* — le *corythorus cristata* — l'*ipidina cyanotis* — le *calornus leucagaster* — l'*euplectes franciscanus* — les *spermopiza guttara. S. haematina* — le *lamiazus barbatus* — le *coracias abyssina* — et un grand échassier le *fantalus ibis.*

La France ornithologique de la Nouvelle-Calédonie est des plus remarquables ; la collection de l'Exposition est non-seulement très nombreuse, mais elle possède douze espèces nouvelles qui n'existent encore dans aucune autre grande collection, même dans celle du Muséun de Londres, si complète cependant. Ces espèces ont été décrites dans un travail très intéressant de MM. J. Verreaux et O Des Mures, inséré dans la *Revue zoologique* publiée par M. Guérin Menneville (1). Nous renvoyons nos lecteurs à ce travail en nous bornant à signaler les sujets intéressants étudiés par MM. J. Verreaux et O Des Mures ; ce sont :

L'*haliastur sphenurus* — l'*urospiza haplochrons* (J. VERR. ET O. DESM) — le *cyamoramptus saisseti* (ID) très rare et que les indigènes désignent sous le nom de *tea kiukiu* — le *trichoglassus deplanchii* (ID) — le *psithenteles diadema* (ID) *kinkin kanatin* des indigènes — le *chalcites lucidus* — l'*halcyon sanctus* — le *turdus xanthopus* (FORSTER) — l'*acanthiza flavo lateralis* (B. GRAY) que les indigènes nomment tüi-tüi — le *myiagra viridi-nitens* (GRAY) — le *rhipidura albiscapa,* le *guiadhi* des indigènes — l'*eopsaltria flavigastra* (J. VERREAUX ET O. DESMURES) que les indigènes appelent *ali-ti-en buet* — le *pachy cephala moraniensis* (J. VERREAUX ET O. DESMURES) dont le mâle est appelé *monota* par les indigènes et la femelle *tirio* — le *pachycephala assimilis* (J. VERR. ET ODES,) — l'*artamus melalencus* (J. B. GRAY) — le *campephaga caledonica* J. B. GRAY) — le *campehaga analis* (J. VERR. ET O. DESM.) les indigènes l'appellent *tea-kinkin.*

L'Exposition permanente possède aussi une collection intéressante de poissons et crustacés de la Nouvelle-Calédonie.

M. le chef de bataillon Beau a exposé une faune conchyliologique de la Guadeloupe et de ses dépendances, recueillie par ses soins, classée méthodiquement et parfaitement décrite. Nous regrettons vivement que nos autres colonies ne

(1) 4, rue des Beaux-Arts.

trouvent pas ainsi des hommes d'étude et de science qui se dévouent pour doter l'Exposition de collections aussi précieuses.

Enfin, nous terminerons ce chapitre en appelant l'attention sur une collection de poissons de la Réunion due à M. Imhaus, dévoué représentant de cette Colonie, dont il cherche à vulgariser les richesses et les productions si variées.

QUATRIÈME SÉRIE

DIVERS PRODUITS DE PÊCHE, GUANO, ETC.

SECTION UNIQUE

Le produit le plus important de cette section est la morue ; dans la notice consacrée à Saint-Pierre et Miquelon, nous avons donné les statistiques commerciales, nous n'avons donc à présent à nous occuper que des produits eux-mêmes.

En première ligne viennent les morues exposées par M. Louis Lorieux et comprenant :

La morue verte ou *centaurome*, comme on l'a désigne sur les lieux de pêche ; c'est la morue entière non ouverte et étetée.

La *morue sèche*, pêchée sur les bancs de Saint-Pierre et salée avec le sel de l'île de Rhé (Saint-Martin) qui est réputé le meilleur ; après lavage préalable, cette morue est exposée et séchée au soleil pendant dix à douze jours. La vente a lieu du 1er juin au 15 septembre. L'exposant, M. L. Lorieux, en prépare annuellement 50,000 kilog.

La *petite morue sèche*, préparée pour être gardée plus longtemps que la précédente. Les morues sont tranchées, salées, pressées et séchées ensuite sur la grève.

Huile de foie de morue. La première préparation et application médicale de l'huile hépatique de gade est due à un chirurgien de la marine, M. Fleury, ainsi qu'il résulte de documents officiels que l'administration de l'Exposition a bien voulu nous communiquer. L'huile brune de foie de morue est le résultat de la fermentation au soleil ; l'huile faite aux mois d'avril, mai et juin est la meilleure, les foies sont alors très maigres et l'huile qui en provient est excellente pour être employée en médecine. Plus tard quand les foies sont très gras, l'huile qu'on en retire est de qualité inférieure.

La production des établissements français de Saint-Pierre et Miquelon peut être de 6,000 kilog. d'huile blanche et de 180,000 kilog. d'huile brune.

L'huile blanche revient à 3 fr. 50 et se vend 4 fr.
L'huile brune — 1 70 — 2 fr.

L'Exposition possède une collection très variée de ces différents produits.

Nous trouvons dans la même section les produits suivants :

Machoiron (*silurus felis*) poisson très commun à la Guyane et qui donne l'ichthyocolle.

Ichthyocolle, préparée avec les vessies du machoiron, comme nous venons de le dire. C'est une industrie naissante a la Guyane ; elle mérite d'être encouragée. L'ichthyocolle remplacerait avantageusement, d'après le docteur O'Rorke qui l'a étudiée avec beaucoup de soin, lescolles d'esturgeon de Russie pour clarifier la bière, etc. On peut donc trouver en France, en Belgique et en Angleterre, pour les brasseries, un écoulement facile et avantageux de ce poduit.

Curi ou *piracorou* (*vastris gigas*) poisson très répandu à la Guyane et dont la chaire est très délicate et pourrait facilement se conserver comme le thon, etc.

Lamantin (*maratus americanus*) très abondant à la Guyane; la chaire de ce poisson ressemble à celle du porc; salée au vert, elle fait l'objet d'un commerce très étendu dans l'intérieur.

Tortue. La Martinique et la Guadeloupe possèdent un grand nombre de tortues et peuvent en fournir d'importantes quantités; leur écaille, employée dans l'industrie, est de très belle qualité.

Eponges brutes. Les Antilles peuvent en fournir de très grandes quantités.

Requin (*squalus carcharias*). L'extraction de l'huile du requin prend une grande extension sur la côte du Malabar; elle possède les mêmes qualités médicales que l'huile de foie morue et ne coûte que 50 ou 60 c. la bouteille.

Huile de phoque, bonne pour l'éclairage et la mécanique; l'extraction de cette huile n'est encore qu'à l'état de projet, mais c'est une industrie qui mérite d'être encouragée.

Cawris vrais (*cypræa moneta*) et Cawris faux (*cypræ annulus*). Le cawris vrai est en usage comme monnaie sur certaines côtes et dans l'intérieur de l'Afrique.

Huitre perlière (*méléagrus margaritifera*) se trouve à Taïti.

Trochus (*trochus marmoratu*)s pour nacre de perle.

Guano, n'existe pas à proprement parler dans nos colonies. Cependant un dépôt peu important a été reconnu dans une cavité de la montagne, à Salarie, à la Réunion.

COMMERCE. — STATISTIQUE.

Il a été importé en France, en 1856, provenant des Colonies :

		Quantités.		Valeurs.
GUADELOUPE.......	Ecailles de tortue...........	501 k.	—	28,056fr.
GUYANE............	Id.................	412	—	23,072
MARTINIQUE.........	Vessies natatoires de poisson..	2,247	—	26,964
REUNION............	Ecailles de tortue...........	479	—	26,824
ST-PIERRE et MIQUELON	Morue verte...............	1,368,445	—	684,222
—	Id. sèche..............	512,420	—	153,724
—	Morues sèches et vertes, issues de morue, etc.	225,234	—	70,570
—	Huile de morue......................	249,844	—	124,922

CINQUIÈME SÉRIE.

ETHNOGRAPHIE.—CURIOSITÉS.

SECTION UNIQUE.

Nous avons dit (page 8), que de chaque côté de la porte d'entrée se trouvaient deux guerriers, l'un de Gabon, l'autre de la Guyane.

Le costume d'indien Roucouyenne, placé à droite, se compose d'un manteau et pardessus en courmari (maho), ornements de danse en plumes avec élytres de coléoptères, de grelots-castagnettes; bonnet orné de plumes; ce guerrier est armé d'un arc, de trois flèches et d'un casse-tête.

Le costume du Pahoin se compose d'un casque, d'un tour de corps et d'un collier de cuivre; ses armes sont : un bouclier en peau d'éléphant, trois sagayes et un sabre-poignard. Les Pahoins, peuplade anthropophage de la côte occidentale d'Afrique, s'intitulent les blancs de la côte, parce qu'ils marchent droit au feu sans crainte de la mort; ils ne se servent que d'armes blanches.

A droite du salon mauresque, appuyé au corps de vitrines qui divise la portion algérienne de l'Exposition de la partie coloniale, se trouve un tableau ethnographique des comptoirs de la côte occidentale d'Afrique.

Au milieu de ce tableau, disposé avec beaucoup d'art et de goût, est placé un fétiche Tamtam. Ces fétiches sont généralement employés par les chefs, pour servir comme marque d'attestation. Ainsi, lorsqu'on atteste un fait remarquable, le féticheur frappe quelques coups sur le tam-tam, prenant ainsi le fétiche à témoin, et secoue les clochettes qui l'accompagnent.

Cette action, dit la notice du catalogue officiel, auquel nous empruntons ces détails, s'appelle dans le pays battre le fétiche, et ne se fait que dans les palabres importants.

Au-dessus de ce fétiche tam-tam figurent des sacs de

voyages faits à Abomey, pour le roi Greré, fils de Guiro; puis, des pipes en terre rouge de Dagana (Walo), des poignards de guerre des Pahouins, peuplade anthropophage de la côte, des poignards des Boulous, peuplade nègre, habitant les bois voisins de la côte, entre le pays des M'pongoës et celui des Bakalets: d'autres poignards encore, du Cayor, des maures Traras et Bracknas, et des Fantis.

Au-dessous du fétiche tam-tam, on a placé un tour de corps, le seul vêtement des Pahouins, des défenses d'éléphant, et des étuis triples en bois sculpté, donnés par Guéré, roi de Dahomey, et servant à porter ses pipes en voyage.

Les objets principaux qui complètent le tableau ethnographique de nos comptoirs de la côte occidentale d'Afrique, sont :

Des sagayes du Gabon, javelots que les habitants lancent avec beaucoup d'adresse à des distances de vingt pas. Quelques-unes de ces sagayes sont bardelées et servent pour la guerre, les autres sont unies pour la chasse.

Des haches employées au Gabon, avant l'occupation, pour les sacrifices humains; des poignards servant au même objet.

Des pipes en bois du Gabon, en usage chez les Pahoins.

Des couteaux d'exécution, en usage chez Yack-Yacks, habitant sur les bords du lac Ebrie et de la lagune de Grand Bassam, ainsi que chez les Bakalits, peuplade du Gabon.

Un éventail nègre du roi Denis, (rive gauche du Gabon.)

Une queue d'éléphant d'Afrique.

Des arcs et arbalètes nègres, avec carquois en écorce et flèches empoisonnées en côte de Raphia. Ces armes sont en usage chez les Pahouins.

Enfin, des harpes et des guitares des Pahouins et des M'pongoës.

A gauche du salon mauresque, en face du tableau que nous venons de décrire, se trouve un tableau ethnographique du Sénégal et dépendances.

Le centre est occupé par des poignards du Sénégal et des flèches Bambaras, en usage dans le Fouta-toro, le Fouta D'jallou, le Boudou, Bambouck, etc., depuis Galam jusqu'à Sierra Leone.

Au-dessous, se trouvent un fétiche tam-tam très-original, représentant la récolte du vin de Palme, village de Counoun, et de chaque côté, des masques mandingues (Gorée), portés par les jeunes-gens le lendemain de leur circoncision.

Ces masques sont accrochés à des instruments de musique (guitares), en usage dans toute la Sénégambie.

Ces pièces principales sont entourées de calebasses à cous-cous, de poires à poudre mauresques et mandingues, de poignards du Cayor, des maures Trarras et Bracknas, et de sandales en cuir.

Au-dessus des poignards, sont placés de très-beaux carquois en écorce, contenant des flèches empoissonnées en côte de Raphia, lesquels sont environnées de houes nègres du Walo et du Podor, et d'armes mandingues.

Les autres objets groupés dans ce tableau sont : des jeux de dés nègres, en usage dans la Sénégambie, des jeux de ouri, en usage sur toute la côte occidentale de l'Afrique, des chapeaux Bambara, portés dans le Fouta D'jallou par les femmes et les enfants, des genouillières mandingues pour cheval, en usage dans les deux Fouta et la Basse-Sénégambie, des sabres mandingues, des lances Yoloff et de Galam, des sacs de voyage, des sacs à tabacs, ainsi qu'une selle et ses accessoires, prise à Mohamed-El-Habib, roi des maures Trarzas.

Les deux tableaux que nous venons de décrire, sont surmontés de deux parasols royaux, donnés par Greré, fils de Guiro et roi de Dahomey.

Un troisième tableau ethnographique est placé à l'extrémité droite, appuyé à la vitrine centrale.

Au centre, se trouve une peau de panthère, puis un sac à coran, des herminettes nègres, en usage à Podor et dans tout le Fouta, des paniers-sacs des Comores, des nasses à poisson de la Guyane, des nafas, sacs à provision des Maures, et des Maures riverains du Sénégal, des queues et des molaires d'éléphant d'Afrique, des flambeaux boulons en résiné de Bursera, employée pour la pêche par les indigènes de la Guyane et du Gabon, des porte-monnaies servant aux Yolofs, Peulhs et Maures riverains du Sénégal, pour serrer leur or, leur argent et leurs menus objets précieux, des sacs à tabac, des sandales en cuir, des tabatières Yoloff, en usage à Saint-Louis et dans la Sénégambie, puis des flèches, des éventails et des carquois, ainsi qu'une lampe en bronze, de Karikal.

Ce tableau est surmonté d'une fétiche tam-tam du Gabon, représentant le tatouage des femmes et leur manière de porter leurs enfants.

A l'extrémité gauche, et appuyé comme le précédent à la

vitrine centrale, se trouve un tableau dont les objets principaux proviennent de la Guyane.

L'un d'eux est une garde d'épée espagnole trouvée dans les gisements aurifères nouvellement découverts dans l'intérieur.

Deux peaux de léopard forment le fond du tableau; dessus, autour et au-dessous sont placés des arcs indiens, très solides et très souples, des siéges en bois en usage chez toutes les populations indiennes, des casse-têtes indiens en latte rouge, des diadèmes et des parures en plumes à l'usage des indigènes, des éventails en paille en usage chez les créoles de la Guyanne et des Antilles, des éperviers en coton employés pour la pêche du fretin, des flèches des indiens Tapouïes, des flambeaux en pailles et en écorce remplis de gommes, des flûtes en os et des pagaies, etc.

Quand, en entrant dans l'Exposition, on tourne immédiatement à gauche, on trouve, en face de soi, à l'extrémité un tableau ethnographique de nos possessions de l'Océanie, des îles Marquises et de la Nouvelle Calédonie.

Les objets qui le composent sont :

Des arcs taïtiens en usage avant l'occupation française, des battoirs (*jé*) employés pour la fabrication des tapas, des boucles d'oreilles de Noukahiva, des ceintures de guerre en cordonnet composé de cheveux, des filets en écorce de roa (*urtica œstuens*) des gourdes de cocos et calebasses, des haches en jade, des hameçons en nacre et des instruments de pêche en coquilles de Taïti, des lances de la Nouvelle-Caledonie, des ornements de guerre en plumes d'oiseaux, des plats en bois de tamarin de Taïti, des pagaies, des sagayes ainsi que des tables à popoï en bois de tamanu.

Au dessus des vitrines, on voit d'abord un cercueil de momie de la Nouvelle-Calédonie. une ruche de Taïti, une pirogue double de Taïti, une pirogue de pêche du Gabon.

Enfin dans les vitrines mêmes nous signalerons : des brochures et livres tamouls, avec spécimen des caractères employés. Ces caracactères ont été fondus et les livres imprimés à Pondichéry par les indigènes sous la direction des R. P. jésuites; des livres Malgaches édités par les révérends pères jésuites à l'établissement de la ressource à Sainte-Marie (Réunion) ; des livres en langues M'pongwé et Dikelé, édité par la mission américaine du Gabon; un manuscrit indien gravé sur des feuilles de palmiers.

Viennent ensuite des boîtes et bouteilles en peau de bœuf du Sénégal, des bonnets malgaches en usage à Madagascar, des boîtes à fil ou petites tentes de la Réunoin, des cuillères nègres, des chapeaux en pailles fines ou communes de Latanier et provenant de la Guadeloupe et de la Réunion, des couronnes en pia de Taïti, des calbasses ou cocos sculptés, des corbeilles en lianes, en jonc, en rotin de la Réunion et de la Guadeloupe, un costume de chef taïtien, ainsi qu'un costume de femme en écorce d'arbre à pain, des curiosités caraïbes : radeau de pêche, vases, idoles, haches, masses en pierre, etc., des étoffes de Madagascar tissées par les femmes malgaches de Nossibé, des étoffes en écorce d'arbres pour pagnes de Taïti et d'Assinie, des fruits en cire de mademoiselle Arnoux de la Martinique, des gargoulettes et potiches de la Guyane, de la Réunion et la Nouvelle-Calédonie et des stajoas des Comores, venant de Nossibé, des ouvrages en graines d'acacia et ouvrages en torchons, des petits paniers à ouvrage, industrie des femmes créoles de la Réunion, de la Martinique et de la Guadeloupe, des peignes indiens, de M'pongoe, du Grand-Bassam et de Noukahiva, des porte-cigares de Madagascar, des potiches du Bambouck, un *riputa*, pellerine portée par les femmes dans les fêtes à Taïti, des serrures caraïbes, des vases en bronze fondu par les indiens à Karikal, enfin, un violon fait par un affranchi noir; les cordes et fils de l'archet sont faits avec les fibres de l'agave.

Tels sont très succintement et très rapidement énumérés, les principaux objets éthnographiques ou de curiosité rassemblés à l'Exposition.

LES LIVRES

Une vitrine contient, à côté d'objets de fabrication, indigène quelques livres arabes, quelques manuscrits précieux, entre autres un coran illustré et enluminé, ainsi qu'une planche provenant de l'ouvrage d'Ibn-el-Awam, sur l'agriculture arabe, traduit par M. Clément Mullet.

L'Exposition possède aussi, comme nous l'avons dit à propos des curiosités, des livres et brochures Tamouls, des livres Malgaches et des livres et grammaires en langue M'pongo et Dikelé.

Il existe en outre, annexée en quelque sorte à l'Exposition permanente, une bibliothèque algérienne et coloniale que M. Aubry Lecomte ouvre très-gracieusement aux recherches des hommes d'étude.

Nous n'avons jamais pu mettre le pied dans une bibliothèque sans nous souvenir d'une page sublime du chantre de *Notre-Dame de Paris*; c'est en effet une des plus belles formules de la pensée humaine que le chapitre : *Ceci tuera cela*, où tout en faisant l'oraison funèbre de l'architecture, le poëte exalte l'imprimerie, cet art si puissant, si solide, si durable, au moyen duquel la face du monde s'est radicalement transformée.

Un livre est sitôt fait, coûte si peu et peut aller si loin, qu'il ne faut pas s'étonner si toute la pensée humaine s'écoule par cette pente ! Aussi l'édifice que l'imprimerie a élevé est-il colossal !

« Je ne sais, dit Vicor Hugo, quel faiseur de statistique a calculée qu'en superposant l'un à l'autre tous les volumes sortis de la presse depuis Guttemberg, on comblerait l'intervalle de la terre à la lune; mais ce n'est pas cette sorte de grandeur que nous voulons parler. Cependant quand on cherche à recueillir dans sa pensée une image totale de l'ensemble de l'imprimerie jusqu'à nos jours, cet ensemble ne nous apparaît-il comme une immense construction, appuyée sur le monde entier, à laquelle l'humanité travaille sans relâche, et dont la tête monstrueuse se perd dans les brumes profondes de l'avenir? C'est la fourmillère des intelligences. C'est la ruche où toutes les imaginations, ces abeilles dorées, arrivent avec leur miel, L'édifice a mille étages!..... Du reste, le prodigieux édifice demeure toujours inachevé. La presse, cette machine géante, qui pompe sans relâche toute la sève intellectuelle de la société, vomit incessamment de nouveaux matériaux pour son œuvre. Le monde entier est sur l'échafaudage. Chaque esprit est maçon. Le plus humble bouche son trou ou met la pierre. Tous les jours une nouvelle assise s'élève. »

L'imprimerie a fait son œuvre et contribué puissamment à la prospérité de l'Algérie. Dans la bibliothèque de l'Exposition permanente, nous pouvons suivre pas à pas les progrès de l'occupation, de la conquête et de la colonisation algérienne. Les résultats obtenus que nous venons d'analyser dans notre visite, c'est aux hommes dont les noms resplendissent en lettres d'or sur les couvertures des livres que nous en sommes redevables. Chaque écrivain a apporté son contingent original et individuel, indépendamment de grandes œuvres collectives. Chacune des grandes époques qui constituent le passé de la colonie, a eu ses aspirations, a apporté son contingent d'idées dont les époques suivantes ont profité, puis il en a plus été question que comme un souvenir lointain. C'est un échelon qui s'est ajouté à l'immense et interminable échelle progressive! C'est donc le passé qui renferme le présent et l'avenir que nous trouvons dans cette bibliothèque. « Certes, c'est là aussi, pour nous servir encore des paroles du poëte, c'est là une construction qui grandit en spirales sans fin ; là aussi il y a confusion des langues, activité incessante, labeur infatigable, concours acharné de l'humanité toute entière, refuge promis à l'intelligence contre un nouveau déluge, contre une nouvelle submersion de barbares. »

Tout est là sur quelques rayons : le passé qui instruit malgré ses fautes, le présent avec ses promesses, l'avenir avec ses espérances. Chaque livre porte en lui son principe vivificateur; chaque homme a sa mission qu'il accomplit : l'un réunit les matériaux, l'autre les taille, le troisième les met place, et l'édifice s'élève petit à petit, lentement, c'est vrai, mais solidement!

Voici d'abord le *Tableau de la situation des établissements français dans le nord de l'Afrique*, c'est-à-dire l'histoire la plus complète et la plus exacte des progrès qui se sont accomplis, depuis la conquête, dans les diverses branches de la science, de l'industrie, du commerce et même des arts.

Toutes les conquêtes qui ont été faites depuis 1830 dans le vaste cercle des connaissances humaines, sont notées et signalées dans cette œuvre immense. C'est le tableau abrégé, mais complet, de tous les progrès accomplis, et le savant, l'écrivain, l'agriculteur, l'artisan y trouveront des renseignements exacts et intéressants, présentés sous une forme claire et précise, et toujours puisés aux meilleures sources, toujours appuyés des preuves irrécusables.

Vient ensuite l'*Exploration scientifique de l'Algérie*, entreprise sous les ordres du gouvernement et comprenant non-seulement les sciences historiques et géographiques, mais encore les sciences naturelles et les beaux-arts. Cette œuvre collective comprend un travail immense sur la jurisprudence musulmane; des études remarquables sur les routes suivies par les Arabes, sur le commerce de l'Algérie, sur la Kabylie; un mémoire sur l'hygiène; une histoire naturelle de l'Algérie, zoologie, botanique, etc.; la partie des beaux-arts comprend les plans des villes, les temples, arcs de triomphe, cirques, hippodromes, aqueducs, citernes que les Romains ont bâtis en Afrique pendant leur longue domination. C'est le passé de l'Algérie écrit sur la pierre et le bronze comme l'écrivait ce peuple géant qui fut un moment le maître du monde.

Autour de ces monuments littéraires qui sont les pierres d'assises de l'édifice sont venus se grouper tous les matériaux qui doivent servir à écrire l'histoire de la domination française. Les œuvres du général Daumas, qui nous ont appris à connaître le peuple vaincu; les *Annales algériennes* de MM. Pélissier, Reynaud; les livres de MM. Genty de Bussy, Ausone de Chancel, baron Baude, Evariste Bavoux, Berbrugger, Carette, Mac-Carthy, Moll, maréchal Bugeaud, Jules Duval, à qui nous devons entre autres ouvrages un catalogue raisonné de l'exposition universelle et permanente de la rue de Grenelle, œuvre remarquable, que plus d'une fois nous avons consulté avec fruit, Dureau de la Malle, F. Ducuing, de Neveu, Hardy, Salomon, Roy, Perron, Héricart de Thury, E. Bouvy, Clément Duvernois, de Baudicour, Richard, et d'autres que nous oublions, ont apporté leur contingent de matériaux et d'idées.

Aux in-folios succèdent les in-octavos; les in-quartos disparaissent sous les brochures de toute grandeur et de toute grosseur; généraux, administrateurs, colons, touristes, commerçants, agriculteurs, chacun a dit son mot, chacun a apporté sa pierre. Et qu'on ne s'y méprenne pas : même quand ils s'abusent, les hommes qui se passionnent pour une idée féconde, comme celle de la colonisation de l'Algérie, ces hommes ont droit à nos respects; ils éclairent la route, et préparent les champs où sèmeront de plus habiles ou de plus heureux.

Le livre et le journal ont rendu déjà de grands services à l'Algérie, et c'est une idée heureuse d'avoir rassemblé à côté d'une exposition des richesses de notre colonie, les armes qui ont défendu cette conquête contre les partisans de l'abandon. Nous voudrions pouvoir citer tousles organes qui se sont dévoués, et se dévouent chaque jour, pour défendre et populariser cette terre de promission: *les Annales de la Colonisation*, publiées de 1852 à 1858, sous la direction de M. Hyppolite Peut, un des ouvrages les plus complets et les plus précieux à consulter sur les questions de colonisation dans les deux mondes; *le Moniteur de la colonisation*, organe de la Société centrale de Colonisation, rédigé avec autant de savoir que de dévouement par M. Garbé, ancien préfet d'Oran, l'un des promoteurs des chemins de fer et qui, depuis dix ans, lutte sans cesse, pour faire triompher les idées libérales qui doivent assurer la prospérité de nos colonies; l'*Algérie agricole, commerciale et industrielle*, de notre ami M. A. Noirot, excellent recueil s'occupant de toutes les questions qui intéressent l'Algérie et les Colonies, mais dont il ne nous est pas permis, à nous, l'un des collaborateurs, de faire l'éloge; *la Revue algérienne et coloniale*, qui continue en quelque sorte, *la Revue coloniale*, c'est-à-dire le seul recueil complet où l'on puisse puiser des renseignements authentiques, officiels, sur la production agricole et industrielle et le commerce de nos colonies d'outre-mer; enfin, les journaux quotidiens ou hebdomadaires, l'*Akhbar*, l'*Echo d'Oran*, l'*Africain*, l'*Indépendant*, la *Seybouse*, le *Zéramna*, la *France agricole*, le *Bulletin de la société d'agriculture d'Alger*, la *Revue horticole de l'Algérie*, etc., qui, chaque jour, élucident les questions coloniales et éclairent la route dans laquelle sont entrés les colons de nos possessions d'Afrique, d'Amérique ou de l'Océanie.

La calligraphie et la typographie algérienne qui, à la grande Exposition de 1855, avaient obtenu une médaille de 2e classe et une mention honorable, accordée à MM. Bresnier et Bastide, sont très complètement représentées à l'Exposition permanente des produits algériens. MM. Bastide, Dubois

Tissier et les autres imprimeurs-libraires à Alger ; MM. Alessi et Arnolet, M. Marle et Mme Guende, imprimeurs-libraires à Constantine ; MM. Dagand et Besson, imprimeurs et libraires à Bône ; M. Franceschi, imprimeur à Philippeville ; M. Perrier, imprimeur-libraire à Oran ; M. Chatelain, imprimeur à Medeah, et les imprimeurs-libraires de l'Algérie ont une vitrine qu'ils ont confiée à M. Challamel aîné, commissionnaire pour l'Algérie, les colonies et l'Orient. Nous y avons remarqué aussi de riches reliures à la manière orientale excutées par M. Goulesque d'Alger et de beaux manuscrits africains.

Notre éditeur, M. E. Causin, (110, r. Richelieu) a le premier réuni à l'Exposition les principaux ouvrages concernant l'Algérie et les Colonies ; parmi les plus importants, nous citerons le *Bulletin officiel du ministère de l'Algérie et des Colonies* dont il est l'éditeur ; le *Recueil des actes du gouvernement de l'Algérie* depuis 1830, les comptes rendus des Conseils généraux des trois provinces, de nombreuses publications sur les Colonies françaises et étrangères, entre autres, les précieuses notices sur les Colonies publiées par le ministère de la marine, les cartes des dépôts de la guerre et de la marine, la revue coloniale, la notice sur les Colonies françaises de M. E. Roy, l'ouvrage sur Taïti de M. Cuzent, etc.

La bibliographie coloniale, du reste, est au moins aussi étendue que celle de l'Algèrie et tout en restant incomplet le chapitre qu'on voudrait lui consacrer formerait à lui seul un volume très compact ; c'est ce que nous pouvons faire.

Dans les quelques pages qui précèdent, nous avons passé sous silence plus d'un livre et plus d'un écrivain, ce n'est ni oubli, ni indifférence, mais la liste des hommes qui ont contribué à l'œuvre de la colonisation que la France poursuit dans les deux mondes, est si longue que les bornes nécessairement restreintes de ce guide nous oblige à nous borner à indiquer rapidement ce que nos colonies doivent à la presse, c'est ce que nous avons fait, trop rapidement sans doute.

TABLE DES MATIÈRES.

Préface de l'éditeur V
Arrêté du ministre relatif à l'Exposition permanente de l'Algérie et des colonies VII
Commission de surveillance de l'Exposition IX
Comités locaux de l'Algérie X
Comité de la Guadeloupe XI
Comité du Senégal XII
Comité de la Guyane XII

HISTORIQUE DE L'EXPOSITION. — Considérations générales 1

ALGÉRIE.

Première série. — VÉGÉTAUX ET PRODUITS VÉGÉTAUX.

Ire section. — Bois — Liége, etc 13
Exposants de cette section 20
IIe section. — Textiles autres que le coton et la soie 21
Exposants 26
IIIe section. — Cotons, tissus et filés de coton 27
Exposants 31
IVe section. — Matières oléagineuses et savonneuses 33
Exposants 35
Ve section. — Matières tinctoriales et tannantes 36
Exposants 38
VIe section. — Baumes, gommes, résines 38
Exposants 30
VIIe section. — Matières médicinales 39
Exposants 41
VIIIe section. — Céréales. — Fourrages. — Légumes 41
Exposants 50
IXe section. — Farines et pâtes alimentaires 51
Exposants 52

Xe section. — Alcools. — Vins. — Conserves. — Confiserie.. 53
Exposants 56
XIe section. — Essences. — Huiles essentielles. — Parfums... 57
Exposants 58
XIIe section. — Tabacs........ 58
Exposant 61
XIIIe section. — Divers végétaux industriels........ 62
Exposants........ 63
XIVe section. — Herbiers 63
Exposants 64

Deuxième série. — Minéraux.

Ire section. — Substances métalliques........ 65
Exposants........ 70
IIe section. — Substances non métalliques........ 71
Exposants 73

Troisième série. — Animaux et Produits animaux.

Ire section. — Laines et poils........ 75
Exposants........ 77
IIe section. — Soies........ 78
Exposants 83
IIIe section. — Cuirs et peaux 83
Exposants 84
IVe section. — Cires et miels........ 84
Exposants 84
Ve section — Cornes et écailles, etc........ 85
VIe section — Produits tirés des eaux........ 85
Exposants 87
VIIe section — Spécimens de la Faune algérienne........ 87

Quatrième série. — Industrie indigène. — Ethnographie.

Section unique........ 89

Beaux-Arts. — Sculptures ethnographiques de M. Cordier.... 97

COLONIES.

Partie historique. — Considérations sommaires........ 105
Le Sénégal. — Saint-Louis........ 107
Gorée et dépendances........ 109
Côte-d'Or et Gabon........ 110
Mayotte et dépendances........ 111
Nossi-Bé........ 112
Sainte-Marie-de-Madagascar........ 113
Ile de la Réunion........ 114
Établissements français dans les Indes........ 116
Pondichéry 116
Karikal........ 117

Mahé 118
Yanaon 118
Chandernagor 118
Les Antilles 119
La Martinique 119
La Guadeloupe et dépendances 121
Saint-Pierre et Miquelon 123
La Guyane Française 124
Etablissements Français dans l'Océanie 127
Iles Marquises 127
Taïti 129
Nouvelle-Calédonie 130

Première série. — Végétaux et Produits végétaux.

Ire section — Bois 135
Exposants 157
IIe section — Textiles autres que le coton et la soie 158
Exposants 161
IIIe section — Cotons, filés et tissus de cotons 162
Exposants 166
IVe section — Ouates et soies végétales 167
Exposants 169
Ve section — Matières tinctoriales et tannantes 170
Exposants 176
VIe section — Baumes, gommes, résines et vernis 178
Exposants 180
VIIe section — Matières oléagineuses et savonneuses 181
Exposants 184
VIIIe section — Farines et fécules 186
Exposants 188
IXe section — Sucres 189
Exposants 193
Xe section — Vins, alcools et conserves 195
Exposants 197
XIe section. — Cafés 199
Exposants 200
XIIe section. — Cacaos 201
Exposants 203
XIIIe section. — Epices condiments, aromates, etc 204
Exposants 206
XIVe section. — Matières médicinales 207
Exposants 209
XVe section. — Graines alimentaires et autres plantes 210
Exposants 212
XVIe section. — Tabacs 213
Exposants 214
XVIIe section. — Spécimens de la flore coloniale 215

Deuxième série. — MINÉRAUX. 216

Troisième série. — ANIMAUX ET PRODUITS ANIMAUX.

Ire section. — Cuirs et peaux 218
Exposants 219
IIe section. — Fourrures .... Id.
IIIe section. — Laines et poils 220
Exposants .... Id.
IVe section. — Miels et cires .... Id.
Exposants 221
V[e] section. — Soies 222
Exposants .... Id.
VIe section. — Ivoires 223
VIIe section. — Plumes .... Id.
VIIIe section. — Spécimens de la Faune coloniale 224

Quatrième série.

Section Unique. — DIVERS PRODUITS DE PÊCHE, GUANO, ETC. 227

Cinquième série.

Section unique. — ETHNOGRAPHIE. — CURIOSITÉS 230
LES LIVRES 235
Table des matières 241

Paris. — Typ. CARION.

www.ingramcontent.com/pod-product-compliance
Ingram Content Group UK Ltd.
Pitfield, Milton Keynes, MK11 3LW, UK
UKHW022052260726
13993UKWH00001B/74